# 成功する物納

## 正しい知識で成功に導く相続増税後の納税戦略

税理士 右山昌一郎
税理士 小俣 博之
株式会社 国土工営

清文社

## はしがき

　本書は、「発想の転換が物納の扉を開く」という既刊書にはない視点からアプローチしておりユニークである。

　平成18年度税制改正において、相続税に係る物納条件が、「生活費3か月、事業資金1か月」を残した現金・預貯金及び相続財産の中の換金可能資産を換金したとして、それを「金銭納付可能な財産」と位置付け、また当該金額を控除した後の相続税額を「金銭納付困難部分」と位置付け延納・物納制度に対処するものとして相続税に係る政省令及び通達を改正した。

　この改正で税務の専門家である税理士は、「延納は何とか使えるが、物納は使えない」と認識した。

　この認識には、稼得所得に係る所得税・法人税と異なり、相続は被相続人の財産の包括承継に対する取得財産課税であるにもかかわらず、相続財産以外の固有の現預金まで持ち出さなければ物納が認められないのか、また物納は税務署長の許可事項であるので、通達どおりでなければ認可されるはずはないと制度の矛盾を感じつつも、物納を諦めたことに主な原因があった。

　その結果、物納申請は激減した。しかし、税務の民主化から考えた場合、財産で取得した相続財産について財産を評価額で収納する物納制度は、制度上必要であり拘束すべきものではない。さらに平成27年以降の相続税増税に対して現在の物納制度で相続税が納付できるのかを税理士として危惧したものであった。

　その危惧も本書で解消されるであろう。

　すなわち、物納申請の激減は、税理士が税法しか考慮しない「専門家バカ」の結果が招いたものと指摘できるからである。

　相続は、相続税の納付が主たる事業であってはならない。むしろ、被相続人の努力と愛情の結晶である相続財産が相続人の生計又は事業承継に活かされてこそ、真の相続の在るべき姿だと認識する。

　そして、物納制度に対する正しい理解が必要といえる。そのために、本書は第一に物納制度に係る基礎知識から述べ（第1・2・3章）、第二に物納に導くための事前準備について述べ（第4・5章）、第三に実際の物納成功例を挙げ（第6章）、最後にエピローグとして「今後の物納制度のあり方」を考察した。

　すなわち「専門家バカ」とは何だったのか。相続は、計画できるもの、自由に分割できるもの、また家庭裁判所が支援するものと民法は規定している（民法906～908）。

　この規定を基礎にして物納制度を考えなかったところにその原因があったことが、本書を読めば、ご理解いただけるであろう。

平成27年3月

執筆者を代表して

税理士　右山　昌一郎

# 目次

## ●プロローグ～相続増税で再注目される物納制度 ………… 1
 1 相続した土地の売却が増税になる！ ………… 2
 2 関与先に対する物納制度の説明義務と留意点 ………… 7

## 第1章 物納制度の基礎知識

① 相続税制度の変遷と物納制度の変遷 ………… 10
② 物納制度の変遷のポイント ………… 15
 1 相続税法創設時の相続財産及び納付の考え方 ………… 15
 2 物納制度創設時の考え方（昭和16年） ………… 16
 3 昭和22年から現在までの変遷のポイント ………… 17
③ 現行の物納制度の概要 ………… 18
 1 物納の現況と手続の流れ ………… 18
 2 物納の要件等 ………… 20
 3 物納の手続 ………… 26
 4 物納財産の収納価額 ………… 34
 5 物納の却下 ………… 35
 6 物納の撤回 ………… 37
 7 物納の許可の取消し ………… 38
 8 特定の延納税額に係る物納 ………… 39
 9 物納に係る利子税 ………… 42
 10 書式一覧 ………… 45
 コラム 各種「延長届出書」の提出期限の考え方 ………… 49
 コラム 超過物納～物納申請税額を上回る価額の財産の物納 ………… 56

## 第2章 不動産の物納における不適格財産・劣後財産の適正化計画

① 不動産の物納における不適格財産・劣後財産の概要 ………… 58
 1 不動産の物納と管理処分不適格財産 ………… 59
 2 物納劣後財産 ………… 65
 3 物納申請財産チェックリスト ………… 68
② 物納不適格財産の「適格化計画」
  ～適切な生前対策の実施 ………… 75
 1 「生前の納税準備」がさらに重要に ………… 75
 2 物納を視野に入れた資産対策～測量の重要性 ………… 76
③ 共有地の問題 ………… 78
 1 共有不動産の問題点 ………… 78
 2 共有関係の解消 ………… 78
④ 境界の確定、確定測量の重要性 ………… 81

|  |  | 1 | 物納手続における境界確定の重要性 | 81 |
|  |  | 2 | 境界確定測量の意義 | 82 |
|  |  | 3 | 境界確定測量の必要性 | 82 |
|  |  | 4 | 境界確定測量と財産価値 | 83 |
|  |  | 5 | 生前測量の意義〜相続でもめると境界も決められない | 83 |
|  |  | 6 | 境界紛争を解決するには | 84 |

⑤ 境界紛争の予防 ················ 87
　　1　境界確認の時期 ················ 87
　　2　境界確認の相手先（境界確認書の取り交わし相手）················ 87

⑥ 越境物の問題 ················ 90
　　1　越境物とは ················ 90
　　2　越境物の撤去 ················ 90

⑦ 建築基準法に係る接道義務 ················ 96
　　1　土地の接道義務とは ················ 96
　　2　建築基準法による「道路」の定義 ················ 97
　　3　セットバックが必要な「2項道路」とは ················ 97
　　4　前面道路が私道の場合 ················ 98

⑧ 公道への接道状況 ················ 100
　　1　囲繞地通行権 ················ 100
　　2　通行地役権 ················ 100

⑨ 貸宅地（底地）の物納 ················ 101
　　1　物納申請財産に借地権が設定されている場合の提出書類 ················ 102
　　2　貸宅地（底地）物納の具体的な提出書類 ················ 103
　　3　物納申請土地上に借地人名義又は物納申請者名義以外の建物がある場合 ················ 105

⑩ 賃借地の境界確認と賃貸借契約書の整備 ················ 114
　　1　一団の貸宅地（底地）がある場合は、借地人ごとに借地境を明確にして分筆する ················ 114
　　2　賃借地の境界確認と契約書の整備 ················ 114

⑪ 土壌汚染地等の物納 ················ 116

⑫ 区画整理事業等の土地 ················ 117
　　1　換地された土地 ················ 117
　　2　仮換地又は一時利用地の指定がされた土地 ················ 117
　　3　賦課金又は清算金の取扱い ················ 118

⑬ 物納の建物 ················ 121
　　1　所在図、公図及び登記事項証明書 ················ 121
　　2　建物図面、各階平面図及び間取図 ················ 121
　　3　建物設備の構造図面 ················ 121
　　4　建物の維持管理 ················ 122
　　5　借りている土地の上にある建物を物納する場合 ················ 122

# 第3章 金銭納付を困難とする状況の考え方

- ●「金銭納付を困難とする理由」の意義 ……………………………………… 126
  - 1 金銭納付を困難とする理由書 ………………………………………… 127
  - 2 納期限（又は納付する日）までに納付することができる金額（B） … 127
  - 3 換価の容易な財産 ……………………………………………………… 128
  - 4 「延納によって納付することができる金額」とは ………………… 130
  - 5 「金銭納付を困難とする理由書」裏面の記載事項 ………………… 131

# 第4章 物納に導くための事前準備と相続対策（1）～不動産編

- ① 生前対策の重要性 ………………………………………………………… 140
- ② 生前対策を行う際の留意点 ……………………………………………… 141
- ③ 所有する不動産の棚卸しが相続トラブルを防ぐ ……………………… 143
- ④ 「物納できる」不動産への整備 ………………………………………… 144
- ⑤ 「物納分岐点」を意識する ……………………………………………… 145
- ⑥ 測量と境界 ………………………………………………………………… 148
  - 1 境界の確定と資産管理 ………………………………………………… 148
  - 2 境界問題への適切な対応方法 ………………………………………… 149
  - 3 土地家屋調査士の選び方 ……………………………………………… 149
  - 4 依頼内容を明確にする ………………………………………………… 150
  - 5 地積更正登記を行う …………………………………………………… 150
  - 6 境界標を設置・管理する ……………………………………………… 150
- ⑦ 売却が困難と想定される不動産の取扱い ……………………………… 151
  - 1 土壌汚染された土地 …………………………………………………… 151
  - 2 管理費が高いリゾートマンション …………………………………… 152
  - 3 活断層がある土地 ……………………………………………………… 152
  - 4 液状化のおそれがある土地 …………………………………………… 152
  - 5 津波災害が想定される土地 …………………………………………… 153
  - 6 がけ地 …………………………………………………………………… 153
  - 7 造成宅地防災区域 ……………………………………………………… 153
  - 8 市街化調整区域の土地 ………………………………………………… 154
- ⑧ 売却が困難な不動産は物納できるのか ………………………………… 155
  - 1 売却が困難な理由をどう捉えるか …………………………………… 156
  - 2 不要で処分したい不動産なのか、重要度が低い不動産なのか …… 156
  - 3 その不動産を誰が相続するのか ……………………………………… 157
- ⑨ 物納を見据えた固定資産税の納め方 …………………………………… 158

⑩ 自用底地の物納とは ............................................................ 159
 1 自用底地の物納イメージ ............................................. 159
 2 自用底地の物納メリット ............................................. 159
 3 相続税の増税と自用底地の物納 ................................. 160
⑪ 戦略的遺産分割プランニング ............................................ 162
 1 ケーススタディー〜納税に充てるべき財産と遺産分割 ... 163
 2 戦略的遺産分割の留意点 ............................................. 164

# 第5章 物納に導くための事前準備と相続対策(2)〜有価証券編

① 有価証券の物納の基礎知識 ................................................ 166
 1 有価証券の物納の整備 ................................................ 166
 2 有価証券の管理処分不適格財産 ................................. 169
 3 有価証券の物納劣後財産 ............................................. 170
 4 物納申請有価証券の調査 ............................................. 170
② 収納後の取扱いと留意点 ..................................................... 172
 1 物納等有価証券の処分 ................................................ 172
 2 物納等有価証券（非上場株式等）の処分に係る評価基準 ... 176
 3 物納等有価証券の管理事務 ......................................... 176

# 第6章 物納成功事例に学ぶ取組みと対応のポイント

① 地下埋設物により条件付許可となった事例 ..................... 180
② 共有かつ傾斜地にある畑の事例 ........................................ 196
③ 市街化調整区域内にある土地の事例 ................................ 209
④ 「特定物納」による事例 ..................................................... 223
⑤ 貸宅地の事例 ....................................................................... 232
⑥ 物納を想定した生前対策事例 ............................................ 245

# ●エピローグ〜今後の物納制度のあり方

 1 取得財産と金銭納付との関係 ..................................... 249
 2 取得財産の評価と物納との関係 ................................. 249
 3 物納と「金銭で納付することを困難とする事由」との関係 ... 251
 4 相続税の納付と相続税予納制度との関係 ................. 252
 5 物納における「その他措置」のあり方 ..................... 252

## 凡　例

本書において、カッコ内における法令等については、次の略称を使用している。

【法令名略称】

| | |
|---|---|
| 相法 | 相続税法 |
| 相令 | 相続税法施行令 |
| 相規 | 相続税法施行規則 |
| 相基通 | 相続税法基本通達 |

＜記載例＞

相法32②：相続税法第32条第2項

相基通9の4－1：相続税基本通達9の4－1

※本書の内容は、平成27年3月5日現在の法令等に依っている。

# プロローグ
~相続増税で再注目される物納制度

『平成27年1月以後の相続税対策、なかでも「納税対策」の立案においては、「物納」に関する正しい認識が欠かせない。』その思いから本書は生まれた。

「物納は使えない……。」
　相続対策の実務に携わっているなかで、税理士やその他の士業（司法書士・土地家屋調査士等）を含めた専門家の間では、近年ずっとそのような言葉が言われ続けてきた。たしかに、平成18年度（2006年度）の税制改正において相続税の物納制度が大幅に改正されて以後、物納の申請件数は激減している。改正以前には年間2,000～3,000件の物納申請があったものが、年度によってかなりばらつきがあるものの、200～700件と一桁少なくなったのである。直近の国税庁資料によると、現状はさらに落ち込み、年間の申請件数が100件台にまで減少している。
　この原因としては、平成18年度の税制改正における「物納制度大改正」の内容が納税者にとって非常に厳しいものであったためであろう。この平成18年の改正当時、税務当局側は「今回の改正は、物納制度を厳しくしたのではなく運用を適正化したものである」という趣旨の説明を行っていた。
　たしかに、制度の運用を適正化し、手続を明確化して分かりやすくなったという面もある。しかしながら、納税者側からみると「これからは物納申請をあきらめなければならない」と思わせるほどに厳しい内容であった。そして、その認識が納税者だけでなく税務の専門家である税理士を始め、物納手続の実務に関連が深い司法書士や土地家屋調査士等の各士業の専門家たちにも広まったため、最近では相続税の納税について物納という方法を選択することが少なくなっただけでなく、そもそも最初から相続対策・納税対策を立案するうえで物納を考慮していない、という事例も数多く見受けられる。

　しかしながら、平成27年1月からの「相続税の大増税（最高税率の引上げ、基礎控除の4割縮減等）」、そして同じく平成27年1月から実施される「租税特別措置法39条（取得費加算の特例）」の改正により、相続税の物納制度はあらためて注目を集めている。そして、相続税の納税方法の特例中の例外とされている物納制度が、今後の相続税の納税対策には欠かせないものになると考えられる。
　なぜならば、先に述べた「租税特別措置法39条（取得費加算の特例）」改正により、不動産を多く保有する、いわゆる土地資産家の相続税納税において、「土地を売っても納税資金に足りない」とか、「相続税を納税したあとの譲渡所得税の負担に耐えられない」といった事例が多発する可能性が考えられるからである。

この点について、「租税特別措置法39条（取得費加算の特例）」の改正は、最高税率の引上げや基礎控除の縮減といった目に見えやすい相続税の増税に比べて一般には分かりにくいため、平成27年の相続税大増税に比べてあまり注目されておらず、マスコミなどでも取り上げられることは少ない。しかしながら、相続税の負担が大きい土地資産家にとっては、この改正は目立たないとはいえ「隠れ大増税」ともいえる増税である。

ここでは、まず「租税特別措置法39条　取得費加算の特例」の改正について詳しくその内容を解説することで、なぜ租税特別措置法39条の取得費加算の特例改正が、納税対策における物納制度の見直しにつながるのかを確認していこう。

## 1　相続した土地の売却が増税になる！

### 1　「措置法39条の取得費加算」の改正で注目される物納戦略

「相続税の申告期限から3年以内に土地を売ると譲渡所得税等が軽減される」といわれた「相続税取得費加算（措法39）」が平成26年度の税制改正で見直され、実質的に大幅な増税に直結することとなる。

これまで、この取得費加算の制度は、「相続した土地」を相続税の納税資金のために売却すること、あるいは納税目的でなくとも、売却して資産の組換えをするうえでも大変に有用な制度であった。しかし、平成26年度税制改正により、そのメリットが使えなくなることとなった。

このため、相続税の負担が重い土地資産家にとっては、相続税の基礎控除の改正による増税よりも、むしろこの取得費加算の改正の方が影響が大きくなる可能性が高く、この改正への対応策をよく考えておかないと、相続税の負担で大きく財産を失う状況に陥る危険性もあるので要注意である。

取得費加算の改正が適用されるのは、平成27年1月1日以後の相続により取得した土地の売却に係る譲渡所得税であるため、その相続税の申告期限が到来する時点前後、「相続税の納税のために不動産を売却する」という段階になって譲渡所得税に関する問題が浮上してくる可能性が高いものと考えられる。そのため、平成27年1月以降に開始した相続においては、納税対策の実務対応で取得費加算の改正による譲渡所得税の問題がクローズアップされることが見込まれる。

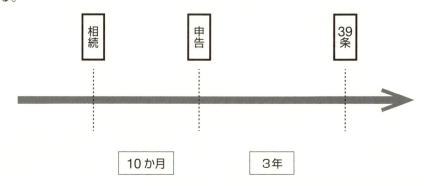

## 2　取得費加算の改正の経緯

　この「取得費加算の特例」が、26年度税制改正により平成5年以前と同様の制度に戻ったのである。バブル期の相続において、地価高騰により高額な相続税が課税された東京の高級住宅地・田園調布の資産家が「納税のために土地を売却して相続税を納付した」ところ、その後に土地売却に関して高額な譲渡所得税が課税されたため、その納税資金の目途が立たないことを悲観して自殺を図った事件などがあり、当時の世論において「相続税と譲渡所得税、その過酷な二重課税」に関する批判が高まった。そうした事情を背景として改正が行われたものである。

　さらにいえば、そのような世論とは別に、税務当局側にも事情があった。それは、バブル経済当時の地価高騰と急激な相続税負担の増大から、「相続税を金銭で納付することが困難である」という事例が続出したことで「物納」の申請件数が激増し、あまりの申請件数の多さに税務当局の対応が追い付かなくなってしまったのである。

### ❶バブル期以前の物納

　そもそも物納は、「バブル期以前」にはその制度を利用する納税者はごくわずかであり、年間に数十件程度しか申請されていなかった。なぜならば、平成3年以前には相続税の財産評価の基準となる「路線価」は、その土地の実勢価格に対して20～30％という大変低い水準に設定されていた。そして、土地を物納する場合には、その収納価額は相続税申告時の財産評価額なので、相続税を納める立場からいえば、「物納するよりも、土地を売却した方が3～5倍も手取額が大きいので、ほとんどの場合、土地の売却によって相続税を納めていた」からである。

　したがって、税務当局も物納申請を受理したことが少なく、物納の事務手続に精通した職員もごくわずかであった。

　しかし、その後、一貫して右肩上がりが続いた高度成長期のいわゆる「土地神話」に基づいて、土地の路線価割合が大幅に引き上げられることとなった。具体的には、平成3年に路線価が実勢価格の70％水準に引き上げられ、さらに翌平成4年には80％水準にまで引き上げられたのである。それまで実勢価格の20～30％水準であったことと比較すると、急激かつ大幅な引き上げとなったことが分かる。

### ❷バブル崩壊と物納の急増

　そのような状況のなか、ほぼそれと時を同じくして起きたのが、「バブルの崩壊」であった。昭和60年のプラザ合意以後、右肩上がりの地価は急激な上昇カーブを描き急騰していたところ、いわゆる「土地関連融資の抑制について」（総量規制）に加えて、日本銀行による金融引き締めが急激であったことから、信用収縮が一気に進行し、結果として土地価格の急落を招いた。

　そして、このことが相続税の物納件数の激増を引き起こしたのである。なぜならば、相続税の計算の基礎となる路線価は、前年の地価実勢価格に基づいて算出されており、相続が開始した時にはその路線価で相続税を計算し申告するところとなるが、バブル崩壊により実勢価格がその後急落しているので、路線価よりも実勢価格の方が低い「実勢価格と路線価の逆転現象」が起きていたからである。

このように実勢価格と路線価が逆転してしまったことにより、「土地を売却しても相続税が払いきれない」あるいは「路線価よりもはるかに安い価格でしか売却できず、マイナスが膨らんでしまう」といった事案が頻発した。

そのため、「土地を売却するのではなく、路線価で収納される物納で納税しよう」と、納税者（及び税理士等の専門家）が考えたことで、物納件数は激増した。ピーク時の平成6年〜平成7年ごろには、年間1万件を超える物納申請が提出されていた。

事ここに至って、税務当局の物納事務はパンク状態に陥ってしまった。先ほど述べたように物納に精通した職員は少なく、ほとんど実務経験がないなかで膨大な申請件数を処理しなければならなくなったため、多くの申請書類が山積みとなり、「処理未済件数」だけが増加の一途を辿ったのである。

### ❸ 平成5年の取得費加算の改正

このような状況に鑑み、「物納ではなく、土地を売却して相続税を納付してもらいたい。そのためには、相続した土地を売却した際の譲渡所得税は軽減する」という課税当局側の意図を踏まえて、取得費加算の制度が改正されたのである。

具体的には、土地の譲渡所得を計算するときの「取得費」に、相続税を納付した場合にはそのうちの「すべての土地等にかかる相続税額」を「取得費に加算することができる」とされるもので、これにより取得費が大きくかさ上げされ、譲渡所得が圧縮される。このため、相続財産に占める不動産の割合が高い土地資産家にとっては、相続した土地を売却したときの譲渡所得税が大幅に圧縮され、場合によっては譲渡所得税がゼロになる事例も多かった。そのため、その後の地価動向の推移とも合わせて、徐々に物納ではなく土地を売却して納税する相続案件が多くなり、物納申請件数も暫時減少傾向をみせていた。

### ❹ そして再度の改正

しかし、地価の高騰が沈静化し、「相続税と譲渡所得税の更なる負担調整の必要性が低下している」といわれたこと、そして、「相続した土地の売却についてのみ、このような措置法があることは、一部の土地資産家に対する優遇税制にあたる」などの指摘がありながらもこの取得費加算の制度について見直しが行われなかった。そのため、平成24年に会計検査院から本制度の改善を求める意見表示がなされ、これを受けて平成26年度税制改正により、取得費加算額の計算が平成5年度の改正前の取扱いに戻されることとなった。

今回の改正により、「すべての土地等に係る相続税額を取得費に加算」となっていた現行制度は、「譲渡する土地等に係る相続税額」だけを取得費に加算することとなり、加算できる範囲が大幅に縮小された。これにより、取得費に加算できる相続税額が大幅に減少するため、結果として計算上の譲渡所得が多くなり、相続した土地を売却した時の譲渡所得税は実質的に増税となる。

## 3 具体的な取得費加算の改正の影響

ここでは簡略な計算例を用いて改正前・後の税負担を比較する。

### ❶措置法39条改正前・改正後の比較計算例

設例
- ●相続財産
  - 土地A　　　　1億円
  - 土地B　　　　6,000万円
  - 土地C　　　　4,000万円
  - 建物　　　　　2,000万円
  - 現金・預貯金　3,000万円
  - 合計　　　　　2.5億円（うち、土地等2億円）

- ○上記財産に係る相続税額　5,000万円と仮定する
- ○相続が開始し、土地Cを4,200万円で売却と仮定
- ∴取得費（概算）4,200万円×5％＝210万円（手数料、測量費その他諸経費は考慮しない。）

(1) 現行制度

相続税額5,000万円×（土地等計2億円）／2.5億円
＝4,000万円（これが取得費加算額となる）

　　概算取得費　　210万円
　＋取得費加算　4,000万円
　　取得費合計　4,210万円＞4,200万円（売却価額）
　　　　　⇒したがって譲渡所得ゼロ＝譲渡所得課税なし

(2) 改正後

相続税額5,000万円×（土地C評価4,000万円）／2.5億円
＝800万円（これが改正後の取得費加算額となる）

　　概算取得費　　210万円
　＋取得費加算　　800万円
　　取得費合計　1,010万円
　　　　　⇒売却価額4,200万円－1,010万円＝3,190万円
　　　　　　∴譲渡所得税額＝3,190万円×20％＝638万円

(3) 手取額の比較

現行　4,200万円－譲渡所得税　　0円＝4,200万円
改正　4,200万円－譲渡所得税638万円＝3,562万円
（手取差額）　　　　　　　　　638万円

上記のとおり、改正前と改正後では相続した土地を売却した場合の手取額に大きな差異が発生する。上記設例では評価額4,000万円の土地を例にとったが、より高額な物件であれば手取額はさらに多額の差異が生じる。したがって、土地の売却が相続税の納税目的であった場合には、この改正により譲渡所得税が増えるため手取額が大幅に減少することについて、税理士は

専門家責任の見地より納税者にその事情をよく説明しておくことが求められるであろう。

　そう考えると、「土地資産家」と呼ばれる富裕層にとっては、この取得費加算の改正は、実は相続税基礎控除の増税よりも、はるかに大きく税負担を増加させる可能性があり、相続対策の実務上多くの問題点を含んでいるといえよう。

　このような事情から、取得費加算の改正により、「物納」が再び注目されるのではないかという見方が浮上してくるのである。

### ❷ 再び物納が注目される理由

① 改正により相続税納付のための土地売却の譲渡所得税負担が大きく増大するが、土地を物納するならば先述のとおり譲渡所得税はかからない。

② 土地を売却する場合には実勢価格によるので、「いくらで売れるのか」はその土地の立地や条件、そして市場の需給動向に左右される。都心部一等地の土地や駅前好立地等の条件に恵まれた物件であれば、相続税評価額を大きく上回る価額での売却も可能であり、その場合には譲渡所得税の負担も吸収することができるであろう。しかし、売却価額が相続税評価額と同程度の場合や、評価額以下でなければ売れない物件の場合には、売却して相続税を納税したうえで、さらに譲渡所得税を納めるため、資金的にかなりのマイナスを覚悟しなければならない。

　しかし、物納の場合には、相続税評価額で収納されるうえに譲渡所得税の負担がないので、相続税の納税方法としては有利になるといえる。このため、郊外立地や地方都市など、評価額を大きく上回っての売却が期待できない土地資産家にとっては、今回の取得費加算の改正により、あらためて相続税の物納制度が注目されるのではないかという声が上がっているのである。

### ❸ 求められる「物納戦略」

　ただし、物納申請をする前提として「金銭納付を困難とする理由」の的確な説明が求められることや、測量・境界確定等の条件整備や必要書類の提出にも迅速・正確な対応が必要となる。その点、「生前対策」における適切な資産管理及び条件整備と、早めの納税対策立案が欠かせない。それらを総合した「物納戦略」があってこそ、はじめて物納が可能となるといっても過言ではない。このように、取得費加算の改正によって改めて「納税対策の重要性」が注目されることは、ほぼ間違いなく、そこに物納戦略を組み込むことが今後の大きな課題となるであろう。そのような税制の動向を反映して本書が誕生したのである。

　さらにいえば、「物納」を意識した、あるいは「将来の物納を視野に入れた」資産管理や資産の組換えを行うことは「優良な資産」の形成につながる。なぜならば、物納申請で国に収納してもらうためには、いわば「完全商品」ともいえる程度にその不動産を条件整備しておかなければいけないからである。不動産を多数所有していると、なかには「不良資産」と呼ばざるを得ないものも少なくない。しかし、物納を意識するのなら、そのような不良資産を的確に条件整備することで優良資産化する、あるいは資産の組換えを行って不良資産を切り離すことなどが必要となる。

そうなれば、その資産家の保有する資産は、金額（評価額）ベースで「いくらの財産があるか」ではなく、本当の意味で「価値の高い優良資産」となる。

ひいては、「次世代への優良な資産の承継」という相続対策本来の目的にも合致するものであることも、本書を通じてお伝えできれば幸いである。

## 2　関与先に対する物納制度の説明義務と留意点

### 1　現行物納制度に対する税理士の意識

上述のとおり、平成18年度の税制改正における物納制度の改正により、その運用が非常に厳しくなっていることは現実として捉えなければならない。しかし、その一方で相続対策・納税対策として物納が叶わないと思い込んでしまい、物納の適用について考慮すること自体を放棄してしまっている案件が増加していることも事実である。このことは、税の専門家である税理士自身が物納という制度そのものを意識的に敬遠していることにほかならない。

### 2　税理士の専門家としての立場

ところで、税理士は税務の専門家の立場として、依頼者の信頼に応える義務がある。これは税理士法においても以下のとおり明確に示されている。

> 税理士法第1条（税理士の使命）
> 　税理士は、税務に関する専門家として、独立した公正な立場において、申告納税制度の理念にそって、納税義務者の信頼にこたえ、租税に関する法令に規定された納税義務の適正な実現を図ることを使命とする。

すなわち、税務の専門家としての税理士は、納税義務者からの依頼を受けて仕事を行うことから、依頼者の指示に従うことが原則となる。それと同時に依頼者は、税理士という専門家が高度に専門的な知識や技能を有していると信じるがゆえに、専門家に対して仕事を依頼しているのである。そのため、税理士は専門家として、その技能を十分に発揮するために、制度に関する適用の判断や計算処理や事務処理等の方法について、納税者にとって最も有効な方法を選択するという大幅に自由な裁量権が認められているものと考えられる。

したがって、税理士は、納税義務者である依頼者の意思を忠実に履行する義務があるのと同時に、裁量権を最大限に行使して依頼内容の実現のため、専門家として慎重な判断に基づく配慮を尽くす義務も負っている。

### 3　相続税申告における説明義務

相続税申告を受任したケースを想定してみよう。

例えば、依頼者から「相続税の納税に物納を活用したい」という依頼があった場合に、税理士が、「物納は手続が非常に複雑であるから、不動産を売却して納税に充てましょう」という

回答を行えば、これは明らかに依頼者の意思を無視した行為であり、場合によっては税理士に対する損害賠償請求の対象ともなり得るものである。

一方で、「それではご指示どおりに物納を適用しましょう」という回答をし、そのとおり物納による納付を行った場合であっても、責任を追及されることは否定できない。

なぜならば、税理士という専門家は納税者にとって最も有効な方法を選択するという自由な裁量権が認められているからである。

すなわち、専門家責任とは、依頼者の意思を最大限に尊重したうえで、その依頼者である納税者にとってどのような制度を適用することが最も有効、かつ、最良の納税方法かを慎重に判断し、この点について依頼者に説明を尽くさなければならない。結果的に、物納という方法が最良の方法でなかったとしても、その別の納税手段が最良という結論に至った経緯等を説明し、理解、納得してもらうことで、専門家としての説明義務と責任を果たすことができるといえるだろう。

換言すれば、専門家としての税務判断を優先する場合でも、又はしない場合であっても、依頼者に対して十分な説明義務を果たさなくてはならない。

それと同時に、依頼者においても依頼した専門家が自由な裁量権を発揮できるよう協力を惜しまないことが求められてくる。つまり、依頼者と専門家との強い信頼関係が成り立ってこそはじめて双方が満足できる結果が得られるといえよう。

## 4 本書の活用法

依頼者は、税理士が高度に専門的な知識や技能を有しているとの信頼を寄せるがゆえに仕事を依頼するのであるから、これに応えるために税理士は日々研鑽を積まなくてはならない。

しかし、物納については、平成18年度税制改正以降、実際に同制度の適用数が著しく減少しており、自ら実務上の経験を積むことが難しい状況にある。

そこで、本書における物納制度の基礎的な知識の確認、かつ、実際の事例に基づいた財産の整備や書類の記載、提出についての留意点等をご参照いただくことによって、物納の実際をご認識いただき、「物納は不可能」との思い込みを払拭されることで、関与先に対して物納に関する説明責任を果たし、また実際の物納実務の取組みのための一助としていただきたい。

# ① 物納制度の基礎知識

# 1 相続税制度の変遷と物納制度の変遷

| 期間 \ 摘要 | 相続税制度の変遷 | 物納制度の変遷 |
|---|---|---|
| 明治38年 | <明治時代><br>Ⅰ　家督相続時代<br>　我が国の相続税は、明治38年の日露戦争の戦費調達を目的に創設され、この期間は旧憲法下における民法上の相続制度である家督相続と遺産相続の双方に対して遺産課税方式により課税し、家督相続には軽く、遺産相続には重く課税され、また親族の親疎に応じ租税負担が異なっていた。なお、生前の贈与に対する贈与税課税はなかった。<br>○日露戦争の戦費調達として相続税が創設される（明治38年1月1日法律第10号）。<br>・家督相続軽課、遺産相続重課、延納制度創設、贈与税課税なし。<br><大正時代><br>・注目すべき改正なし | |
| 昭和16年 | <昭和時代> | ○物納制度創設・施行　（昭和16年3月31日・法律第79号・施行／昭和16年4月1日）<br>・相続財産価額中、不動産価額が相続財産価額の2分の1超の場合で、相続税額が1,000円以上であるとき不動産による物納申請ができる。<br>・物納不動産の交換を命ぜられ、また、不許可の場合はその通知後20日以内に年賦延納の申請ができる。 |

| 期間 摘要 | 相続税制度の変遷 | 物納制度の変遷 |
|---|---|---|
| 昭和22年 | **Ⅱ　家督相続廃止、遺産相続・贈与税創設時代**<br>　この期間は、民法の改正により家督相続が廃止され、相続は遺産相続一本となったことにより、相続税も、遺産相続に対する遺産課税方式による課税のみとなった。なお、新たに贈与税が設けられ、贈与者に対して一生累積課税方式が採られた。<br>○相続税も遺産相続（遺産課税方式）一本のみ（民法改正による家督相続廃止）<br>○贈与税創設（一生累積課税方式）<br><br>**Ⅲ　遺産取得課税時代**<br>　この期間は、昭和25年のシャウプ勧告に基づき、相続税は従来の遺産税方式を改めて遺産取得課税方式とされ、贈与税は、相続税に吸収されて、相続、遺贈及び贈与によって取得した財産をその取得した者の一生を通して累積して計算し、相続税一本で課税する一生累積課税方式が採られた。<br>　この遺産取得課税制度は、新民法下における相続人間の遺産の分割相続に即応するものであり、かつ、財産取得者の担税力に応じた公平な課税が確保され、また遺産の分割を促進するという富の再分配機能を持ち、富の集中を抑制するという特徴を持っている。 | ○納付相続税額のうち金銭で納付を困難とする金額について物納申請できる。<br>　また、物納財産の種類、物納財産の収納価格の明確化が規定された。<br>（昭和22年4月30日法律第87号・施行／昭和22年5月3日） |

| 期間 \ 摘要 | 相続税制度の変遷 | 物納制度の変遷 |
|---|---|---|
| 昭和25年 | ○昭和25年相続税・贈与税の相続税への一本化。<br>　また、物納を認められない延納の場合は、原則として相続税申告を期限内に提出した者が申請できることとされた。<br><br>**Ⅳ　相続税・贈与税2本建て時代**<br>　この期間は、シャウプ勧告による一生累積課税方式を改め、相続税と贈与税の2税目を設け、相続と包括遺贈による財産取得を相続税の課税対象とし、贈与と特定遺贈による財産取得を贈与税の課税対象とする2本建て方式に改められた。生前贈与財産のうち相続開始前2年以内のものについては、相続税を課税することとされた。 | ○物納に充てることの財産の例示（昭和25年3月法律第73号）<br>　物納に充てる財産は、次のとおり財産と順位が規定された。<br>一　国債及び地方債<br>二　不動産及び船舶<br>三　社債及び株式<br>四　動産 |
| 昭和28年 | ○累積課税制度を廃止し、次のとおりとした<br>・相続及び包括遺贈によって取得した財産については、その都度、相続税を課税する。<br>・贈与及び特定遺贈により取得した財産については、1年分を合算して贈与税を課税する（昭和28年8月法律第165号）。 | ○追徴税額のうち相続税についてのみ物納が認められる（昭和28年8月法律第165号）。<br><br>○物納対象財産の整備（昭和29年3月法律第39号） |

| 期間 \ 摘要 | 相続税制度の変遷 | 物納制度の変遷 |
|---|---|---|
| 昭和33年 | **V　法定相続分課税方式時代**<br>　この期間は、遺産取得課税方式を維持し、相続、遺贈又は死因贈与には相続税を課税し、死因贈与以外の贈与に贈与税を課税することとされた。さらに、相続税の総額は、遺産の総額及び法定相続人の数と法定相続分という客観的な数値により確定するという「法定相続分課税方式」が採用された。 | ○相続税及び相続税追徴税額に対する物納の整備が行われた。「物納の整備」は、次のとおりである（昭和33年4月法律第100号）。<br>・期限内申告書を提出した者<br>・期限後申告書を提出した者で正当な事由のある者<br>・申告書の提出期限前に決定を受けた者 |
| 昭和37年 | ○「相続税法による相続税額及び相続税追徴税額」を「国税通則法による相続税額」に改める（昭和37年4月法律第67号）。 | |
| 昭和46年 | | ○物納対象財産の整備（昭和46年3月法律第20号） |
| 平成元年 | **＜平成時代＞**<br>**Ⅵ　相続税規制時代**<br>　この期間は、相続税の負担軽減のための遺産に係る基礎控除額の引上げ、配偶者の税額軽減における税額控除限度額が法定相続分とされ、また相続税の不当な負担軽減に対処するために基礎控除額等の基礎となる法定相続人に含む養子の数の制限、相続開始前3年以内取得不動産の取得価額課税制度が設けられた。しかし、その後平成8年に相続開始前3年以内取得不動産の取得価額課税制度は廃止された。 | |

| 期間 摘要 | 相続税制度の変遷 | 物納制度の変遷 |
|---|---|---|
| 平成4年 | | ○物納は「相続税額を延納によっても納付困難なとき」とされた。納付困難の事由に金銭のほか「延納によっても」が加わった（平成4年法律第16号）。 |
| 平成12年 | | ○物納対象財産の整備（平成12年法律第97号） |
| 平成13年 | | ○物納対象財産の整備（平成13年法律第75号） |
| | Ⅶ 相続時精算課税導入時代<br><br>平成15年以後、生前贈与に対する贈与税課税として、相続時精算課税制度を導入し、65歳以上の贈与者からの20歳以上の推定相続人に対する複数年にわたる生前贈与について特別控除後の金額に対して単一税率で課税をすることとし、特定の贈与者の相続開始時にその贈与財産を相続財産に合算して課税することにより課税関係を精算し、相続時精算課税制度を選択しない贈与については110万円の基礎控除と超過累進税率による贈与税課税を併存することとなった。 | |
| 平成15年 | | ○物納対象財産に「申告納税方式による国税の納付」を加える（平成15年3月法律第8号）。 |
| 平成16年 | | ○物納対象財産の整備（平成16年法律第88号） |
| 平成18年 | | ○物納財産の基本的な区分（超過物納、管理処分不適格財産、物納劣後財産）の整備（平成18年3月法律第10号） |
| 平成19年 | | ○物納対象財産の整備（平成19年3月法律第6号）<br>○物納対象財産の整備（平成19年6月法律第74号） |

# ❷ 物納制度の変遷のポイント

❶で物納制度の変遷の概略をみたが、その中でも物納制度を考える上で、知っておくべきポイントを下記に掲げる。

## 1　相続税法創設時の相続財産及び納付の考え方

### 1　無制限納税義務者（第2条前半）

本法施行地に被相続人が住所を有するときは、次の財産を相続財産とし無制限納税義務者とする。
- 一　本法施行地に在る動産及不動産
- 二　本法施行地に在る不動産の上に在する権利
- 三　前2号に掲げたもの以外の財産権

### 2　制限納税義務者（第2条後半）

被相続人が本法施行地に住所を有せざるときは、1の一・二号の財産をもって本法施行地の財産とする制限納税義務者とする。

### 3　課税価格①（第3条前半）

被相続人の住所が本法施行地内にあるときは、相続開始前1年以内の被相続人のなした本法施行地に在る財産の贈与の価額は相続財産の価額に加え次の金額を控除したものをもって課税価格とする。
- 一　公課
- 二　被相続人の葬式費用
- 三　債務

### 4　課税価格②（第3条後半）

被相続人が本法施行地に住所を有しないときは、相続開始の際の本法施行地にある相続財産の価額に相続開始前1年以内に被相続人が本法施行地にある財産の贈与の価額を加え次の金額を控除したものを課税価格とする。
- 一　その財産に係る公課
- 二　その財産を目的とする留置権等をもって担保される債務
- 三　その財産に関する贈与の義務

## 5 相続財産の価額（第4条）

相続財産の価額は相続開始の時の価額による。

船舶、地上権、永小作権及び定期金については、政府が評定方法を定める。

## 6 不確定権利の評定等（第5条）

条件附権利、存続期間の不確定なる権利又は訴訟中の権利については政府が評定する。

上記3、4の控除債務金額は、政府が確実と認めたものに限る。

## 7 基礎控除（第6条）

家督相続1,000円、遺産相続500円未満

## 8 税率等（第8条）

家督相続は軽減税率、遺産相続は通常税率、外国の法律により開始した相続については、遺産相続の税率通用

## 9 相次相続（第10条）

3年以内の相次相続は前の相続税相当額を免除する。5年以内の相次相続は前の相続税相当額の半額を免除する。

## 10 課税価格、納付等（第13～第26条）

課税価格は政府が決定し相続人等（相続人、遺言執行者及び相続財産管理人）に通知する。

この決定に異議ある場合は、通知の日より20日以内に再審査の申立ができる。この申立は、相続税審査委員会の諮問を経て政府が決定する。この決定に不服のある者は納付のうえ訴訟をなすことができる。納付は一時納付が原則であるが税金額100円以上のときは担保を提供し3年以内の年賦延納を求めることができる。

# 2 物納制度創設時の考え方（昭和16年）

### 物納要件（第17条の2）

本法施行地に住所を有する者に係る相続財産の価額中、不動産の価額が2分の1を超える場合において相続税額が1,000円のときは、相続財産たる不動産の物納を求めることができる。

この物納の申請については、相続税審査委員会が審査を行い、次の事項を決定した。

一 物納に充てる不動産が管理処分不適当財産に該当するときは、当該財産の交換又は物納を不許可にすることができる。

二 相続財産で税金の納付が容易なときは物納を許可しないことができる。

三　一の場合においては、当該通知の日から 20 日以内に年賦延納の申請をすることができる。

# 3 昭和 22 年から現在までの変遷のポイント

## 1 物納に充てる財産の考え方（昭和 22 年）

物納に充てることのできる財産を次のように定めた（規 39）。
一　国債及び地方債
二　不動産及び船舶
三　社債
四　動産

なお、社債を物納できる場合は、一号及び二号に、動産を物納できる場合は、一号ないし三号に、適当な価額のものがないときとされた。

## 2 物納できる相続税額の範囲①（昭和 33 年）

従来、物納を許可する相続税額等（相続税額又は相続税の追徴税額）は、次のとおり定められていた。
一　期限内申告書提出者
二　期限後提出者
三　期限前に決定を受けた者

しかし、この改正により一〜三に該当しない場合においても物納が認められることになった。

## 3 物納できる相続税額の範囲②（平成 4 年）

従来の物納制度は、金銭納付が困難なときを対象としていたが、改正により「延納によっても」納付が困難なときが追加されることとなった。

## 4 物納手続の明確化（平成 18 年）

次の物納手続の明確化が規定された。
一　物納許可基準の明確化
二　物納手納の迅速化
三　納税者の利便性の向上

# 3 現行の物納制度の概要

## 1 物納の現況と手続の流れ

### 1 物納の現況

　近年、相続税の納税にあたって、物納制度を選択することは非常に困難であり、よほどの事情がない限り許可されないと一般的にいわれている。これは、平成18年の税制改正により、物納制度の法整備がなされたことによるものである。

　具体的には、手続が煩雑になり、財産の整備や条件が厳しくなったことが原因といわれており、このことは、実際に物納の申請がされた件数の集計表をみても分かるとおり、平成18年以降は急激にその数を減らしている。

　次の表は、国税庁が公表している物納の申請に関する統計情報である。

　ここ7年間は申請件数が1,000件にも満たない状況であり、さらに直近の平成25年度にあっては、167件と過去最少の申請件数となっており、全国7万人以上いる税理士のなかでもここ数年中に物納を取り扱ったことがある税理士はごくわずかであるということがいえる。

◆物納申請件数の推移

| 年度 | 申請件数 | 処理件数 | | | | 処理未済件数 |
| --- | --- | --- | --- | --- | --- | --- |
| | | 許可 | 取下げ等 | 却下 | 小計 | |
| H 3 | 3,871 | 532 | 534 | 7 | 1,073 | 3,973 |
| H 4 | 12,778 | 2,113 | 1,131 | 9 | 3,253 | 13,498 |
| H 5 | 10,446 | 6,684 | 3,642 | 3 | 10,329 | 13,615 |
| H 6 | 16,066 内 7,268 | 8,749 | 3,788 | 28 | 12,565 | 17,116 |
| H 7 | 8,488 | 9,185 | 2,905 | 22 | 12,112 | 13,492 |
| H 8 | 6,841 | 6,240 | 2,723 | 34 | 8,997 | 11,336 |
| H 9 | 6,258 | 4,973 | 2,118 | 29 | 7,120 | 10,474 |
| H 10 | 7,076 | 4,546 | 1,832 | 20 | 6,398 | 11,152 |
| H 11 | 7,075 | 4,713 | 2,044 | 28 | 6,785 | 11,442 |
| H 12 | 6,100 | 4,556 | 1,939 | 37 | 6,532 | 11,010 |
| H 13 | 5,753 | 4,844 | 1,698 | 27 | 6,569 | 10,194 |
| H 14 | 5,708 | 4,479 | 1,690 | 31 | 6,200 | 9,702 |
| H 15 | 4,775 | 4,545 | 1,687 | 28 | 6,260 | 8,217 |
| H 16 | 3,065 | 3,639 | 1,651 | 24 | 5,314 | 5,968 |
| H 17 | 1,733 | 2,730 | 1,169 | 21 | 3,920 | 3,781 |
| H 18 | 1,036 | 2,094 | 861 | 16 | 2,971 | 1,846 |
| H 19 | 383 | 1,114 | 234 | 22 | 1,370 | 859 |
| H 20 | 698 | 704 | 149 | 27 | 880 | 677 |
| H 21 | 727 | 711 | 149 | 54 | 914 | 490 |
| H 22 | 448 | 503 | 103 | 46 | 652 | 286 |
| H 23 | 364 | 317 | 98 | 27 | 442 | 208 |
| H 24 | 209 | 205 | 55 | 45 | 305 | 112 |
| H 25 | 167 | 132 | 38 | 29 | 199 | 80 |

（注） 平成6年度の内書きは特例物納*1の計数　　　　　　　　　　　　　　　　　　　（国税庁HP）
＊1　特例物納（旧措法70の10）とは
　○対象者…昭和64年1月1日から平成3年12月31日までの間に相続又は遺贈により財産を取得した個人で、延納の許可を受けた者
　○対象財産…課税価格の計算の基礎となった財産で相続税法の施行地内にある土地
　○申請書等…平成6年4月1日から同年9月30日までの間に、特例物納対象税額、金銭納付が困難な金額及びその事由、特例物納の許可を求めようとする税額、特例物納に充てようとする土地（特例物納土地）及びその特例物納土地の価額等を記載した申請書を納税地の所轄税務署長に提出

## 2　手続の流れ

上記のとおり、近年の物納の申請件数は減少傾向にある。

この減少の原因としては、確かに財産の整備や条件が厳しくなったことも要因の一つと考えられるが、単純に「物納はできない」と思い込んでしまっている税理士や納税者が多いからではないだろうか。

◆物納手続のフローチャート

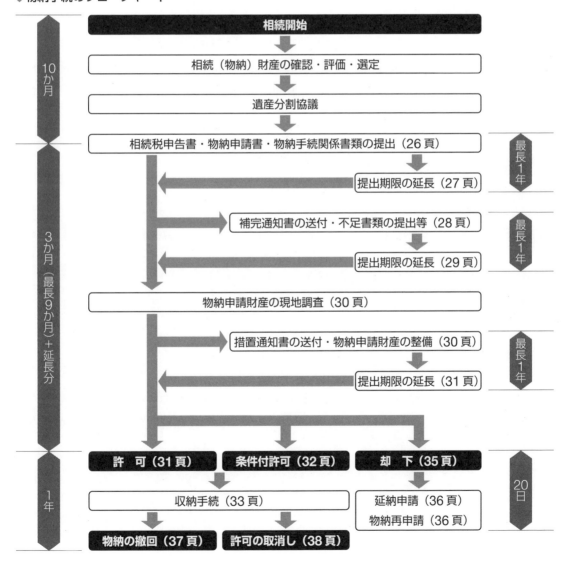

確かに法改正により手続や期限が厳密化されたことによって、書類の提出や財産の整備についてのハードルが高くなったようにも思えるが、見方を変えると、物納の取扱いが明確になったため対応策をとりやすいとも考えることができる。

　いずれにしても、物納制度そのものの内容や全体の流れを把握しておくことが、物納を成功させるための第一歩となるはずである。

　前頁に掲げたフローチャートは、相続が開始してから物納の許可を得るまでの一連の流れを表したものであり、期間を踏まえた段階的な手続の内容の概略を確認することができる。

## 2　物納の要件等

### 1　物納の要件（相法41 ①）

#### ❶納付方法の確認

　相続税の納付の方法には、金銭一時納付、年賦延納による納付及び相続財産による納付（物納）があり、相続財産の状況や納税義務者が所有している財産の状況、収入や支出の状況、概ね1年以内の臨時的な収入や支出の状況等を踏まえて納税の資力を把握し、また延納や物納の適用要件を満たしているか否かを確認し、総合的な見地より納税義務者自身の納付の方法を判断する必要がある。

| | |
|---|---|
| 原則　金銭一時納付 | … 金銭納付の可否を判断する。<br>納期限までにいくら納付できるかを検討する。 |
| ↓ | |
| 特例　延納による金銭納付 | … 不動産割合に応じて5～20年の間、毎年一定額を金銭により分割納付する。 |
| ↓ | |
| 例外　物納（相続財産） | … 延納によっても金銭納付困難な場合、相続財産により納付を行う。 |

#### ❷物納の内容

　国税は、納期限までに金銭で一時に納付することを原則としているが、相続税については、延納によっても金銭で納付することを困難とする事由がある場合には、納税義務者の申請により、その納付を困難とする金額（物納許可限度額）を限度として相続財産による物納が認められている。

　物納が認められるためには、主として以下に掲げる要件を満たす必要がある。

【要件】
- ○　物納に充てる財産の価額は、延納によっても金銭で納付することが困難な金額の範囲内であること
- ○　物納申請財産が物納適格財産であること（管理処分不適格財産でないこと）

○ 物納劣後財産に該当する場合は、他に適当な価額の財産がないこと
○ 物納申請財産が定められた種類の財産で申請順位によっていること
○ 物納申請者が相続により取得した財産で日本国内にあること
○ 「物納申請書」及び「物納手続関係書類」を提出期限までに提出すること

　この場合において、その物納財産の性質、形状その他の特徴により物納許可限度額を超える価額の物納財産を収納することについて、税務署長においてやむを得ない事情があると認めるときは、物納許可限度額を超えて物納の許可（超過物納）をすることができる。
　なお、下表のとおり、物納は相続税の期限内申告、期限後申告及び修正申告に係る相続税額並びに、更正・決定に係る相続税額についてすることができるが、贈与税については、物納することはできず、延滞税、利子税、加算税及び連帯納付による責任納付税額についても物納することはできない。

| 税　目 | 詳　細 | 物納の可否 |
|---|---|---|
| 相続税<br>（期限後申告、修正申告を含む） | 本税 | 物納できる |
| | 延滞税、利子税、加算税<br>連帯納付責任税額 | 物納できない |
| 贈与税 | ー | |
| その他の税金 | ー | |

### ❸物納することができる相続税額（相令17）

　延納によっても金銭で納付を困難とする事由がある場合において、納税義務者の申請により、その納付を困難とする金額を限度として物納が認められることとなるため、物納申請された税額につき、金銭で納付を困難とする事由がないと認められた場合及び金銭で納付をすることが困難な金額が超過していると認められた場合は、その全額及びその困難な金額の超過部分については、却下されることとなる。
　納付を困難とする金額である物納許可限度額については、納付すべき相続税額から納期限までに納付することができる金額及び延納によって納付することができる金額を控除した残額とすることとされている。
　これらの計算については、「金銭納付を困難とする理由書」（137頁参照）を用いて計算することとなるが、概ね次の手順により求められる。

| ①納付すべき相続税額 | | |
|---|---|---|
| ②納期限までに納付することができる金額 | (イ) | 相続した現金・預貯金、換価の容易な財産 |
| | (ロ) | 相続により負担する債務、葬式費用 |
| | (ハ) | 納税者固有の現金・預貯金、換価の容易な財産 |
| | (ニ) | 申請者及びその家族の3か月分の生活費 |

| | | |
|---|---|---|
| | (ホ) | 申請者の事業継続のために必要な1か月分の事業経費 |
| | (ヘ) | (イ)−(ロ)+(ハ)−(ニ)−(ホ) |
| ③延納許可限度額【①−②】 | | |
| ④延納によって納付することができる金額 | (イ) | 前年の経常的な収入金額（事業収入及び給与収入） |
| | (ロ) | 申請者等の1年間分の生活費及び事業経費 |
| | (ハ) | 1年間分の収入・支出差額（(イ)−(ロ)） |
| | (ニ) | 延納を行った場合の最長延納年数（最長20年） |
| | (ホ) | 上記②(ニ)及び(ホ)の合計額 |
| | (ヘ) | 1年以内に発生見込みの臨時的金銭収入 |
| | (ト) | 1年以内に発生見込みの臨時的支出 |
| | (チ) | (ハ)×(ニ)+(ホ)+(ヘ)−(ト) |
| ⑤物納許可限度額【③−④】 | | |

## ❹物納許可限度額を超えて物納を許可する場合（相基通41-4）

　物納は、納付すべき相続税額のうち延納によっても金銭により納付を困難とする金額を限度として認められるものであることから、上記⑤により計算された物納許可限度額を超える価額の財産について物納を申請しようとする場合には、原則として物納は認められずに却下されることとなる。

　しかし、その物納財産の性質、形状その他の特徴により物納許可限度額を超える価額の物納財産を収納することについて、税務署長においてやむを得ない事情があると認めるときは、物納許可限度額を超えて物納の許可（超過物納）をすることができる。

　この場合における、「物納財産の性質、形状その他の特徴により物納許可限度額を超える価額の物納財産を収納することについて、税務署長においてやむを得ない事情があると認めるとき」とは、次のような場合をいう。

―【やむを得ない事情があると認める場合】（相基通41-3）―――――――――
① 物納申請財産が土地の場合で、物納許可限度額に相当する価額となるように分割しようとするときには、分割後に物納に充てようとする不動産（以下「分割不動産」という。）又は分割不動産以外の不動産について、例えば、分筆することにより、その地域における宅地としての一般的な広さを有しなくなるなど、通常の用途に供することができない状況が生じることとなると認められる場合
② 建物、船舶、動産等のように、分割することが困難な財産である場合
③ 法令等の規定により一定の数量又は面積以下に分割することが制限されている場合

　また、物納許可限度額を超える価額の物納財産による物納を許可する場合において、その財産の収納価額とその許可に係る相続税額との差額は、金銭をもって還付されることとなる。

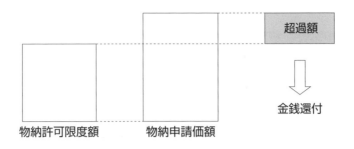

## 2 物納に充てることができる財産

### ❶財産の種類及び順位（相法41②～⑤）

　物納に充てることができる財産の種類及び順位は、納税義務者の納付すべき相続税額の課税価格計算の基礎となった財産（相続財産により取得した財産を含み、相続時精算課税の適用を受ける贈与により取得した財産を除く。）で日本国内にあるもののうち下表に掲げるもの（管理処分不適格財産を除く。）とする。

| 順　位 | 物納に充てることのできる財産 |
|---|---|
| 第1順位 | ①　国債・地方債・不動産・船舶 |
| 　 | ②　不動産のうち物納劣後財産 |
| 第2順位 | ③　社債、株式（特別の法律により法人の発行する債券及び出資証券を含み、短期社債等を除く。）、証券投資信託又は貸付信託の受益証券 |
| 　 | ④　株式のうち物納劣後財産 |
| 第3順位 | ⑤　動産 |

　したがって、表の第2順位又は第3順位に掲げる財産を物納に充てることができる場合は、税務署長において特別の事情があると認める場合を除くほか、第2順位に掲げる財産については第1順位に掲げる財産、第3順位に掲げる財産については第1順位及び第2順位に掲げる財産で納税義務者が物納の許可の申請の際、現に有するもののうちに適当な価額のものがない場合に限る。

　ただし、同順位であっても物納劣後財産に該当する場合には、原則として、他に物納適格財産がない場合に限り物納が認められることから、物納劣後財産を含めた申請の順位は、結果として表中の①から⑤の順となる。

### ❷特定登録美術品の物納順位（措法70の12、措規23の17）

　相続開始前から被相続人が所有していた特定登録美術品は、上記①の表の順位によることなく優先的に物納に充てることのできる財産となる。

　ここでいう特定登録美術品とは、「美術品の美術館における公開の促進に関する法律」に定める登録美術品のうち、相続開始時に既に同法による登録を受けているものをいう。

　この場合において、特定登録美術品を物納に充てようとするときは、文化庁長官より通知を受けた評価価格通知書を添付する必要があり、評価価格通知書は、価格評価申請書に登録美術品の登録通知書の写しを添付し、これを文化庁長官に提出することにより通知を受けることが

できる。

## ❸物納に充てることのできる財産の範囲（相法41③、相基通41-5、41-6、41-11）

　物納に充てることのできる財産は、上記①の表に掲げるとおりであるが、その詳細な範囲については、以下のとおりとなる。

> ①　「課税価格計算の基礎となった財産」には、相続又は遺贈により財産を取得した者が、その相続に係る被相続人から贈与により取得した財産で、生前贈与加算により相続税の課税価格に加算されたものも含まれるが、相続時精算課税により相続税の課税価格に加算されたものは含まれない。
> ②　「不動産」には、たな卸資産である不動産を含む。
> ③　「証券投資信託」とは、委託者指図型投資信託のうち主として有価証券に対する投資として運用することを目的とするものをいう。
> ④　「特別の法律により法人の発行する債券及び出資証券」とは、例えば次に掲げるような債券及び出資証券をいう。
> 　　(イ)　債券
> 　　　　㋑　商工債、農林債、長期信用銀行債等の金融債
> 　　　　㋺　放送債券
> 　　　　㋩　都市基盤整備債券等の政府機関債
> 　　(ロ)　出資証券
> 　　　　日本銀行出資証券
> ⑤　物納に充てることができない「短期社債等」とは次のものをいう。
> 　　(イ)　投資信託及び投資法人に関する法律に規定する短期投資法人債
> 　　(ロ)　信用金庫法に規定する短期債
> 　　(ハ)　保険業法に規定する短期社債
> 　　(ニ)　資産の流動化に関する法律に規定する特定短期社債
> 　　(ホ)　農林中央金庫法に規定する短期農林債

## ❹物納劣後財産の物納順位（相法41④、相基通41-13、41-14）

　物納劣後財産とは、物納財産ではあるが他に適当な価額の財産がある場合には物納に充てることができない財産であり、物納劣後財産を物納に充てることができる場合は、税務署長において特別の事情があると認める場合のほか、それぞれ物納に充てることができる財産のうち物納劣後財産に該当しないもので納税義務者が物納の許可の申請の際、現に所有するもののうちに適当な価額のものがない場合に限られる。

　この場合において、「特別の事情」とは、例えば、その財産を物納すれば居住し、又は営業を継続して通常の生活を維持するのに支障を生ずるような場合をいい、また、「適当な価額のものがない場合」とは、物納財産の順位に従って物納に充てることができる財産を納付すると

きは、その財産の収納価額が物納許可限度額を超えるような場合をいう。

ただし、その財産の収納価額が物納許可限度額を超える場合で、次に掲げるものであるときは、「適当な価額のものがない場合」に該当しない。

(イ) 物納許可限度額を超えて物納を許可する場合（超過物納が認められる場合）
(ロ) 財産が土地の場合で、物納許可限度額に相当する価額となるように分割しても、分割不動産又は分割不動産以外の不動産について、いずれもその地域における宅地としての一般的な広さが確保されるなど、通常の用途に供することができると認められるような場合

## 3 管理処分不適格財産（相令18、相規21）

管理処分不適格財産とは、物納に充てることができない財産をいい、不動産及び株式ごとに次のように定められている。

| 不動産 |
|---|
| ① 担保権の設定の登記がされていることその他これに準ずる事情がある不動産 |
| ② 権利の帰属について争いがある不動産 |
| ③ 境界が明らかでない土地 |
| ④ 隣接する不動産の所有者その他の者との争訟によらなければ通常の使用ができないと見込まれる不動産 |
| ⑤ 他の土地に囲まれて公道に通じない土地で公道に至るための他の土地の通行権の内容が明確でないもの |
| ⑥ 借地権の目的となっている土地で、その借地権を有する者が不明であること |
| ⑦ 他の不動産と社会通念上一体として利用されている不動産又は二以上の者の共有に属する不動産 |
| ⑧ 耐用年数を経過している建物（通常の使用ができるものを除く。） |
| ⑨ 敷金の返還に係る債務その他の債務を国が負担することとなる不動産 |
| ⑩ 管理又は処分を行うために要する費用の額がその収納価額と比較して過大となると見込まれる不動産 |
| ⑪ 公の秩序又は善良の風俗を害するおそれのある目的に使用されている不動産等 |
| ⑫ その引渡しに際して通常必要とされる行為がされていない不動産 |
| ⑬ 地上権、永小作権、賃借権その他の使用及び収益を目的とする権利が設定されている不動産で暴力団員等がその権利を有しているもの |

| 株　式 |
|---|
| ① 譲渡に関して金融商品取引法等の規定による一定の手続がとられていない株式 |
| ② 譲渡制限株式 |
| ③ 質権その他の担保権の目的となっている株式 |
| ④ 権利の帰属について争いがある株式 |
| ⑤ 二以上の者の共有に属する株式（共有者全員が当該株式について物納の許可を申請する場合を除く。） |
| ⑥ 暴力団員等によりその事業活動を支配されている株式会社又は暴力団員等を役員とする株式会社が発行した取引相場のない株式 |

## 4 物納劣後財産（相法41④、相令19）

物納劣後財産とは、他に適当な価額の財産がある場合には物納に充てることができない財産をいい、不動産及び株式ごとに次のように定められている。

| 不動産 |
|---|
| ① 地上権、永小作権若しくは耕作を目的とする賃借権、地役権又は入会権が設定されている土地 |
| ② 法令の規定に違反して建築された建物及びその敷地 |
| ③ 土地区画整理事業等が施行され、その施行に係る土地につき、土地区画整理法等の定めるところにより仮換地又は一時利用地の指定がされていない土地 |
| ④ 現に納税義務者の居住の用又は事業の用に供されている建物及びその敷地(その納税義務者がその建物及びその敷地について物納の許可を申請する場合を除く。) |
| ⑤ 劇場、工場、浴場その他の維持又は管理に特殊技能を要する建物及びこれらの敷地 |
| ⑥ 建築基準法に規定する道路に2m以上接していない土地(接道義務を満たしていない土地) |
| ⑦ 都市計画法の規定に掲げる基準に適合しない開発行為に係る土地 |
| ⑧ 都市計画法に規定する市街化区域以外の区域にある土地(宅地として造成することができるものを除く。) |
| ⑨ 農業振興地域の整備に関する法律の農業振興地域整備計画において農用地区域として定められた区域内の土地 |
| ⑩ 森林法の規定により保安林として指定された区域内の土地 |
| ⑪ 法令の規定により建物の建築ができない土地(建物の建築をすることができる面積が著しく狭くなる土地を含む。) |
| ⑫ 過去に生じた事件又は事故その他の事情により、正常な取引が行われないおそれがある不動産及びこれに隣接する不動産 |

| 株　式 |
|---|
| ① 事業の休止(一時的な休止を除く。)をしている法人に係る株式 |

# 3　物納の手続

## 1　物納申請書及び物納手続関係書類の提出（相法42①、相基通42-1）

　物納を申請しようとする場合は、相続税の「物納申請書」(183頁参照)及び「物納手続関係書類」を、納期限まで又は納付すべき日に、被相続人の死亡時の住所地を所轄する税務署に提出しなければならず、提出期限に遅れて提出した場合、その物納申請は却下されることとなる。

　物納申請書及び物納手続関係書類の具体的な提出期限は次のとおりである。

| 期限内申告に係る相続税額 | 法定申告期限(相続の開始があったことを知った日の翌日から10か月以内) |
|---|---|
| 期限後申告に係る相続税額 | 期限後申告書の提出の日 |
| 修正申告に係る相続税額 | 修正申告書の提出の日 |
| 更正又は決定に係る相続税額 | 更正又は決定の通知が発せられた日の翌日から起算して1か月以内 |

　物納申請書には、金銭で納付することを困難とする金額及び事由、物納を求めようとする税額、物納に充てようとする財産の種類及び価額等を記載しなければならず、このほか、金銭納付を困難とする理由書などの申請書別紙及び物納財産の目録や現況等を説明するための書類として「物納手続関係書類」を添付する必要がある。

物納手続関係書類については、物納財産ごとに作成しなければならず、物納申請する財産の種類及び状況等に応じて主として次のようなものがある。

| 物納財産 | | 提出書類 |
|---|---|---|
| 物納手続関係書類 | 土地 | ・物納申請土地に関する登記事項証明書<br>・公図の写し及び土地の所在を明らかにする住宅地図の写し<br>・地積測量図<br>・物納申請土地との境界について、すべての隣地所有者との境界線に関する確認書<br>・物納申請土地の維持及び管理に要する費用の明細書<br>・税務署長が提出を求めた場合には、次の書類を速やかに提出することを約するための物納財産収納手続書類提出等確約書<br>　① 所有権移転登記承諾書<br>　② 印鑑証明書 |
| | 建物 | ・物納申請建物に関する登記事項証明書<br>・敷地の公図の写し及び建物所在を明らかにする住宅地図の写し<br>・建物図面、各階平面図及び間取図<br>・物納申請建物の維持及び管理に要する費用の明細書<br>・物納財産収納手続書類提出等確約書（土地と同じ）<br>・区分所有建物（分譲マンション）の場合の建物の管理規約 |
| | 国債・地方債 | ・国債登録変更（移転登録）請求書<br>・（地方債）移転登録請求書 |
| | 社債等 | ・移転登録請求書 |
| | 上場株式 | ・上場株式の所有者の振替口座簿の写し |
| | 非上場株式 | ・非上場株式の発行会社の登記事項証明書<br>・非上場株式の発行会社の直近2年分の決算書<br>・非上場株式の発行会社の株主名簿の写し<br>・税務署長が提出を求めた場合には、売却に必要な次の書類を速やかに提出することを約するための物納財産売却手続書類提出等確約書<br>　① 一般競争入札に際し必要な書類（有価証券届出書及び目論見書）を求められた日から6か月以内に提出<br>　② 株式価額の算定するうえで必要な書類<br>・非上場株式の発行会社の役員名簿 |
| | 動産 | ・動産の価額の計算の明細を記載した書類<br>　（登録美術品の場合は、「評価価格通知書」を併せて提出）<br>・物納財産収納手続書類提出等確約書 |

　なお、物納手続関係書類の作成にあたっては、「物納手続関係書類チェックリスト」（72～74頁参照）を利用して、必要書類の作成漏れがないように注意する必要がある。

## 2　物納手続関係書類提出期限の延長（相法42④～⑦、相令19の2①②、相規22⑥）

　物納申請書の提出期限までに物納手続関係書類の提出ができない場合には、その提出期限ま

でに「物納手続関係書類提出期限延長届出書」(46頁参照) を提出することにより、物納手続関係書類の提出期限を延長することができる。

この場合、不足書類の作成状況を踏まえ、延長期間を申請者自身で判断し、最長3か月の範囲内で任意に期限を指定することができる。また、延長した期限においてもまだ提出ができない場合には、その延長した期限までに再度、物納手続関係書類提出期限延長届出書を提出することにより、提出期限を再延長することができる。

物納手続関係書類提出期限延長届出書には提出回数の制限はないため、3か月の範囲内で任意の期限延長を順次行うことにより、物納申請期限の翌日から起算して最長で1年間、提出期限を延長することができる。

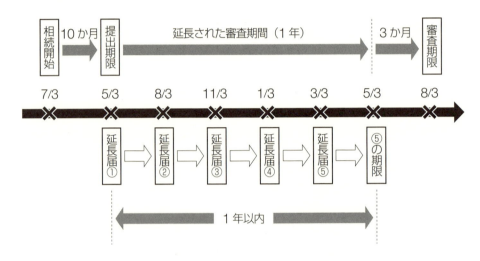

また、物納手続関係書類を提出期限までに提出した納税義務者について、その後、物納手続関係書類の一部が不足していたことを知った場合には、下記3による税務署長からの補完通知があるまでは、その物納手続関係書類の提出期限の翌日から起算して1か月以内に限り、物納手続関係書類提出期限延長届出書を提出することができる。

なお、この延長期間中は利子税がかかることとなるため注意をする必要がある。

## 3 補完通知書及び不足書類の提出等
（相法42⑧～⑭、相令19の2③、19の3①、相規22⑦）

### ❶補完通知書の送付（相法42⑧⑨）

物納申請期限（物納申請期限が延長されている場合は、その延長された提出期限）までに提出された物納申請書の記載に不備があった場合及び物納手続関係書類に記載内容の不備や不足書類があった場合には、税務署長から、書類の訂正や追加提出を求める通知書（補完通知書）が送付されるため、その補完通知書の内容に従って書類の訂正や不足書類の作成を行う必要がある。

### ❷補完期限（相法42⑩）

補完通知を受けた場合における訂正等を行った書類の提出期限（補完期限）は、補完通知書

を受けた日の翌日から起算して20日以内となる。

### ❸補完期限の延長（相法42⑪～⑬、相基通42-8）

　補完期限までに物納手続関係書類の訂正又は提出ができない場合には、補完期限までに「物納手続関係書類補完期限延長届出書」（47頁参照）を提出することにより、補完期限を延長することができる。

　この場合、訂正すべき内容や不足書類の作成状況を踏まえ、延長期間を申請者自身で判断し、最長3か月の範囲内で任意に期限を指定することができる。また、延長した期限においてもまだ提出ができない場合には、その延長した期限までに再度、物納手続関係書類補完期限延長届出書を提出することにより、提出期限を再延長することができる。

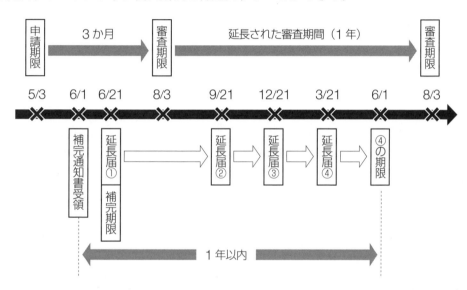

　物納手続関係書類補完期限延長届出書には提出回数の制限はないため、3か月の範囲内で任意の期限延長を順次行うことにより、物納申請期限の翌日から起算して最長で1年間、提出期限を延長することができる。

　なお、この延長期間中は利子税がかかることとなるため注意する必要がある。

　また、最終の補完期限までに書類の訂正又は提出ができなかった場合には、その物納申請は却下されることとなる。

### ❹物納申請を取り下げたものとみなす場合（相法42⑩）

　補完通知書を受けた日の翌日から起算して20日以内に、訂正又は作成した書類が提出されず、かつ、物納手続関係書類補完期限延長届出書も提出されない場合には、その物納申請は取り下げたものとみなされることとなる。

　物納申請が取り下げたものとみなされた場合には、その相続税額を直ちに納付しなければならず、かつ、①法定納期限の翌日から取り下げたものとみなされる日までの期間について利子税が、②取り下げたものとみなされる日の翌日から本税の完納の日までの期間については、延滞税がかかることとなる。

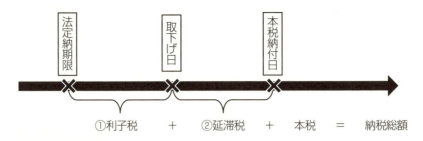

### ❺物納申請書の訂正期限

　物納申請書の記載に不備があった場合及び物納手続関係書類の記載内容に不備や不足書類があった場合には、税務署長から、書類の訂正や追加提出を求めるための補完通知書が送付されることとなる。その補完期限までに物納手続関係書類の訂正又は提出ができない場合には、補完期限までに物納手続関係書類補完期限延長届出書を提出することで補完期限を延長することができることとされているが、物納申請書については、補完期限の延長は認められていないことから、補完通知書を受けた日の翌日から起算して20日以内が補完期限となる。

## 4　物納申請財産の調査及び収納に必要な措置命令（相法42⑳～㉓、相令19の2④、相規22⑧⑨）

### ❶物納申請財産の調査

　物納申請財産が不動産である場合には、税務署と物納財産の管理官庁である財務局で現地調査が実施されるため、申請者（及び税理士）は調査に立ち会うこととなる。

　現地調査は、境界標の設置状況や建物の使用状況の確認、隣接地との工作物等の越境の有無、土地の利用状況、建物の建築ができるかどうかなどについての確認が行われることとなるため、物納申請者は現地調査に先立って、地中に埋まっている境界標が確認できる状態、境界線が確認できる程度の草刈り、隣接地へ越境している樹木の枝払い、物納申請地内の不法使用状態の解消や不法投棄物の撤去等の事前準備を行う必要がある。

### ❷措置通知書の送付（相法42㉑）

　現地調査の結果、物納財産の整備が必要と判断された場合には、税務署から、期限を定めて、収納するために必要な措置を求める通知書（措置通知書）が送付されるため、その措置通知書の内容に従って物納申請財産の整備を行い、指定された期限までに必要な措置を完了させる必要がある。

　この場合に求められる「収納するために必要な措置」として次のようなものがある。

【事項の例示】（相基通42-11）
・現状を維持するために必要な土留め、崩落防止措置
・越境樹木の枝払い、倒木等の撤去
・地下埋設物、土壌汚染物質等の除去
・ゴミその他の投棄物の撤去

### ❸措置期限（相法42⑳㉗）

措置期限は、措置すべき事項の内容によって、措置通知を発した日の翌日から1年以内の日を税務署長が指定する。

措置を完了した場合は、「物納申請財産に関する措置事項完了届出書」（55頁参照）を提出し、措置に併せて提出する書類や資料等がある場合には、その届出書に添付することとなる。

なお、措置通知書を発した日の翌日から物納申請財産に関する措置事項完了届出書の提出があった日までの期間については、利子税がかかることとなる。

### ❹措置期限の延長（相法42㉓〜㉕、相基通42-13）

措置期限までに物納申請財産の整備ができない場合には、措置期限までに「収納関係措置期限延長届出書」（48頁参照）を提出することにより、措置期限を延長することができる。

この場合、措置すべき事項の整備状況を踏まえ、延長期間を申請者自身で判断し、最長3か月の範囲内で任意に期限を指定することができる。また、延長した期限においてもまだ措置が完了しない場合には、その延長した期限までに再度、収納関係措置期限延長届出書を提出することにより、措置期限を再延長することができる。

収納関係措置期限延長届出書には提出回数の制限はないため、3か月の範囲内で任意の期限延長を順次行うことにより、措置通知書を受けた日の翌日から起算して最長で1年間、提出期限を延長することができる。

なお、この延長期間中は利子税がかかることとなるため注意する必要がある。

また、最終の措置期限までに措置を完了できなかった場合には、その物納申請は却下されることとなる。

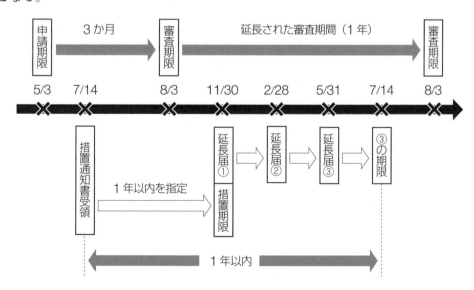

## 5　物納の許可

### ❶審査期間等（相法42②⑯⑰㉛、相基通42-9）

税務署長は、物納申請書の提出があった場合においては、その申請者及びその申請に係る事

項について物納の要件に該当するか否かの調査を行い、その調査に基づき、その申請書の提出期限の翌日から起算して3か月以内にその申請に係る税額の全部又は一部について物納財産ごとにその申請に係る物納の許可をし、又は却下をする。

　税務署長が調査を行う場合において、申請書に係る物納財産が多数であること等によりその調査に3か月を超える期間を要すると認めるときは、その審査期間は6か月となり、また、税務署長が調査を行う場合において、積雪や風水害等の自然災害により、物納財産の確認調査等が事実上不能な期間が継続するなど、特に調査に6か月を超える期間を要すると認めるときは、その審査期間は9か月となる。

　この場合において、物納申請財産が具体的に次のような状況にある場合には、審査期間が6か月に延長される可能性がある。

　なお、審査期間を経過しても許可又は却下されない場合には、その物納申請は許可されたものとみなされる。

---
【審査期間延長の例示】（相基通42-16）

① 物納財産が多数ある場合
② 物納財産が遠方に所在し、確認調査等に時間を要すると認められる場合
③ 財産の性質、形状等の特徴により管理処分不適格財産に該当するかどうかの審査や収納価額等の算定に相当の時間を要すると認められる場合
④ 暴力団員等により事業活動を支配されている株式会社等に該当するかどうかの確認に相当の期間を要すると認められる場合

---

### ❷物納許可通知（相法42③）

　物納申請の内容がすべての要件を満たし、かつ、物納申請財産が物納に充てることのできる財産として適当であると判断された場合には、物納が許可されることとなり、「相続税物納許可通知書」が送付されることとなる。

　この場合において、相続税物納許可通知書の物納許可税額、許可された物納財産、物納財産の収納価額等の記載内容を確認する必要がある。

　なお、物納の許可は物納申請財産ごとに行われるため、複数の財産を物納申請している場合は、財産によって許可の日が異なる場合もある。

### ❸条件付許可（相法42㉚）

　物納許可に当たり、物納財産の性質その他の事情に照らし、税務署長において必要があると認める場合には、必要な限度において許可後に一定の事項の履行を求める条件が付されることとなる。

　この場合において、物納許可にあたって条件が付されるケースの例示としては次のようなものがある。

【条件付許可の例示等（相基通42-14）】

① 物納許可後に、物納許可財産の所有権移転手続を行う必要がある場合

　　株式を物納する場合　…　株式の名義を財務大臣に変更し、株券を引き渡す

　　動産を物納する場合　…　許可に係る動産を引き渡す

② 物納申請財産である土地につき、土壌汚染又は地下埋設物の有無が明白でない場合

　物納許可後に土壌汚染が判明した場合には、汚染物質の除去をし、必要な対策を行うとともに、汚染のない状態にする。物納許可後に地下埋設物が判明した場合には、地下埋設物の撤去又は除去を行う。

　（注）　物納が許可された土地は、収納後、国有財産の管理官庁である財務局に引き継がれ、必要に応じボーリング調査等により地下埋設物等の調査が行われる。この結果、地下埋設物等があることが判明した場合には、財務局からの通知に基づき税務署長から「物納の条件付許可に係る条件履行要求通知書」が送付されるため、定められた期限までに、物納者において、地下埋設物等がない状態になるまで除去等を行うこととなる。

③ 取引相場のない株式の物納を許可する場合

　物納財産の収納後に一般競争入札により株式を売却する場合に、売却に必要な有価証券届出書等を提出

④ 許可条件の履行を求める場合

　条件付許可を行った場合に、その条件付許可通知書に記載された一定の措置の履行を求める事象が生じたときは、許可後5年以内に限り、物納申請者に履行を求める通知により措置が求められる。

　その通知書に記載された期限までに、求められた措置ができない場合には、物納許可が取り消されることとなる。

　なお、上記①の条件については、許可後、物納許可通知書に基づき速やかに手続が必要であるため、物納許可通知書に、その履行を求める旨の「物納の条件付許可に係る条件履行要求通知書」が同封される。

### ❹物納申請財産の所有権移転手続（相法43②、相令29①三）

　物納は、物納申請財産の引渡し、所有権移転登記、その他の法令により物納財産の所有権が国に移転したことを第三者に対抗できる要件を満たした時に納付があったものとされることとなる。

　したがって、税務署長が物納を許可する場合には、提出期限を定めて所有権移転に必要な書類や名義変更後の有価証券の提出が求められるが、提出期限までに必要書類等が提出されない場合には、物納許可が取り消されることもある。

　また、許可された物納財産は、収納された後、国有財産の管理官庁である財務局に引き継がれることとなり、例えば、その物納財産が賃貸不動産であった場合の賃貸料については、所有権移転の登記が完了した日以降、国に納付するための精算を行うこととなる。

なお、物納許可があった日の翌日から6日以内に上記の所有権移転手続が終了しない場合は、7日を経過する日から所有権移転手続を了した日までの間、利子税がかかることとなるため注意する必要がある。

#### ❺収納済証の交付等（相令21①）

物納を許可した財産について、上記④までの手続を終了した場合に、「物納財産収納済証書」が交付される。

この場合において、物納手続関係書類の提出期限を延長した場合や許可された物納財産の所有権移転の登記が遅延した場合など、物納許可にあたり、利子税の納付を要するときには、「物納財産収納済証書」に併せて利子税の納付書が送付される。

## 4　物納財産の収納価額

### 1　物納財産の収納価額（相法43①②）

物納申請財産の収納価額は、原則として、相続税の課税価格計算の基礎となった相続財産の価額、つまり相続開始時における価額となる。

また、小規模宅地等についての相続税の課税価格の計算の特例等の適用を受けた相続財産を物納する場合の収納価額は、これらの特例適用後の価額となる。

ただし、収納の時までに物納財産の状況に相続時と比して著しい変化があった場合は、収納の時の現況により評価した価額（収納価額の改訂）となるが、その具体的な例示は次のとおりとなる。

【収納価額の改訂をする場合の例示】（相基通43-3）

① 土地の地目変更があった場合

（注）地目変更の判断は、登記事項証明書に記載の地目ではなく、現況の利用状況で判断することとなる。

② 荒地となった場合
③ 竹木の植付け又は伐採をした場合
④ 所有権以外の物権又は借地権・賃借権の設定、変更又は消滅があった場合
⑤ 家屋の損壊又は増築があった場合
⑥ 自家用家屋が貸家となった場合
⑦ 引き続き居住の用に供する土地又は家屋を物納する場合
⑧ 株式又は出資証券について増資又は減資が行われた場合、あるいはこれらの発行法人が合併し、株式又は出資証券の交付を受けた場合
⑨ 自然災害により法人の財産が甚大な被害を受けたこと等により法人の株式又は出資証券の価額が評価額より著しく低下した場合

　なお、上場株式の価額が証券市場の推移による経済界の一般的事由に基づいて低落した場合は収納価額の改訂事由には該当しない

⑩ 上記以外に、その財産の使用、収益又は処分について制限が付けられた場合

## 2 物納許可後の収納価額の訂正（相基通43-2、43-5）

物納の許可後であっても、その許可に係る物納財産の引渡し、所有権移転の登記等により第三者に対抗することのできる要件を満たすまでの間に、納税義務者の責に帰すべき事由により財産の状況に著しい変化が生じた場合は、上記1と同様に収納の時の現況により評価した価額（収納価額の改訂）となる。

また、課税価格の更正により物納に充てた財産の価額に異動が生じた場合は、異動後の価額により物納許可額が修正されることとなる。

## 3 過誤納額の還付（相法43③）

物納の許可を受けて相続税の納付をしていた場合において、その相続税について過誤納額が生じた場合には、納税義務者の申請により、その物納に充てた財産を過誤納額の還付に充てることができる。

ただし、次の場合に該当するときは、その物納財産を過誤納額の還付に充てることができない。

① 物納財産が既に換価されていたとき
② 物納財産が公用若しくは公共の用に供されており、若しくは供されることが確実と見込まれるとき
③ 過誤納額が、物納財産の収納価額の2分の1に満たないとき

なお、「公用」とは、国又は地方公共団体の事務、事業、その職員の住宅等に用いることをいい、「公共の用」とは、公共の利益となる事業に用いることをいう。

# 5 物納の却下

## 1 物納却下の通知

物納申請の内容が法律の定める要件を満たしていない場合、物納申請財産が管理処分不適格財産に該当する場合、物納手続関係書類がその提出期限までに提出されない場合等においては、その物納申請は却下されることとなる。

物納申請が却下される場合、その却下された財産及び却下された理由等が記載された「相続税物納却下通知書」が送付されるため、納税義務者においては、その物納申請が却下された相続税額について、却下理由及び相続財産の状況並びに納税者の資力等を考慮して、次の表のとおり以後の納付方法を決定する必要がある。

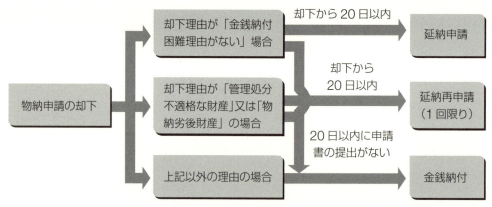

（出典）国税庁「相続税の物納の手引～手続・様式編～」

## 2 物納の却下に係る延納（相法44、相令25の2、12、相基通44-1）

物納申請の却下された理由が、「延納によっても金銭で納付することを困難とする事由がない」又は「物納申請税額が延納によっても金銭で納付することを困難とする金額より多い」と判断されたものである場合には、相続税物納却下通知書を受領した日の翌日から起算して20日以内に、相続税額のうち金銭で一時に納付することを困難とする金額を限度として計算した延納許可限度額を記載した「相続税延納申請書」を提出することにより、物納が却下された相続税額について、延納の申請をすることができる。

延納許可限度額の計算については、物納許可限度額の計算と同様に「金銭納付を困難とする理由書」（137頁参照）を用いて計算することとなるが、概ね次の手順により求められる。

| ① 納付すべき相続税額 | | |
|---|---|---|
| ② 納期限までに納付することができる金額 | (イ) | 相続した現金・預貯金、換価の容易な財産 |
| | (ロ) | 相続により負担する債務、葬式費用 |
| | (ハ) | 納税者固有の現金・預貯金、換価の容易な財産 |
| | (ニ) | 申請者及びその家族の3か月分の生活費 |
| | (ホ) | 申請者の事業継続のために必要な1か月分の事業経費 |
| | (ヘ) | (イ)−(ロ)+(ハ)−(ニ)−(ホ) |
| ③ 延納許可限度額【①−②】 | | |

なお、延納が許可された場合には、納期限又は納付すべき日の翌日から延納に係る利子税の対象となるため、物納申請から却下までの期間については、すべて延納に係る利子税として計算されることとなる。

## 3 物納の却下に係る再申請（相法45、相令25の3）

物納申請の却下された理由が、「物納申請財産が管理処分不適格財産に該当する」又は「物納申請財産が物納劣後財産に該当するもので他に適当な価額の財産がある」と判断されたものである場合には、相続税物納却下通知書を受領した日の翌日から起算して20日以内に、却下さ

れた財産以外の相続財産をもって「相続税物納申請書」を提出することにより、物納が却下された相続税額について、物納の再申請をすることができる。

この再申請を行う場合の物納許可限度額の計算にあたっては、その再申請時点での金銭納付困難事由を再検討し、その金額の範囲内において却下された財産以外の相続財産をもって物納の申請を行うこととなる。

また、物納申請が却下されたことによる再申請は、その却下された財産ごとに1回限りすることができるため、この再申請が却下された場合には、延納申請や物納の再申請はできないこととなる。

なお、物納が再申請された場合には、納期限又は納付すべき日の翌日から再申請の日までの期間については、すべて物納に係る利子税として計算されることとなる。

## 6 物納の撤回

### 1 物納の撤回の内容（相法46①②、相規25）

賃借権等の不動産を使用する権利の目的となっている不動産につき物納の許可を受けた者について、その後に、その物納に係る相続税額を一時に納付又は延納により納付することができることとなったときは、その物納の許可を受けた日の翌日から起算して1年以内に、「物納撤回承認申請書」を税務署長に提出し、承認を受けることにより、物納を撤回することができる。

物納の撤回の対象となる賃借権等の不動産を使用する権利の範囲には、賃借権のほか、地上権、地役権、永小作権等の用益権を含み、抵当権等の担保権は除かれる。

ただし、物納不動産が、①既に換価されていたとき、②公用又は公共の用に供されていたとき、③公用又は公共の用に供されることが確実であると見込まれるときは、物納の撤回は承認されずに却下されることとなる。

### 2 承認及び却下（相法46③⑤⑥⑪）

物納の撤回の申請書の提出があった場合には、税務署長は、上記1の内容に該当するかどうかの調査を行い、その物納撤回申請書の提出があった日の翌日から起算して原則3か月以内にその物納の撤回について承認又は却下の処分の通知を行うこととなる。

この場合において、原則3か月の審査期間内に、税務署長が物納の撤回の承認又は申請の却下をしないときは、その物納の申請については承認があったものとみなされることとなる。

物納撤回承認通知書には、主として次の事項が記載される。
① 物納の撤回の承認をする場合……その旨並びにその承認をする不動産に係る事項及びその撤回に係る相続税額
② 物納の撤回の申請の却下をする場合……その旨及び却下をする理由

なお、物納を撤回することにより金銭で納付することとなった相続税額については、①のとおり、物納撤回承認通知書に撤回に係る相続税額の記載がされるが、これを金銭で一時に納付

する場合には、その通知を発した日の翌日から起算して1か月以内に納付しなければならず、又は延納によって納付する場合には、「物納撤回承認申請兼延納申請書」を提出し、さらに申請書の提出に合わせて、「担保提供関係書類」の提出も必要となる。

### 3 物納の撤回に係る延納（相法47、相令25の5、相規26）

物納の許可を受けた者が、その物納の撤回の承認を受けようとする場合には、その者の申請により、その物納の撤回に係る相続税額のうち金銭で一時に納付することを困難とする金額を限度として、延納をすることができる。

物納の撤回に係る延納をする場合の延納許可限度額の計算については、原則として上記**5**2（36頁参照）と同様の手順で求められるが、通常の延納や物納の却下に係る延納に比して以下の点に留意する必要がある。

① 延納の申請は物納の撤回の申請と同時にしなければならないため、物納撤回申請の却下があったときは、同時に延納申請についても却下があったものとみなされることとなる。
② 一時に納付すべき相続税額がある場合の延納は、その相続税額を所定の期日までに完納することを条件として許可されることとなる。

## 7 物納の許可の取消し

物納許可にあたり、物納財産の性質等の事情に照らし、税務署長において必要があると認める場合には、必要な限度において許可後に一定の事項の履行を求めることができる、いわゆる「条件付許可」（32頁参照）により物納申請が許可されることがある。

この場合、条件付許可通知書に記載された一定の措置の履行を求める事象が生じたときは、許可後5年以内に限り、物納申請者に履行を求める「物納の条件付許可に係る条件履行要求通知書」（以下「履行要求通知書」という。）により措置が求められることとなるが、その履行要求通知書に記載された期限までに、求められた措置ができない場合には、物納許可が取り消されることとなる。

物納の許可が取り消される場合は、税務署長から、その旨及びその理由を記載した書面が納税者に通知される。

【物納許可条件の履行を求める場合の具体例】

物納申請財産である土地につき、「物納許可後に土壌汚染が判明した場合には、汚染物質の除去をし、必要な対策を行うとともに、汚染のない状態にすること」を条件として物納許可を行ったところ、物納許可した土地に土壌汚染があることが判明したときは、税務署長から「履行要求通知書」が送付される。

物納許可後5年以内に履行要求通知書が送付された場合に、その通知書に記載された期限までに汚染物質の浄化等の措置が完了できなかったときは、物納許可が取り消されることとなる。

なお、物納許可の取消しが行われた場合には、その内容に応じて履行要求通知書を受け取った日の翌日から4か月以内に限り、更正の請求をすることができる。

## 8  特定の延納税額に係る物納

### 1 特定物納の内容（相法48の2①～③、相令25の7、相規28）

　相続税は、法定納期限までに金銭で一時に納付することを原則としているが、納期限までに現金により納付することが困難な者については、延納による納付が認められている。この相続税の延納の許可を受けた者が、その後の資力の変化等により延納条件の変更（最長の延納期間への変更、各分納期限の延長等）を行ったとしても延納により金銭で納付することが困難となった場合は、相続税の申告期限から10年以内にされたその者からの申請により、その納付を困難とする金額を限度として物納により相続税を納付することができる。この制度を「特定物納」という。

　特定物納が認められるための要件をまとめると次のようになる。

【要件】
- 延納条件の変更を行っても、延納を継続することが困難な金額の範囲内であること
- 物納申請財産が定められた種類の財産で申請順位によっていること
- 物納申請財産が物納適格財産であること
- 「特定物納申請書」及び「物納手続関係書類」を相続税の申告期限から10年以内に所轄税務署長に提出すること
- 特定物納制度が利用できるのは、「特定物納申請の日までに分納期限の到来していない延納税額に限られる」こと

　特定物納が創設された背景としては、例えばアパート・マンション等の収益不動産を多数所有している土地資産家の相続税納税において、不動産所得が相当な金額であることから、それを原資とすることを予定して延納申請して毎年の延納税額を納付していたところ、その後の経済環境の変化や、周辺に競合物件が生まれることによる競争条件の変化による空室率の上昇、あるいは所有物件の経年劣化による賃料収入の下落などの諸要因により、延納による納付が困難となる事例が発生したことがある。

　このような場合、延納税額を減額するなどの条件変更をしてもその後の延納継続が困難と思われる場合に、「物納で納税を完了したい」という納税者の要請に応えるために制定された制度である。

　なお、制度上はこの「特定物納申請」が行われた場合でも、延納は継続しているものとして取り扱われる。そのため、特定物納申請により延納から物納へ変更を求めようとする延納税額については、特定物納申請の日から特定物納の許可による納付があったものとされる日まで、分納期限が延長されることとなる。また、その「特定物納申請」が「却下、みなす取下げ又は取下げ」された場合には、当初の延納許可に係る延納条件が引き続き適用されることになる。つまり、特定物納申請が却下等された場合には、「それまでの延納が継続されるだけ」というこ

とになる。

　特定物納の許可又は却下に係る審査については、通常の物納と同様に、その申請者及び申請書の記載事項について、特定物納の要件に該当するか否かの調査を行い、その調査に基づき、その提出があった日の翌日から起算して3か月以内にその特定物納申請税額の全部又は一部について、その特定物納財産ごとにその特定物納の許可又は却下が行われる。

　なお、特定物納に係る「物納手続関係書類」の提出期限については、通常の物納の申請と異なり、延長をすることができないことに注意が必要である。

　特定物納が許可された場合には、物納許可税額に対して「特定物納申請日前の分納期限の翌日から特定物納許可に係る納付があったものとされる日までの期間」について、当初の延納条件による利子税が課せられる。

　実務上で注意が必要な点は、特定物納に充てる財産の評価は「特定物納申請を行う時の価額」によることである。物納制度では、原則としてその物納財産の評価額（収納価額）は「相続財産を取得したときの時価（財産評価額）」になっているが、特定物納は「相続税の申告期限から10年以内であれば申請可能」であることから、仮に10年近く年月を経過しているとその財産の価額が大きく変動している可能性があるので、申請財産の評価はその特定物納申請を行う時の価額と定められている。したがって、不動産市況の変動等により、相続開始時に比べて価額が下落しているような場合については、その下落分も想定して特定物納申請を検討することとなる。

　また、特定物納に充てることのできる財産については、「管理処分不適格な財産でないこと」、「物納劣後財産に該当する場合は他に物納に充てるべき適当な財産がないこと」、「物納に充てることのできる順位によっていること」など、通常の物納申請の場合と同様の要件に該当することも必要なので、物納申請財産の選定に当たっては要件を十分にチェックしておくことが重要である。

## 2　特定物納申請税額の算定

　特定物納の申請ができる税額は、当初の延納税額からその納期限が到来している分納税額を控除した残額、すなわち「納期限が到来していない延納税額」から新たな条件による延納によって納付することができる額を控除した金額となる。

　これを算式で示すと次のようになる。

```
┌─────────────┐   ┌──────────────────┐   ┌──────────────┐
│ 延納の許可を │ − │ 特定物納申請日までに分納期限 │ = │ 特定物納対象税額 │
│ 受けた税額   │   │ が到来している分納税額      │   │(利子税・延滞税を除く)│
└─────────────┘   └──────────────────┘   └──────────────┘
                                                   │
        ┌──────────────────────────────────────────┘
        ▼
┌──────────────┐   ┌──────────────────┐
│ 特定物納対象税額 │ − │ 新たな条件による延納によって │
│(利子税・延滞税を除く)│   │ 納付することができる額    │
└──────────────┘   └──────────────────┘
```

なお、「新たな条件による延納によって納付することができる額」とは、次のAの将来収入見込み金額から次のB及びCを控除した金額により計算する。

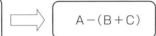

A……特定物納の許可を申請する日以後において見込まれる納税義務者の収入の額として合理的に計算した額

B……特定物納の許可を申請する日以後において、納税者及び配偶者その他の親族等の生活のために通常必要とされる費用に相当する金額(その者が負担すべき部分に限る。)

C……特定物納の許可を申請する日以後において、その者の事業の継続のために当面必要な運転資金の額

## 3 特定物納の収納価額(相法48の2⑤)

特定物納に係る財産の収納価額は、その特定物納に係る申請時の価額によることとなる。この場合における申請時の価額は、特定物納申請財産について、特定物納申請書が提出された時の財産の状況により、財産評価基本通達を適用して求めた価額となる。

また、通常の物納と同様に、収納の時までにその財産の状況に著しい変化が生じた時は、税務署長は、収納の時の現況によりその財産の収納価額を定めることができる。

なお、物納財産の選定については、原則として通常の物納と同様の範囲及び順位によることとなるが、小規模宅地等についての相続税の課税価格の計算の特例の規定の適用を受けている財産については、特定物納財産とすることができない。

## 4 物納制度と特定物納制度の比較

物納制度と特定物納制度を比較すると、下表のとおりとなる。

| 項　目 | 物納制度 | 特定物納制度 |
|---|---|---|
| 申請期限 | 物納申請に係る相続税の納期限又は納付すべき日まで | 相続税の申告期限から10年以内 |
| 申請税額の範囲 | 延納によっても納付することが困難な金額の範囲内 | 申請時に分納期限の到来していない延納税額のうち、延納条件を変更しても延納によって納付を継続することが困難な金額の範囲内 |

| 物納に充てることができない財産 | 管理処分不適格財産 | 管理処分不適格財産及び課税価格計算の特例を受けている財産 |
|---|---|---|
| 収納価額（原則） | 課税価格計算の基礎となった財産の価額 | 特定物納申請の時の価額<br>（特定物納申請時の財産の状況により財産評価基本通達を適用して求めた価額） |
| 物納手続関係書類の提出期限 | 申請書と同時に提出。届出することにより提出期限の延長ができる。 | 申請書と同時に提出。提出期限の延長をすることはできない。 |
| 申請書又は関係書類の訂正等の期限（補完期限） | 補完通知書を受けた日の翌日から起算して20日以内までに届出することにより、期限の延長ができる。 | 補完通知書を受けた日の翌日から起算して20日以内で、期限の延長はできない。 |
| 収納に必要な措置の期限（措置期限） | 措置通知書に記載された期限までに届出することにより、期限の延長ができる。 | 措置通知書に記載された期限までに届出することにより、期限の延長ができる。 |
| 物納却下の場合 | 却下された理由によって、延納申請又は物納再申請ができる場合がある。 | 延納中の状態に戻る。<br>却下された日、みなす取下げの日及び自ら取下げをした日までに、納期限が到来した分納税額については、それぞれの日の翌日から1か月以内に利子税を含めて納付する。 |
| みなす取下げの場合 | みなす取下げされた相続税及び利子税を直ちに納付する必要がある。 | |
| 取下げの場合 | 自ら取下げはできるが、相続税及び延滞税を直ちに納付する必要がある。 | |
| 物納の撤回 | 一定の財産について物納の許可を受けた後1年以内に限りできる。 | できない。 |
| 利子税の納付 | 物納申請から納付があったものとみなされる期間（審査期間を除く。）について、利子税を納付する。 | 当初の延納条件による利子税を納付する。 |

（出典）国税庁「相続税の物納の手引～手続・様式編～」

# 9 物納に係る利子税

## 1 利子税の内容

　物納申請が行われた場合には、物納の許可による納付があったものとされた日までの期間のうち、申請者において必要書類の訂正等又は物納申請財産の収納にあたっての措置を行う期間や却下等が行われた日までの以下の期間について、その相続税額を基礎とし、その期間に応じ原則として一定の利子税の割合を乗じて算出した金額に相当する利子税を納付することとなる。

　この場合における利子税の額については、次の算式により計算した金額となる。

$$\frac{\text{基礎となる相続税額}^{（注1）} \times \text{適用される利子税の割合}^{（注2）} \times \text{納期限又は納付すべき日の翌日から納付があったものとされた日までの日数}}{365日} = \text{利子税の額}$$

（注1）　物納財産ごとにされた物納許可に係る税額を基礎金額とする。

(注2) 7.3％と特例基準割合（各年の前々年の10月から前年の9月までの各年における銀行の新規の短期貸出約定平均金利の合計を12で除して得た割合として各年の前年の12月15日までに財務大臣が告示する割合＋1％）のいずれか低い割合

## 2 利子税の具体例

### ❶ 物納手続関係書類提出期限の延長（27頁参照）（相法53②）

物納申請期限までに物納手続関係書類の全部又は一部を提出できないため「物納手続関係書類提出期限延長届出書」を提出した場合の、その延長期限までの期間

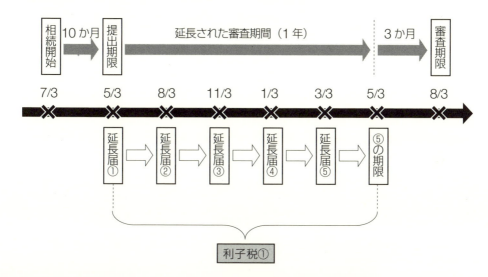

### ❷ 補完通知の送付による補完期限（28頁参照）（相令29①一）

提出された物納手続関係書類が一部不足していたとき又は訂正等が必要であったとき等に、税務署長から書類の提出又は訂正を求める補完通知書が送付された場合の、その通知を発した日の翌日から補完期限までの期間

### ❸ 補完期限の延長（29頁参照）（相令29①一）

上記②の期間内に物納手続関係書類の提出又は訂正ができないため「物納手続関係書類補完期限延長届出書」を提出した場合の、その延長期限までの期間

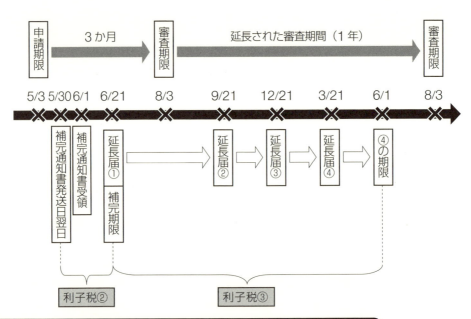

### ❹措置通知書の送付による措置期限（31頁参照）（相令29①二）

物納申請された財産について、税務署長から収納のために必要な措置を求める措置通知書が送付された場合の、その通知を発した日の翌日から求められた措置を了した旨を届け出た日までの期間

### ❺措置期限の延長（31頁参照）（相令29①二）

上記❹の措置期限までに求められた措置を完了できないため「収納関係措置期限延長届出書」を提出した場合の、措置を了した旨を届け出た日までの期間

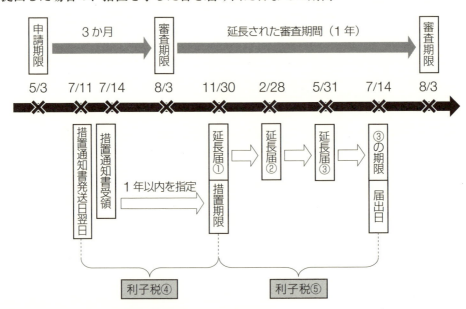

### ❻物納許可後の納付までの期間（相令29①三）

物納許可があった日の翌日から起算して7日を経過する日から納付があったものとされた日までの期間

したがって、物納許可があった日の翌日から6日以内に上記の所有権移転手続等を行う必要があり、これが終了しない場合は、7日を経過する日から所有権移転手続を了した日までの間について利子税がかかることとなる。

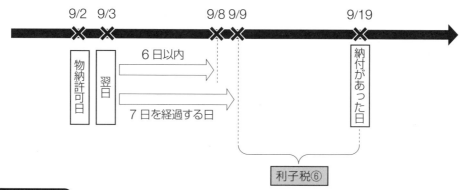

### ❼その他の期間

　上記のほか、物納申請が却下された場合や物納申請を取り下げたものとみなされた場合にも、納期限又は納付すべき日の翌日から、その却下の日又はみなす取下げの日までの期間について、利子税がかかることとなる。

　また、物納の撤回の承認があった場合又は物納許可の取消しがあった場合についても、納期限又は納付すべき日の翌日から物納の撤回に係る一時に納付すべき相続税の納付の日(納付があったものとされた日から物納の撤回の承認があった日までの期間を除く。)又は許可取消しの日まで利子税がかかることとなる。

## 10 書式一覧

(1) 相続税物納申請書(各種確約書)(183頁参照)
(2) 金銭納付を困難とする理由書(184、185頁参照)
(3) 物納財産目録(186頁参照)
(4) 各種確約書(187頁参照)
(5) 物納手続関係書類チェックリスト(72～74頁参照)
(6) 物納手続関係書類提出期限延長届出書(46頁参照)
(7) 物納手続関係書類補完期限延長届出書(47頁参照)
(8) 物納申請財産に関する措置事項完了届出書(55頁参照)
(9) 収納関係措置期限延長届出書(48頁参照)

# 物納手続関係書類提出期限延長届出書

平成　　年　　月　　日

税務署長（国税局長）　殿

（〒　　－　　）
（住所）

フリガナ
（氏名）　　　　　　　　　　㊞

　平成　年　月　日相続開始に係る物納申請に関して、物納申請書に添付して（延長した提出期限までに）物納手続関係書類を提出することができないため、下記のとおり提出期限を（再）延長します。

記

1　延長する期限

| 物納申請期限　又は<br>前回の延長した提出期限 | | 延長する期限 |
|---|---|---|
| 平成　　年　　月　　日 | → | 平成　　年　　月　　日 |

（注）1　延長する期限には、物納申請期限（又は前回延長した期限）の翌日から起算して3か月以内の日を記載してください。
　　　2　再延長の届出は何回でも提出できますが、延長できる期間は、物納申請期限の翌日から起算して1年を超えることはできません。
　　　3　物納申請期限の翌日から延長した期限までの期間については、利子税がかかります。

2　提出期限を延長する必要のある書類

| 物納財産の種類、所在場所、銘柄、記号及び番号等 | 提出期限を延長する物納手続関係書類の名称 | 参考事項 |
|---|---|---|
|  |  |  |
|  |  |  |
|  |  |  |
|  |  |  |

| 税務署<br>整理欄 | 郵送等年月日 | 担当者印 |
|---|---|---|
| | 平成　年　月　日 | |

# 物納手続関係書類補完期限延長届出書

(税務署収受印)

平成　年　月　日

税務署長（国税局長）　殿

（〒　　－　　）
（住所）

フリガナ
（氏名）　　　　　　　　　　㊞

　平成　年　月　日付「相続税物納申請書及び物納手続関係書類に関する補完通知書」（平成　年　月　日受領）により、訂正又は作成の上、提出が求められている物納手続関係書類については、補完期限までに提出ができないため、下記のとおり補完期限を（再）延長します。

記

1　延長する補完期限

| 補完期限　又は<br>前回の延長した補完期限 | → | 延長する補完期限 |
|---|---|---|
| 平成　年　月　日 | | 平成　年　月　日 |

（注）1　延長する補完期限欄には、「相続税物納申請書及び物納手続関係書類に関する補完通知書を受領した日の翌日から起算して20日を経過する日」（又は前回延長した期限）の翌日から起算して3か月以内の日を記載してください。
　　　2　再延長の届出は何回でも提出できますが、延長できる期間は、補完通知書を受領した日の翌日から起算して1年を超えることはできません。
　　　3　補完通知書を税務署長が発した日の翌日から延長した期限までの期間については、利子税がかかります。

2　補完期限を延長する必要のある書類

| 物納財産の種類、所在場所、銘柄、記号及び番号等 | 補完期限を延長する物納手続関係書類の名称 | 参考事項 |
|---|---|---|
|  |  |  |
|  |  |  |
|  |  |  |
|  |  |  |
|  |  |  |

| 税務署<br>整理欄 | 郵送等年月日 | 担当者印 |
|---|---|---|
|  | 平成　年　月　日 |  |

3　現行の物納制度の概要　47

# 収納関係措置期限延長届出書

平成　　年　　月　　日

税務署長（国税局長）　殿

(〒　　－　　　)
(住所)

フリガナ
(氏名)　　　　　　　　　　　　　㊞

　平成　　年　　月　　日付「物納申請財産に関する措置通知書」により、実施を求められている下記の措置については、平成　　年　　月　　日の措置期限までに実施することができないため、当該措置期限を延長します。

記

| 物納財産の種類、所在場所等 | |  | |
|---|---|---|---|
| 期限までに実施することができない措置事項<br>（その他参考事項） | |  | |
| 措置期限 | 平成　年　月　日 | 延長後の措置期限 | 平成　年　月　日 |

| 物納財産の種類、所在場所等 | |  | |
|---|---|---|---|
| 期限までに実施することができない措置事項<br>（その他参考事項） | |  | |
| 措置期限 | 平成　年　月　日 | 延長後の措置期限 | 平成　年　月　日 |

（注）1　延長後の措置期限欄には、措置期限（又は前回延長した措置期限）から3か月以内の日を記載してください。
　　　2　再延長の届出は何回でも提出できますが、延長できる期間は、措置通知書を受領した日の翌日から起算して1年を超えることはできません。
　　　3　措置通知書を税務署長が発した日の翌日から、「物納申請財産に関する措置事項完了届出書」を提出した日までの期間については、利子税がかかります。

| 税務署<br>整理欄 | 郵送等年月日 | 担当者印 |
|---|---|---|
| | 平成　年　月　日 | |

| コラム | 各種「延長届出書」の提出期限の考え方 |

　第1章の物納制度の説明にあったとおり、物納制度には一定の場合に利子税が課せられることとなっている。利子税について、国税庁発行「相続税の物納の手引～様式編～」には次のように記載されている。

> 《利子税がかかる期間の具体例》
> 1　物納申請期限までに物納手続関係書類の全部又は一部を提出できないため『物納手続関係書類提出期限延長届出書』を提出した場合の、その延長期限までの期間
> 2　提出された物納手続関係書類が一部不足していたとき又は訂正等が必要であったときなどに、税務署長から書類の提出又は訂正を求める補完通知書が送付された場合の、その通知を発した日の翌日から補完期限までの期間
> 3　上記2の期間内に物納手続関係書類の提出又は訂正ができないため『物納手続関係書類補完期限延長届出書』を提出した場合の、その延長期限までの期間
> 4　物納申請された財産について、税務署長から収納のために必要な措置を求める措置通知書が送付された場合の、その通知を発した日の翌日から求められた措置を了した旨を届け出た日までの期間
> 5　上記4の措置期限までに求められた措置を完了できないため『収納関係措置期限延長届出書』を提出した場合の、措置を了した旨を届け出た日までの期間
> 6　物納許可があった日の翌日から起算して7日を経過する日から納付があったものとされた日（例：名義変更後の株式の引渡し）までの期間
> 　（注）　物納申請が却下された場合や物納申請を取り下げたものとみなされた場合にも、納期限又は納付すべき日の翌日から、その却下の日又はみなす取下げの日までの期間について、利子税がかかります。また、物納の撤回の承認があった場合又は物納許可取消しがあった場合についても、納期限又は納付すべき日の翌日から物納の撤回に係る一時に納付すべき相続税の納付の日（納付があったものとされた日から物納の撤回の承認があった日までの期間を除きます。）又は許可取消しの日まで利子税がかかります。

　上記から、この利子税に関係する物納実務上の問題として、各種の「延長届出書」について上記の各項目にもとづいて確認する（なお、6については「延長届出書」の提出やその期限の定め方と関係しないので除外する。）。

### ❶　物納申請期限までに物納手続関係書類の全部又は一部を提出できないため「物納手続関係書類提出期限延長届出書」を提出した場合の、その延長期限までの期間

　物納申請は、その申請時点において原則として「金銭納付と同等の価値を有する財産」を物納財産として提出することを求められるため、不動産に関しては必要とされる整備をすべて行ってあり、必要

とされる「物納手続関係書類」をすべて揃えて物納申請と合わせて提出することが原則である。

しかし、物納申請は通常相続税の申告と同時に申請するので、申請書及び物納手続関係書類の提出も相続開始から10か月後の時点となる。物納申請を想定して生前対策でしっかりと整備していた場合でない限り、実務上すべての物納手続関係書類を揃えて提出することは難しいのが実状となろう。

そのような場合に、「物納手続関係書類提出期限延長届出書」（書式46頁）を提出することとなる。そして「この届出書によって延長した期間」について、利子税が課せられる。

届出書は、この書式にある通り物納申請者が税務署長に対して「○年○月○日まで、提出期限を延長します」となっている。この「提出期限延長届出書」の期限は最長3か月までなので、その延長した届出期限までに関係書類を提出できない場合には、改めて次の期限を定め、「再延長」の届出書を提出する。再延長の申請も最長3か月までとなるが、この再延長申請を繰り返した場合、最大1年まで（物納申請期限の翌日を起算して1年まで）延長が認められる。しかし、1年を超えることはできず、1年以内に提出できない場合はその物納申請は却下される。

そのように物納申請後の手続関係業務は進行するのだが、ここで一つ注意したいことが「提出期限延長届出書」を提出する場合の「期限の決め方」である。

実務上大事なことは、1回の延長届出書で最長3か月までだからという理由で、「安易に3か月の期限を設定することは避けなければいけない」ということである。

その理由は、この延長届出書によって届出を行うと、その期限までの利子税が課せられるからである。もし、書類の作成が早くでき上がり、例えば1か月で提出できたとしても、残り2か月分の利子税は免除されることはない。したがって、延長届出書の提出期限を長く取りすぎると、その分について余計に利子税の負担をすることになってしまう。

そのため、延長期限については、物納財産に係る状況を的確に把握して、提出できる期限を見極めることが肝要である。制度上は、1回の届出で最長3か月まで、そして最大で1年までとされているが、この延長届出に関しては、延長届出書の「提出回数」には制限がない。

したがって、例えば1か月ずつ延長届出を提出して12回繰り返すことも可能であるし、必要となれば1日とか2日の延長届出でもかまわないことになる。また、物納物件が複数ある場合は、物件ごとに整備内容や期間が異なり、それぞれの物件ごとに延長届を提出するなどの工夫が必要となる。そのようにすることで、利子税の負担をできる限り減らすことも物納の実務では重要なことである。

【参考1】「物納申請書」の提出期限
（1）　期限内申告に係る税額を物納申請する場合……………………申告期限
（2）　期限後申告又は修正申告に係る税額を物納申請する場合…申告書の提出の日
（3）　更正又は決定に係る税額を物納申請する場合………………更正又は決定の通知が発せられた日の翌日から起算して1か月を経過する日

【参考2】物納申請時に提出する書類
（1）　物納申請書
（2）　金銭納付を困難とする理由書
（3）　物納財産目録
（4）　各種確約書
（5）　物納劣後財産等を物納に充てる理由書（物納申請財産が物納劣後財産の場合）
（6）　物納手続関係書類
（7）　物納手続関係書類提出期限延長届出書（物納手続関係書類が提出できない場合）

【参考３】物納手続関係書類の提出期限の延長

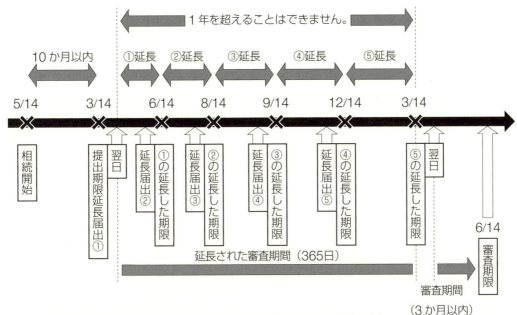

（出典）国税庁「相続税の物納の手引～様式編～」

❷ 提出された物納手続関係書類が一部不足していたとき又は訂正等が必要であったときなど、税務署長から書類の提出又は訂正を求める補完通知書が送付された場合、その通知を発した日の翌日から補完期限までの期間

　物納申請期限（延長された物納手続関係書類の提出期限を含む。）までに提出された物納申請書について、「その物納申請書の記載に不備があった場合、及び物納手続関係書類に記載内容の不備や不足書類があった場合」には、税務署長から、書類の訂正や追加提出を求める通知書（補完通知書）が送付される。補完通知書が送付されてきた場合、その内容に従って書類の訂正や不足書類の作成を行い提出することとなるが、その訂正等を行った書類の提出期限（これを補完期限という）は、「補完通知書を受けた日の翌日から起算して 20 日以内」ときわめて短い。

　この「補完期限」までの期間についても利子税が課せられるが、この期限内に補完書類が提出できないと物納が却下されてしまうため、万一この期限内に提出できない場合には、補完期限までに「物納手続関係書類補完期限延長届出書」を提出することで補完期限を延長ができる。

　この場合の「延長届出書」の期限の定め方及び利子税の課せられる方法についても、先述した「物納手続関係書類提出期限延長届出書」と同様になるので、訂正すべき内容や不足する書類の作成状況を踏まえて、いつまで期限を延長する必要があるのかを的確に判断して提出する必要がある。

【参考1】書類の提出漏れがあった場合

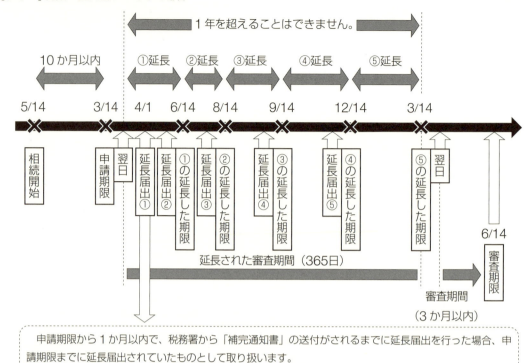

(出典)国税庁「相続税の物納の手引～様式編～」

【参考2】物納手続関係書類の補完期限の延長

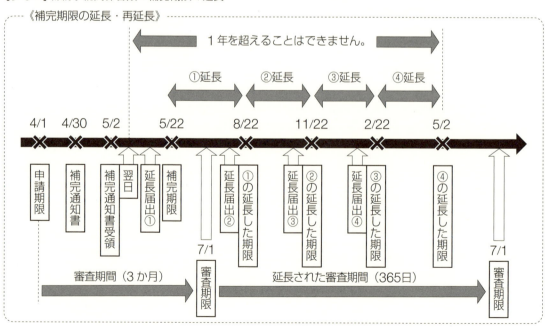

(出典)国税庁「相続税の物納の手引～様式編～」

❸　上記❷の期間内に物納手続関係書類の提出又は訂正ができないため「物納手続関係書類補完期限延長届出書」を提出した場合の、その延長期限までの期間

　「物納手続関係書類補完期限延長届出書」についても再延長の提出最長3か月までが認められ、再延長申請を繰り返した場合には最大で1年までという期間の定め、また提出回数に関する制限がないことなども同様である。当然、こちらの再延長についても、利子税の課せられる基準は同じなので、上記❶、❷と同様に提出期限をいつまでにするか、物納財産に関する状況を総合的に勘案して適切に判断することが求められる。

❹　物納申請された財産について、税務署長から収納のために必要な措置を求める措置通知書が送付された場合の、その通知を発した日の翌日から求められた措置を了した旨を届け出た日までの期間

　「措置通知書」とは、物納申請された財産（不動産）について現地調査等を行ったところ、その不動産を国が収納するためには現地の整備等を行う必要があると認められた場合に、それを物納申請者が行うように通知書によって指示されるものである。この現地の整備等を「収納関係措置」という。

　物納申請財産が不動産である場合には、税務署と物納財産の管理官庁である財務局による現地調査が実施される。このとき、物納申請者は調査への立ち会いが求められるので、物納申請に携わった税理士や、現地の測量及び隣接所有者との境界確認業務等に関わった土地家屋調査士等の専門家にも同行してもらい、状況説明をしてもらうことが必要となる。この現地調査においては、概ね次のような調査・確認が行われる。

①　境界標の確認
②　隣接地との工作物等の越境の有無
③　土地の利用状況
④　建物の建築ができるかどうか等

　この現地調査を行った結果、物納財産の整備が必要と判断した場合に、税務署から「物納財産に関する措置通知書」が送付される。申請者は、その措置通知書の内容に従って物納申請財産の整備を行い、指定された期限までに必要な措置を完了することを求められる。

>　◆一般的に求められる可能性のある措置事項
>　①　隣接地へ樹木の枝等が越境している場合………………枝払い等
>　②　隣接地へ土砂等の流出があると判断した場合…………擁壁等の設置
>　③　倒木又は工作物の倒壊の危険があると判断した場合…伐採又は工作物の撤去
>　④　不法投棄物がある場合……………………………………投棄物の撤去
>　⑤　権利のない者が使用している場合………………………使用を止めさせ、柵等を設置
>　⑥　境界標の欠損………………………………………………境界標の再設置

　したがって、措置通知書が送付されてきた場合には、その内容を確認のうえで、各事項についてその処置を工事業者等に手配して、完了時期について適切に見積もらなければならない。そして、通知書で指示された措置期限までに完了が見込めないときは、「収納関係措置期限延長届出書」を提出して期限を延長する。

この場合の「延長届出書」の期限の定め方及び利子税の課せられる方法についても、その他の延長届出書と同様になるので、整備すべき内容に関する工事業者等と綿密に打合せを行い、いつまで期限を延長する必要があるのかを的確に判断して提出する必要がある。

【参考３】収納関係措置期限の延長

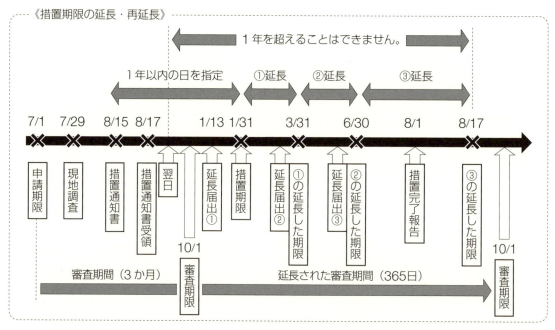

(出典)国税庁「相続税の物納の手引～様式編～」

❺　上記❹の措置期限までに求められた措置を完了できないため「収納関係措置期限延長届出書」を提出した場合の、措置を了した旨を届け出た日までの期間

　「収納関係措置期限延長届出書」によって届け出た期限までに現地の整備等が間に合わないと判断される場合には、この期限も再延長することができる。期限の定め、最大延長期限、回数制限がないことなどについても他の延長届出書と同様なので、現地整備、工事の進捗状況等を適切に見極めて期限を設定する必要がある。

# 物納申請財産に関する措置事項完了届出書

　　　　　　　　　　　　　　　　　　　　　　　　平成　年　月　日

　　税務署長（国税局長）殿

　　　　　　　　　　　　　　　　　　　　（〒　　－　　　）
　　　　　　　　　　　　　　　　　　　　（住所）

　　　　　　　　　　　　　　　　　　　　（氏名）　　　　　　　㊞

　平成　年　月　日付「物納申請財産に関する措置通知書」により、実施を求められていた下記の措置事項については、措置を完了しましたので連絡します。

　　　　　　　　　　　　　　記

| 物納財産の種類、所在地 | 実施した措置事項 | 措置を完了した日 |
|---|---|---|
|  |  |  |
|  |  |  |
|  |  |  |
|  |  |  |
|  |  |  |

| 税務署 | 郵送等年月日 | 担当者印 |
|---|---|---|
| 整理欄 | 平成　年　月　日 |  |

## 超過物納
### ～物納申請税額を上回る価額の財産の物納

　物納申請にあたっては、原則として「物納申請税額よりも物納に充てる財産の価額が超過することのないように財産を選定する」ことが求められる。

　しかし、不動産を物納申請する場合、当該不動産の価額が物納税額に見合う適当な金額の財産であるとは限らない。そのため、不動産の物納に当たっては、実務上さまざまな対応が必要となってくる。例えば、一筆の更地等で、その更地の評価額が物納申請額を超過するような場合には、その更地を物納申請額に見合う価額になるように分筆して申請することとなる。

　ただし、相続税法第41条により、「相続財産の中に他に適当な財産がなく、物納に充てる財産の性質、形状その他の特徴により、延納によっても金銭で納付することが困難な金額を超えて物納を許可することについて、やむを得ない事情があると税務署長が判断した場合には、延納によっても金銭で納付することが困難な金額を超える価額の財産による物納を認めることができる」とされている。

　ここでいう「やむを得ない事情」とは、例えば、その土地を分割することにより、分筆後に物納に充てようとする土地及び分筆して手元に残る土地のいずれもが（小さくなり過ぎるなどの事情により）居住用、あるいは駐車場といった「その地域における通常の用途」に利用することができないと認められる場合や、あるいは法令や自治体の条例（開発規制等）等の規定により、例えばその地域における「最低敷地面積」を下回ってしまう、などの事情により、一定の数量又は面積以下に分割することが制限されているような場合、などを指す。

　このような「やむを得ない事情」があると税務署長が認めた場合には、物納申請税額を上回る価額の財産の物納が「超過物納」として認められる。

　そして、超過物納が許可されたときは、「納付すべき相続税額と許可された財産の価額の差額」について、金銭で還付されることとなる。

　なお、税務上の譲渡所得の取扱いとしては、従来は「物納した場合には、当該財産の譲渡がなかったものとみなす」として全額が譲渡所得税の対象外となっていたため課税されなかったが、現行制度では「物納した土地のうち、物納許可限度額に相当する部分の譲渡がなかったものとみなす」としている。そのため、「物納価額」に相当する価額については譲渡所得税が課税されないが、「超過物納」として金銭で還付された金額については譲渡所得税の対象となるので注意が必要である。

# ② 不動産の物納における不適格財産・劣後財産の適正化計画

# 1 不動産の物納における不適格財産・劣後財産の概要

　本章では、不動産の物納に焦点をあてて、「物納に不適格な財産」及び「物納劣後財産」が、それぞれどのようなものであるか、それらの財産の問題点は何か、そしてそれらの財産を物納に適する財産にするための「適格化計画」の考え方を取り上げる。
　本論に入る前に、物納の要件等について確認する。

### 物納の要件
① 延納によっても金銭で納付することが困難な金額の範囲内であること
② 物納申請財産が定められた種類の財産で申請順位によっていること
③ 物納申請書及び物納手続関係書類を納期限までに提出すること
④ 物納申請財産が物納適格財産であること

### 物納申請財産の選定要件
① 物納申請者が相続により取得した財産で日本国内にあること
② 管理処分不適格財産でないこと
③ 物納申請財産の種類及び順位に従っていること
④ 物納劣後財産に該当する場合は他に適当な財産がないこと
⑤ 物納に充てる財産の価額は原則として物納申請額を超えないこと

　このように見てみると、物納財産に関しては、「不適格」「劣後」といった判定の前に、まず基本となる要件が存在する。以上をまとめると、次の３点に集約される

> 1　定められた種類の財産である。
> 2　財産によって申請順位がある。
> 3　物納申請者が相続により取得した財産である。

　すなわち、そもそも物納申請できる財産の種類が規定されており、かつ、その種類ごとに申請順位があること。そして、相続により物納申請者が取得した財産であること、これが基本原則となる。
　例えば、相続人（物納申請者）が相続開始前から所有していた本人固有の財産等は物納申請をすることができない。また、その相続に係る被相続人からの贈与により取得した財産で、生前贈与加算によって相続税の課税価格に加算されたものは物納申請財産に含めることができるが、相続時精算課税制度により相続税の課税価格に加算された財産は物納申請の対象には含め

ることはできない。

　そのような基本原則をクリアしたうえで、物納申請をした財産が「国として管理・処分に適するか否か」が審査されることとなる。

　なぜ「管理・処分に適するか否か」が審査されるかといえば、そもそも租税（国税）は金銭での一括納付が原則であるところ、相続税については「遺産取得課税」という性格があり、人の死亡により課税が発生するという時期の予測不可能性もあること、そして一時に多額の納税負担が生じること等を考慮して、金銭納付の例外として「延納によっても」納付することが困難な場合にのみ認められる特例であり、物納される財産は、その収納の時点で「現金と同等の価値がある」と認められる財産であることを求められるからである。

　いわば、「完全商品」としての条件を具備していなければならず、それを「管理・処分に適するか否か」という視点で審査するわけである。

　したがって、「物納に不適格な財産」については、「管理処分不適格財産」と呼ばれている。

## 1　不動産の物納と管理処分不適格財産

　不動産を物納申請して許可を受けるためには、どのような要件を満たしていなければならないのだろうか。不動産の「管理処分不適格財産」については、次のように定められている。

**管理処分不適格財産である不動産**

① 担保権が設定されていることその他これに準ずる事情がある不動産
② 権利の帰属について争いがある不動産
③ 境界が明らかでない土地
④ 隣接する不動産の所有者その他との争訴によらなければ、通常の使用ができないと見込まれる不動産
⑤ 他の土地に囲まれて公道に通じない土地で、囲繞地通行権の内容が明確でないもの
⑥ 借地権の目的となっている土地で、当該借地権を有する者が不明であるもの
⑦ 他の不動産と社会通念上一体として利用されている不動産、共有に属する不動産（共有不動産は共有者全員が持分の全部を提供する場合を除く。）
⑧ 耐用年数を経過している建物
⑨ 敷金の返還に係る債務その他の債務を国が負担することとなる不動産（申請者において清算することを確認できる場合を除く。）
⑩ 管理又は処分を行うために要する費用の額が、その収納価額と比較して過大となると見込まれる不動産
⑪ 公の秩序又は善良の風俗を害するおそれのある目的に使用されている不動産
⑫ 引渡しに際して通常必要とされる行為がされていない不動産
⑬ 地上権、永小作権、賃借権その他の使用及び収益を目的とする権利が設定されている不動産で暴力団員等がその権利を有しているもの

以下、それぞれの項目について詳述する。

## 1　担保権が設定されていることその他これに準ずる事情がある不動産

具体的には、次のような財産が挙げられる。
① 抵当権の目的となっている不動産
② 譲渡により担保の目的となっている不動産
③ 差押えがされている不動産
④ 買戻しの特約が付されている不動産
⑤ その他処分の制限がされている不動産

このように、当該不動産を国が収納した時に、その管理や処分をするのに制限を受けるような事情がある不動産は管理処分不適格財産となる。

確認のため、「物納手続関係書類」として登記事項証明書等の書類を提出し、その甲区（所有権の表示）及び乙区（所有権以外の表示）に記載されている内容の確認を行う。甲区には差押え、条件付き譲渡、仮処分等の登記がなされていないこと、乙区には抵当権等の登記がなされていないことを確認する。

## 2　権利の帰属について争いがある不動産

① 所有権の存否又は帰属について争いがある不動産
② 地上権、永小作権、賃借権その他の所有権以外の使用及び収益を目的とする権利の存否又は帰属について争いがある不動産

権利の帰属等についても、登記事項証明書の確認が第1段階となる。また、賃貸借契約書等土地の使用収益に係る契約書等も確認資料となる。所有権の存否又は帰属について争いがある不動産は不適格とされるため、例えば遺産分割協議が難航して相続人間で争ってしまい、いわゆる"争族"になっている物件、遺留分減殺請求が提起されている物件等も物納不適格財産とされる。

また、物件の現況において、無断で建築物が構築されている場合、契約者でない者が居住又は使用している場合、借地人・借家人等の賃借人間に争いがあり契約書の調印ができない場合等もこれに該当する。

## 3　境界が明らかでない土地

① 境界標の設置（隣地の所有者との間の合意に基づくものに限る。）がされていないことにより、他の土地との境界を認識することができない土地（ただし、申請される財産の取引（売買）において、通常行われる境界の確認方法により境界が確認できるものを除く。）
② 土地使用収益権（地上権・賃借権等）が設定されている土地の範囲が明確ではない土地境界については、測量の実務的見地からの「境界」に関する問題と、地上権・賃借権等の土地使用収益権の及ぶ範囲という権利関係に関する「境界」、そのいずれもが明確でなければな

らないことが示されている。物納手続関係書類として、公図、地積測量図、境界線に関する確認書等の書類提出が求められる。ここでいう境界線に関する確認書は「隣接所有者が同意している旨」の確認であり、隣接所有者の自署・押印が必要である。

また、土地使用収益権に関しては、その使用収益に関する契約書、登記事項証明書、賃借地の境界に関する確認書等により、それぞれ契約内容・書類上の記載事項と現地の状況が一致しているかの確認が求められる。これらに不備がある場合、管理処分不適格財産とされる。

なお、この「測量及び境界」に関しては、物納申請の実務だけでなく「不動産の資産管理」の観点からも重要な論点なので、この問題については後に詳述する。

## 4 隣接する不動産の所有者その他との争訴によらなければ、通常の使用ができないと見込まれる不動産

① 隣接地に存する建物等が境界線を越える当該土地（ひさし等で軽微な越境の場合で、隣接する不動産の所有者の同意があるものを除く。）
② 物納財産である土地に存する建物等が隣接地との境界線を越える当該土地（ひさし等で軽微な越境の場合で、隣接する不動産の所有者の同意があるものを除く。）
③ 土地使用収益権の設定契約の内容が、設定者にとって著しく不利な当該土地
④ 建物の使用、収益をする契約の内容が設定者にとって著しく不利な当該建物
⑤ 賃貸料の滞納がある不動産その他収納後の円滑な契約の履行に著しい支障を及ぼす事情が存すると見込まれる不動産
⑥ その敷地を通常の地代により国が借り受けられる見込みのない土地上の建物

隣接地との間に越境物が存するような土地に関しては、隣接地所有者との争いになる懸念があるため、そのような越境物はすべて撤去するか、あるいは軽微な場合には隣接土地所有者の同意を確認した書面を提出することとなる。

公図の写し、登記事項証明書、地積測量図等により申請土地の状況を確認し、現地にて建物・工作物・樹木等の越境がないかどうか、確認することとなる。

土地使用収益権の契約内容や、建物の使用・収益の内容については、契約書の内容を確認して、貸主に著しく不利な条件であるものは不可となる。

賃貸料の滞納・供託の有無のほか、賃料の支払い状況が契約書の内容どおりに履行されているかの確認も求められる。

## 5 他の土地に囲まれて公道に通じない土地で、囲繞地通行権の内容が明確でないもの

公道とは、行政主体が一般交通の用に供している道路のことで、高速自動車道、一般国道、都道府県道、市区町村道等がある。公道に面していない土地については、私有地である私道と区別されている。

囲繞地通行権（いにょうちつうこうけん）とは、ある土地が、他の所有者の土地等に囲まれ

て公道に接していない場合に、囲まれている土地の所有者が公道まで他の土地を通行する権利で、民法に規定されている。この囲繞地通行権の内容が明確でない場合には、その土地は公道に接することができない「袋地」となるため、管理処分不適格財産とされる。

## 6　借地権の目的となっている土地で、当該借地権を有する者が不明であるもの

「借地権の目的となっている土地」とは、物納申請者が第三者に借地権で賃貸している土地のことで、そのように借地権で貸している土地の所有権（＝底地）を物納する場合には、物納手続関係書類として、土地賃貸借契約書、建物登記事項証明書、賃借権の境界に関する確認書、地代領収書の写し、敷金等に関する確認書、隣接との越境物の確認書等、数多くの確認書類を取り交わさなければならない。

したがって、ここに例示されているような「当該借地権を有する者が不明であるもの」とは、そもそも「借地権者は誰なのか」不明な土地が、不適格財産とされるのは言うに及ばず、例えばもともとの借地権者が亡くなっていて、その借地権を誰が相続したのかが不明なもの（元の借地人の相続人間で遺産分割協議が行われていない等）の場合も含まれる。

借地権の底地物納に関しても問題点が多いので、後に項目を設けて詳述する。

## 7　他の不動産と社会通念上一体として利用されている不動産、共有に属する不動産

① 共有物である不動産（共有者全員が物納申請する場合を除く。）
② がけ地、面積が著しく狭い土地又は形状が著しく不整形である土地でこれらのみでは使用することが困難な土地
③ 私道の用に供されている土地（他の申請財産と一体として使用されるものを除く。）
④ 敷地とともに物納申請がされている建物以外の建物（借地権が設定されているものを除く。）
⑤ 他の不動産と一体となってその効用を有する不動産

共有物については、まず登記事項証明書により物納申請者以外の共有者がいないことを確認する。相続開始時に被相続人と物納申請者の共有財産であった場合には、相続した部分を特定して「被相続人と共有していた不動産に関する確認書」の提出が求められる。ただし、この場合には劣後財産の扱いとなるので注意を要する。

また、共有者全員が持分すべてを物納することは可能であるが、共有者全員が物納申請しない場合には、共有持分の分割登記が必要となる。なお、建築協定等の制限による場合や不合理分割に該当するために共有物の分割登記ができないときは、不適格財産とされる。

このように、物納申請者以外の共有者が存する不動産は物納することができない。これは、共有の法律的性質が「各共有者が一つずつの所有権を有し、それぞれの所有権の目的物が一つであるために互いに制限し合っている状態」であり、このように制限された所有権は物納財産

として収納するにふさわしくないためである。

　また、がけ地、狭小土地や私道の用に供されている土地等のその土地だけでは単独で利用することが困難な土地、あるいは敷地とともに物納申請がされていない建物等も、その建物敷地の借地権等の確認ができない場合には管理処分不適格財産とされる。

\* 相続開始時に被相続人と物納申請者の共有財産であった場合に提出する、「被相続人と共有していた不動産に関する確認書」（69頁参照）

## 8　耐用年数を経過している建物

　耐用年数を経過している建物はその建物の効用を発揮することが困難であるため、一般的にその建物価値がゼロになり、場合によってはその建物の撤去に係る費用を土地価格から控除する必要がある。実務上は、耐用年数を経過していても通常の使用・利用ができる場合には不適格財産とならない場合もあるが、一方で耐用年数を経過していなくても、修繕しなければ使用できない建物は管理処分不適格財産となる場合もある。

## 9　敷金の返還に係る債務その他の債務を国が負担することとなる不動産

① 　敷金その他の財産の返還に係る義務を国が負うこととなる不動産
② 　土地区画整理事業等が施行されている場合において、収納の時までに発生した土地区画整理法の規定による賦課金その他これに類する債務を国が負うこととなる不動産
③ 　地区画整理事業等の清算金の授受の義務を国が負うこととなる不動産

　敷金や保証金等を含め、賃貸借に関する債権・債務はすべて物納申請者が清算することが求められる。マンションの維持・管理費等も、物納による所有権移転の前日までの費用を清算しなければならない。

　また、土地区画整理事業の施行地域内の土地の物納に関しては、その区画整理事業組合にて賦課金・清算金の有無を確認し、収納の時までに賦課金等が発生している場合は「賦課金等の債務を国に引き継がない旨の確認書」を提出する。また、すでに仮換地が指定されている場合で、相続税課税評価を仮換地で行っている物件については、「清算金の授受に係る権利及び義務を国に引き継がない旨の確認書」を提出することとなる。このような確認書類が提出できない場合には、管理処分不適格財産となる。

## 10　管理又は処分を行うために要する費用の額が、その収納価額と比較して過大となると見込まれる不動産

① 　土地汚染対策法に規定する特定有害物質その他これに類する有害物質により汚染されている不動産
② 　廃棄物の処理及び清掃に関する法律に規定する廃棄物その他の物で除去しなければ通常の使用ができないものが地下にある不動産
③ 　農地法の規定による許可を受けずに転用されている土地

④　土留め等の設置、護岸の建設その他の現状を維持するための工事が必要となる不動産

　管理又は処分を行う費用が過大となることが見込まれる不動産については、物納申請者があらかじめ必要な措置をとることが求められる。

　過去の利用状況により特定有害物質その他これに類する有害物質により汚染されているおそれがある場合には、物納申請者において調査を行い、汚染等に対する対策が必要な場合には所要の手続を行うことが求められる。すでに土壌汚染調査が完了（有害物質除去済み等）している場合には、その証明書を提出する。地下埋設物、廃棄物等についても同様となる。

　農地法については、登記事項証明書の地目と現況の利用状況を確認し、登記上の地目が農地（田・畑）の場合で、現況が農地として利用されていない場合には、農地転用の手続が必要となる。

## 11　公の秩序又は善良の風俗を害するおそれのある目的に利用されている不動産

①　風俗営業等の規制及び業務の適正化等に関する法律に規定する風俗営業又は性風俗関連特殊営業その他これらに類する業の用に供されている建物及びその敷地
②　暴力団員による不当な行為の防止等に関する法律の規定する暴力団の事務所その他これに類する施設の用に供されている建物及びその敷地

　賃貸借契約書及び現況により、賃貸借契約している物納申請財産が、風俗営業、性風俗関連特殊営業、暴力団事務所（類似を含む。）として使用されていないことを確認する。

## 12　引渡しに際して通常必要とされる行為がされていない不動産

①　物納財産である土地上の建物がすでに滅失している場合において、当該建物の滅失の登記がされていない土地
②　廃棄物の処理及び清掃に関する法律に規定する廃棄物その他の物が除去されていない土地
③　生産緑地法に規定する生産緑地のうち、「生産緑地の買取りの申出」又は「生産緑地の買取り希望の申出」の規定による買取りの申出がされていない土地

　物納申請土地上に建物がない場合には、過去の土地の利用状況を調査して、法務局において物納申請地番上に建物登記が残っていないことを確認する。万一、滅失している建物の登記が残っている場合には滅失登記を行う必要がある。また、滅失した建物又は曳家した建物の配置図が残っている場合には、その建物を特定し、配置図の地番を訂正する等の手続が必要となる。

　②に関しては、物納申請土地に廃棄物がないことを確認し、万一契約していない駐車車両がある場合や、遊具その他の広場等として利用されている場合には、そのような契約外の使用状況を解消し、駐車車両や遊具等をすべて撤去することが求められる。

　生産緑地に指定されている場合、生産緑地の買取請求手続により、生産緑地の指定を解除し、生産緑地指定解除通知書の写しを添付する。

## 2　物納劣後財産

「物納劣後財産」とは、「物納に充てることのできる順位が、他の財産と比して後になるもの」、ということである。この物納劣後財産に該当するものは、その財産の使用収益等に一定の制約が課されているもの等で、他の財産に比べて物納許可後の財産の売却等がしにくいと考えられるため、「他に物納に充てるべき適当な価額の財産がある場合」には、これを物納に充てることができないこととされている。

そのため、相続により取得した財産（現金・預貯金、不動産等すべての財産）の中に、「他に物納に充てるべき適当な価額の財産がある」と認められる場合には、この物納劣後財産を物納申請しても却下されることとなる。

ただし、「物納劣後財産を物納に充てることについてやむを得ない事情があると税務署長が判断した場合」、あるいは「相続財産の中で物納申請の際に現に有するもののうち、物納に充てることのできる適当な価額の財産がない場合」については、「物納劣後財産を物納に充てる理由書」を提出することで物納が認められる場合もある。

|物納劣後財産である不動産|

① 地上権・小作権もしくは耕作を目的とする賃借権、地役権等が設定されている土地
② 法令の規定に違反して建築された建物及びその敷地
③ 土地区画整理法等による事業が施行され、仮換地等の指定がされていない土地
④ 現に納税義務者の居住の用又は事業の用に供されている建物及びその敷地
⑤ 劇場、工場、浴場その他の維持管理に特殊技能を要する建物及びこれらの敷地
⑥ 建築基準法に規定する道路に2m以上接していない土地
⑦ 都市計画法における開発行為に適合しない土地
⑧ 都市計画法に規定する市街化区域以外の区域の土地（宅地として造成することができるものを除く。）
⑨ 農業振興地域の整備に関する法律の農業振興地域整備計画において農用地区域として定められた区域内の土地
⑩ 森林法の規定により保安林として指定された区域内の土地
⑪ 法令の規定により建物の建築をすることができない土地、建築をすることができる面積が著しく狭くなる土地等
⑫ 過去に生じた事件又は事故その他の事情により、正常な取引が行われないおそれのある不動産及びこれに隣接する不動産

不適格財産と同じく、各項目を詳述する。

### 1　地上権・小作権もしくは耕作を目的とする賃借権、地役権等が設定されている土地

　登記事項証明書の乙区（所有権以外の権利の表示）に、地役権、賃借権等の登記がないことを確認する。入会権については、慣習的な制度による権利であるため、一般的に登記されないことが多いことから、地方公共団体や周辺住民、地元業者等に確認する必要がある。そのような調査の結果、上記のような権利が設定されている土地については劣後財産となる。

　なお、耕作を目的としない建物所有を目的とする賃借権については劣後財産とならないことに注意されたい。

### 2　法令の規定に違反して建築された建物及びその敷地

　登記事項証明書（土地）及び登記事項証明書（建物）、地積測量図等の確認資料を提出する。当該建物の床面積や建物図面等から容積率、建ぺい率を概算により計算し、物納申請財産の地域の行政法規に適合していることを確認する。法規に違反している建物については劣後財産とされる。増築を行ってその増築登記が未登記となっている場合もあるので要注意である。

### 3　土地区画整理法等による事業が施行され、仮換地等の指定がされていない土地

　土地区画整理事業の施行地内における土地の物納申請については、現地及び「仮換地指定通知書」により、仮換地が行われているかを確認する。仮換地指定がされていない場合は物納劣後財産に該当する。その場合、その事業の進捗状況を現地又は組合の総会議事録等で確認し、使用又は収益を開始することができる時期（年月日）、新しい街区での土地の利用制限（用途地域、建ぺい率、容積率、建築協定締結見込み等）を確認し提出する。

### 4　現に納税義務者の居住の用又は事業の用に供されている建物及びその敷地

　現に居住の用又は事業の用に供されている建物及びその敷地については、劣後財産であるものの、この項目については、別途「自用底地の物納」という項目にて詳述する（159頁参照）。

### 5　劇場、工場、浴場その他の維持管理に特殊技能を要する建物及びこれらの敷地

　劇場、工場、浴場等の特殊な用途の財産を物納申請している場合において、国がその物納申請財産を収納した後に、当該財産を維持管理するために、特殊な資格、許認可、及び技能等が必要な物件については、物納劣後財産とされる。

| 6 | 建築基準法に規定する道路に2m以上接していない土地 |
| 7 | 都市計画法における開発行為に適合しない土地 |

　物納財産は、原則として「金銭により納付されたのと同等の価値」があることを求められる。不動産（土地）については、原則としてその土地に建物を適法に建築できること、すでに建物が所在する場合には「再建築（建替え）ができること」が必要である。そのためには、建築基準法に規定する道路に2m以上接していなければならないが、「他に適当な価額の財産がない」場合には物納劣後財産として取り扱われる。

　また、建築基準法又は条例等により定められた開発許可基準その他の指導要綱等の基準に適合していることの確認を行い、それに適合しない場合にも物納劣後財産として取り扱われる。これらの物納申請については、建築主事の判断、開発指導要綱等地方公共団体独自の定め等を都道府県又は市区町村の担当部局に確認する必要がある。

| 8 | 都市計画法に規定する市街化区域以外の区域の土地 |

　物納申請する土地は、本来、その土地に建築・再建築できることが求められるが、市街化調整区域は原則として開発等が認められないことから、建物の建築ができない。市街化調整区域に所在する財産であっても、宅地造成等の開発行為ができる要件がある場合には、都道府県又は市町村の担当部局で確認しそれに関する書類を提出することで物納が認められるが、それ以外の土地については物納劣後財産となる。

| 9 | 農業振興地域の整備に関する法律の農業振興地域整備計画において農用地区域として定められた区域内の土地 |

　農業振興地域は、農業振興地域の整備に関する法律（農振法）に基づいて農地として計画的に整備される地域である。そのため、当該区域内の農地では、農地以外での土地利用が厳しく制限されており、農地転用が許可されない。したがって、市街化調整区域で建築できることとされている建築物であっても建築することができないことや、資材置場等としても利用することができないため、劣後財産に該当することとなる。

| 10 | 森林法の規定により保安林として指定された区域内の土地 |

　保安林とは、公益目的を達成するために、伐採や開発に制限を加える森林のことであり、農林水産大臣又は都道府県知事が森林法に基づき指定する。立木の伐採、家畜の放牧、土地の形質の変更（掘削、盛土等）については都道府県知事の許可が必要である。そして、この保安林の指定は、目的が消滅したときに、公益上の理由が生じたときに限り解除される。民間企業が営利目的で解除を行うことは事実上不可能であることから劣後財産に該当することとなる。

## 11 法令の規定により建物の建築をすることができない土地、建築をすることができる面積が著しく狭くなる土地等

所在図、公図の写し、登記事項証明書及び地積測量図等により、都道府県又は市区町村の担当部局において、建物が建築できることを確認し関係書類を提出するが、建築できない場合には、劣後財産となるので要件を確認する。

## 12 過去に生じた事件又は事故その他の事情により、正常な取引が行われないおそれのある不動産及びこれに隣接する不動産

過去の利用状況等から過去に生じた事件・事故等の事情の有無を確認し、正常な取引を行うにあたって支障があると認められる場合には、劣後財産として取り扱われる。

なお、物納劣後財産を物納申請する場合には、次の「物納劣後財産等を物納に充てる理由書」を併せて提出する(70頁参照)。

# 3　物納申請財産チェックリスト

物納申請をした財産については、「管理・処分不適格財産ではないか」、「物納劣後財産ではないか」といった基本的な確認のほかにも、当該申請財産が物納適格財産として国に収納されるうえで多数の確認事項、及び提出書類(物納手続関係書類等)が必要となる。

物納申請にあたって、次の4つの基本的な書類の提出が求められる。

○　相続税物納申請書
○　金銭納付を困難とする理由書
○　物納財産目録
○　各種確約書

また、これらと合わせて、物納手続関係書類(71頁参照)を取得、作成し、原則として「申告期限までに」提出することが必要である。

そして、これらの提出書類及び各記載項目を漏れなく確認するために、国税庁は「物納手続関係書類チェックリスト」(72～74頁参照)を用意している。

# 被相続人と共有していた不動産に関する確認書

　下記1の不動産のうち被相続人＿＿＿＿＿から相続(遺贈)により取得した持分相当分について下記2の(1)として分割し、物納に充てることを確認します。

記

1　相続（遺贈）により取得した不動産

| 所在・地番<br>（家屋番号） | 地　積<br>（床面積） | 相続開始時の持分割合 | | 備　考 |
|---|---|---|---|---|
| | | 共　有　者 | 持　分 | |
| | ㎡ | 被 相 続 人<br>物納申請者 | 分の<br>分の | |

2　物納申請不動産及びそれ以外の不動産

| | 所在・地番<br>（家屋番号） | 地　積<br>（床面積） | 各々の不動産に対応する相続開始時の持分 | 備　考 |
|---|---|---|---|---|
| (1) | | ㎡ | ・被相続人の持分相当分<br>　のうち物納申請分 | |
| (2) | | ㎡ | ・被相続人の持分相当分<br>　　　分の<br>・物納申請者の持分相当分<br>　　　分の | |

　平成　　年　　月　　日

　　　　　　　　　　　　　　　物納申請者
　　　　　　　　　　　　　　　　（〒　　－　　　）
　　　　　　　　　　　　　　　　（住所）

　　　　　　　　　　　　　　　　＿＿＿＿＿＿＿＿＿＿＿＿＿＿＿＿＿
　　　　　　　　　　　　　　　　　　フリガナ
　　　　　　　　　　　　　　　　（氏名）
　　　　　　　　　　　　　　　　＿＿＿＿＿＿＿＿＿＿＿＿＿＿＿＿㊞
　　　　　　　　　　　　　　　　（電話番号　　　　　　　　　　　）

# 物納劣後財産等を物納に充てる理由書

　私が物納申請した財産（　　　　　　　　　　　　）は、相続税法第41条第4項に規定する物納劣後財産又は相続税法第41条第2項第3号若しくは第4号に該当する財産ですが、次の表に記載したとおり、物納申請時において現に有する物納申請財産以外の相続財産のすべてについて、適当な価額のものがないこと又は物納に充てることができない特別の事情があることを申し出ます。

| 相続税の申告書第11表に準じて記載してください。 | | | | 適当な価額ではないこと又は物納に充てることができない特別の事情 |
|---|---|---|---|---|
| 種類（細目） | 利用区分銘柄等 | 所在場所等 | 価　額 | |
| | | | 円 | |
| | | | | |
| | | | | |
| | | | | |
| | | | | |
| | | | | |
| | | | | |
| | | | | |
| | | | | |
| | | | | |
| | | | | |
| | | | | |
| | | | | |
| | | | | |

| 財産の種類 | 財産の状況 | | | 項番 |
|---|---|---|---|---|
| 土　地 | 共通 | | | 1 |
| | 右のいずれかに該当する場合（複数の場合含む。）は、「共通」に掲げる書類のほか、それぞれの欄に示す書類を提出します。 | 物納申請土地上に建物がない場合 | 物納申請者が、物納後直ちに当該物納申請土地を国から借りる場合 | 1－1 |
| | | | 物納申請土地に賃借人がいる場合 | 1－2 |
| | | 物納申請土地上に建物がある場合 | 物納申請者が、物納後直ちに当該物納申請土地を国から借りる場合 | 1－3 |
| | | | 物納申請土地に賃借人がいる場合 | 1－4 |
| | | 物納申請土地の賃借人（土地賃貸借契約書上の賃借人）と、物納申請土地上の建物の所有者（登記上の所有者）が相違する場合 | | 1－5 |
| | | 物納申請土地の隣地の建物のひさし、工作物及び樹木の枝などが物納申請土地に越境している場合（その越境が軽微なもの） | | 1－6 |
| | | 物納申請土地上の物納申請建物、工作物又は樹木の枝などが隣地に越境している場合（借地権が設定されている土地を除く。） | | 1－7 |
| | | 物納申請土地が建築基準法第43条第1項に規定する道路に接していない場合 | | 1－8 |
| | 物納申請土地が土地区画整理事業等の施行区域内にある場合 | | | 1－9 |
| | 物納申請土地が自然公園法の国立公園特別保護地区等内の土地で一定の要件に該当する場合 | | | 1－10 |
| 建　物 | 共通 | | | 2 |
| | 右のいずれかに該当する場合は、「共通」に掲げる書類のほか、それぞれの欄に示す書類を提出します。 | 物納申請建物とともに敷地である土地が物納申請財産である場合 | 物納申請建物に借家人がいる場合 | 2－1 |
| | | | 物納申請者が、物納後直ちに当該物納申請建物を国から借りる場合 | 2－2 |
| | | 物納申請建物の敷地である土地に借地権が設定されている場合 | 物納申請建物に借家人がいる場合 | 2－3 |
| | | | 物納申請者が、物納後直ちに当該物納申請建物を国から借りる場合 | 2－4 |
| 国債・地方債 | 登録国債 | | | 3－1 |
| | 登録地方債 | | | 3－2 |
| | 上記以外の国債等（振替国債を除く。） | | | 3－3 |
| 社債等 | 登録社債 | | | 4－1 |
| | 登録社債以外の社債、投資信託又は貸付信託の受益証券、特別の法律により設立された法人の発行する債券又は出資証券 | | | 4－2 |
| 株　式 | 上場株式 | | | 5－1 |
| | 取引相場のない株式（非上場株式） | | | 5－2 |
| 立　木 | | | | 6 |
| 船　舶 | | | | 7 |
| 動　産（特定登録美術品を含む。） | | | | 8 |

＊申告期限までに上記の物納手続関係書類を提出できない場合には、「物納手続関係書類提出期限延長届出書」を提出すること

## 物納手続関係書類チェックリスト（土地・建物）

| (住所) | | | (氏名) | | |
|---|---|---|---|---|---|

| 提出書類 | 申請者確認 | | 物納申請財産の表示 | | |
|---|---|---|---|---|---|
| 1 物納申請書 | □ | (通) | 土地 | 所在 | |
| 物納申請書別紙 2 物納財産目録 | □ | | | 地番 | |
| 3 金銭納付を困難とする理由書 | □ | | | 地目 / 地積 | |
| 4 物納財産収納手続書類提出等確約書 | □ | | | 現況 | |
| 5 物納劣後財産等を物納に充てる理由書 | □ | | 建物 | 所在 | |
| 6 小規模宅地等を分割して物納に充てる理由書 | □ | | | 家屋番号 / 種類 | |
| 7 被相続人と共有していた不動産に関する確約書 | □ | | | 構造 / 床面積 | |
| | | | | 建物所有者 / 借地権者 | |

| | 土地（更地又は底地） | | | 建物及びその敷地 | | | 建物（借地権付） | |
|---|---|---|---|---|---|---|---|---|
| | 権利者なし | 申請者使用 | 借地人あり | 権利者なし | 申請者使用 | 借家人あり | 申請者使用 | 借家人あり |
| **土地に関する書類** | | | | | | | | |
| 住宅地図等の写し ※ | □(通) | □(通) | □(通) | □(通) | □(通) | □(通) | □(通) | □(通) |
| 公図の写し | □ | □ | □ | □ | □ | □ | | |
| 登記事項証明書 | □ | □ | □ | □ | □ | □ | | |
| 地積測量図 | □ | □ | □ | □ | □ | □ | | |
| 境界線に関する確認書 | □ | □ | □ | □ | □ | □ | | |
| 境界線に関する確認書（道水路） | □ | □ | □ | □ | □ | □ | | |
| 電柱の設置に係る契約書の写し | □ | □ | □ | □ | □ | □ | | |
| 土地上の工作物等の図面 ※ | □ | □ | □ | □ | □ | □ | | |
| 土地上の建物・工作物等の配置図 ※ | □ | □ | □ | □ | □ | □ | | |
| 土地の維持・管理費用の明細書 | □ | □ | □ | □ | □ | □ | | |
| 通行承諾書 | □ | □ | □ | □ | □ | □ | | |
| 工作物等の越境の是正に関する確約書 | □ | □ | □ | □ | □ | □ | | |
| 越境の状況を示した図面 | □ | □ | □ | □ | □ | □ | | |
| 建物等の撤去及び使用料の負担等を求めない旨の確約書 | □ | □ | □ | □ | □ | □ | | |
| 越境の状況を示した図面 | □ | □ | □ | □ | □ | □ | | |
| **建物等に関する書類** | | | | | | | | |
| 登記事項証明書 | 申請地上に建物がある場合 ⇒ □ | □ | □ | □ | □ | □ | □ | □ |
| 建物図面 | | | | □ | □ | □ | □ | □ |
| 各階平面図 | | | | □ | □ | □ | □ | □ |
| 間取図 | | | | □ | □ | □ | □ | □ |
| 建物の維持・管理費用の明細書 | | | | □ | □ | □ | □ | □ |
| 建物の管理規約等の写し | | | | □ | □ | □ | □ | □ |
| 鍵リスト ※ | | | | □ | □ | □ | □ | □ |
| 建物設備の構造図面 ※ | | | | □ | □ | □ | □ | □ |
| **契約関係等に関する書類** | | | | | | | | |
| 国有財産借受確認書 | | □ | | | □ | | | |
| 国有財産借受確認書及び借地権の使用貸借に関する確約書 | | □ | | | | | | |
| 物納申請者が国から借り受ける範囲を明らかにした実測図等 | | □ | | | | | | |
| 土地賃貸借契約書の写し | | | □ | | | | □ | □ |
| 借地権が及ぶ範囲に関する確認書 | | | | | | | □ | □ |
| 借地権が及ぶ範囲、面積及び境界を確認できる実測図等 | | | | | | | □ | □ |
| 建物賃貸借契約書の写し | | | | | | □ | | □ |
| 賃借地の境界に関する確認書 | | | □ | | | | | |
| 賃借人ごとの賃借地の面積及び境界を確認できる実測図等 | | | □ | | | | | |
| 物納申請前3か月間の賃借料（地代）の領収書の写し | | | □ | | | | | |
| 物納申請前3か月間の賃借料（家賃）の領収書の写し | | | | | | □ | | □ |
| 賃借料の領収書等の提出に関する確約書 | | | □ | | | □ | | □ |
| 敷金等に関する確認書 | | | □ | | | □ | | □ |
| 借地権の使用貸借に関する確認書 | | | □ | | | | | |
| 相続人代表借地権者確認書 | | | □ | | | | | |
| 借地権の移転に関する承諾書 | | | | | | | □ | □ |
| 誓約書（及び役員一覧（注3）） | | | □ | | | □ | | □ |

(注)
1. 物納申請財産の利用状況に該当する提出書類を確認の上、チェック欄「□」をチェックし、提出通数を右横にお書きください。
2. 提出書類に「※」が記載されているものは、相続税法施行規則に提出書類としての規定はありませんが、物納許可又は財産の管理処分上有用なものであることから、提出をお願いするものです。
3. 借地人等の権利者が法人の場合には、「誓約書」に併せて「役員一覧」も提出してください。

# 物納手続関係書類チェックリスト（換地処分が行われている区域内の土地・建物）

| (住所) | | (氏名) | |
|---|---|---|---|

| | 提　出　書　類 | 申請者確認 | | 物納申請財産の表示 | | | | |
|---|---|---|---|---|---|---|---|---|
| 1 | 物納申請書 | □　　（通） | | 土地 | 所在 | | | |
| 物納申請書別紙 | 2　物納財産目録 | □ | | | （仮換地） | | | |
| | 3　金銭納付を困難とする理由書 | □ | | | 地番 | | 地目 | 地積 |
| | 4　物納財産収納手続書類提出等確約書 | □ | | | 現況 | | | |
| | 5　物納劣後財産等を物納に充てる理由書 | □ | | 建物 | 所在 | | | |
| | 6　小規模宅地等を分割して物納に充てる理由書 | □ | | | 家屋番号 | | 種類 | |
| | 7　被相続人と共有していた不動産に関する確認書 | □ | | | 構造 | | 床面積 | |
| | | | | | 建物所有者 | | 借地権者 | |

| | | 土地（更地又は底地） | | | 建物及びその敷地 | | |
|---|---|---|---|---|---|---|---|
| | | 権利者なし | 申請者使用 | 借地人あり | 権利者なし | 申請者使用 | 借家人あり |
| 土地に関する書類 | 住宅地図等の写し　※ | □　（通） | □　（通） | □　（通） | □　（通） | □　（通） | □　（通） |
| | 公図の写し | □ | □ | □ | □ | □ | □ |
| | 土地の登記事項証明書 | □ | □ | □ | □ | □ | □ |
| | 電柱の設置に係る契約書の写し | □ | □ | □ | □ | □ | □ |
| | 土地上の工作物等の図面　※ | □ | □ | □ | □ | □ | □ |
| | 土地上の建物・工作物等の配置図　※ | □ | □ | □ | □ | □ | □ |
| | 土地の維持・管理費用の明細書 | □ | □ | □ | □ | □ | □ |
| | 土地の管理規約等の写し | □ | □ | □ | □ | □ | □ |
| | 通行承諾書 | □ | □ | □ | □ | □ | □ |
| | 工作物等の越境の是正に関する確約書 | □ | □ | □ | □ | □ | □ |
| | 越境の状況を示した図面 | □ | □ | □ | □ | □ | □ |
| | 建物等の撤去及び使用料の負担等を求めない旨の確約書 | □ | □ | □ | □ | □ | □ |
| | 越境の状況を示した図面 | □ | □ | □ | □ | □ | □ |
| | 仮換地（一時利用地）の指定通知書の写し | □ | □ | □ | □ | □ | □ |
| | 仮換地（一時利用地）の位置及び形状を表示した換地図の写し | □ | □ | □ | □ | □ | □ |
| | 賦課金等の債務を国に引き継がない旨の確認書 | □ | □ | □ | □ | □ | □ |
| | 清算金等の授受に係る権利及び義務を国に引き継がない旨の確認書 | □ | □ | □ | □ | □ | □ |
| 建物・契約関係等に関する書類 | 建物の登記事項証明書 | | | | □ | □ | □ |
| | 建物図面 | | | | □ | □ | □ |
| | 各階平面図 | | | | □ | □ | □ |
| | 間取図 | | | | □ | □ | □ |
| | 建物の維持・管理費用の明細書 | | | | □ | □ | □ |
| | 建物の管理規約等の写し | | | | □ | □ | □ |
| | 鍵リスト　※ | | | | □ | □ | □ |
| | 建物設備の構造図面　※ | | | | □ | □ | □ |
| | 国有財産借受確認書 | | □ | | | □ | |
| | 国有財産借受確認書及び借地権の使用貸借に関する確認書 | | □ | | | □ | |
| | 物納申請者が国から借り受ける範囲を明らかにした実測図等 | | □ | | | □ | |
| | 土地賃貸借契約書の写し | | | □ | | | □ |
| | 建物賃貸借契約書の写し | | | | | | □ |
| | 貸借地の境界に関する確認書 | | | □ | | | □ |
| | 賃借人ごとの賃借地の面積及び境界を確認できる実測図等 | | | □ | | | |
| | 物納申請前3か月間の賃借料（地代）の領収書の写し | | | □ | | | |
| | 物納申請前3か月間の賃借料（家賃）の領収書の写し | | | | | | □ |
| | 賃借料の領収書等の提出に関する確約書 | | | □ | | | □ |
| | 敷金等に関する確認書 | | | □ | | | □ |
| | 借地権の使用貸借に関する確認書 | | | □ | | | □ |
| | 相続人代表借地権者確認書 | | | □ | | | □ |
| | 借地権の移転に関する承諾書 | | | □ | | | □ |
| | 誓約書（及び役員一覧（注3）） | | | □ | | | □ |

(注)　1　物納申請財産の利用状況に該当する提出書類を確認の上、チェック欄「□」をチェックし、提出通数を右横にお書きください。
　　　2　提出書類に「※」が記載されているものは、相続税法施行規則に提出書類としての規定はありませんが、物納許可又は財産の管理処分上有用なものであることから、提出をお願いするものです。
　　　3　借地人等の権利者が法人の場合には、「誓約書」に併せて「役員一覧」も提出してください。

## 物納手続関係書類チェックリスト（有価証券・その他の財産）

| (住所) | 提 出 書 類 | | 申請者確認 |
|---|---|---|---|
| | 1 物納申請書 | | ☐ （通） |
| (氏名) | 物納申請書別紙 | 2 物納財産目録 | ☐ |
| | | 3 金銭納付を困難とする理由書 | ☐ |
| | | 4 物納財産収納手続書類提出等確約書 | ☐ |
| | | 5 物納劣後財産等を物納に充てる理由書 | ☐ |

◎ 有価証券

| 有価証券の表示 | 種類及び銘柄 | |
|---|---|---|
| | （登録・記名・無記名） | |
| | 種類及び銘柄 | |
| | 記号及び番号 | |
| | 数量（枚） | |

| | 国債・地方債 | | | 株式 | | その他の有価証券 | |
|---|---|---|---|---|---|---|---|
| | 登録国債 | 登録地方債 | その他 | 上場株式 | その他 | 登録社債 | その他 |
| 有価証券の写し ※<br>（上場株式の場合は所有者の振替口座簿の写し） | ☐ （通） | ☐ （通） | ☐ （通） | ☐ （通） | ☐ （通） | ☐ （通） | ☐ （通） |
| 国債登録変更（移転登録）請求書 ※ | ☐ | | | | | | |
| 移転登録請求書 ※ | | ☐ | | | | ☐ | |
| 取引相場のない株式の発行会社の登記事項証明書 | | | | | ☐ | | |
| 取引相場のない株式の発行会社の決算書<br>（直近2年間分） | | | | | ☐ | | |
| 取引相場のない株式の発行会社の株主名簿の写し | | | | | ☐ | | |
| 誓約書及び役員一覧 | | | | | ☐ | | |
| 物納財産売却手続書類提出等確約書 | | | | | ☐ | | |

◎その他の財産（立木、船舶、動産、特定登録美術品）

| 財産の表示 | | 提 出 書 類 | |
|---|---|---|---|
| 立木 | 所在 | 樹齢・樹種その他立木を特定するために必要な事項を記載した書類 | ☐ （通） |
| | 地番　　　地目 | | |
| | 面積 | | |
| 船舶 | 船籍港 | 登記事項証明書 | ☐ |
| | 名称（構造） | | |
| | トン数　　　　大きさ | | |
| 動産 | 名称　　（動産・特定登録美術品） | 動産の価額の計算の明細を記載した書類（動産） | ☐ |
| | 品質（性質） | 評価価格通知書（特定登録美術品） | ☐ |
| | 数量（枚） | | |

(注)　1　物納申請財産の利用状況に該当する提出書類を確認の上、チェック欄「☐」をチェックし、提出通数を右横にお書きください。

　　　2　提出書類に「※」が記載されているものは、相続税法施行規則に提出書類としての規定はありませんが、物納許可又は財産の管理処分上有用（物納財産の収納に必要）なものであるから、提出をお願いするものです。

# 2 物納不適格財産の「適格化計画」〜適切な生前対策の実施

## 1 「生前の納税準備」がさらに重要に

　以上のように、「不動産の物納申請」について、その財産の「物納不適格財産」、「劣後財産」等の規定をみると、保有している不動産の内容を綿密に調査分析し、問題点を確認したうえで対策を実施することが重要である。

　そして、国税納付の原則である「金銭一括納付」の特例中の例外である物納申請は、その申請時点で「金銭納付と同等の価値を有する」財産が求められており、その金銭納付と同等の価値を有する不動産というのは、不動産としての条件整備がすべて整っており、国がその財産を収納したのちにすぐに売主となって売り出すことができるような、いわば「完全商品」が求められている、ということも先述したとおりである。

　もしも、相続の開始後に「今回の相続税納税には、土地を売却するよりも物納の方がいい」という判断に至った場合には、10か月の申告期限までに、そのような条件を満たした"完全商品"として整備できるであろうか。

　現実としては、よほど生前に準備をしっかりとやっていなければ困難であろう。相続が開始してから申告期限までの10か月は、あっという間に経過してしまう。相続が開始してから申告・納税までの10か月間に想定される各種の相続手続等を確認してみよう。

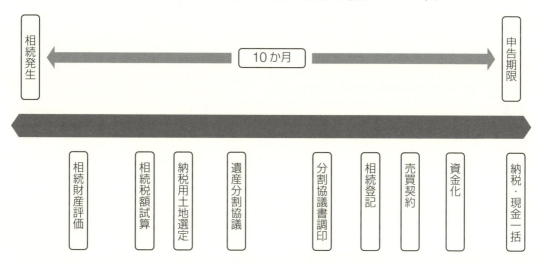

　相続開始後から申告期限までの10か月という時間的な制約があるなかで、多くのことを行わなくてはならない。そして、時間的な制約があるということは、「物納条件整備」を行ううえで、例えば「第三者の協力を求める」、「第三者に同意を求める」等の事情がある場合には、相手方に対して不利な交渉を強いられる可能性があることを考慮しなければならない。昔から

言われている言葉だが、いわゆる「足元を見られる」おそれがあるからである。

一般的に考えられる相手方としては、物納申請地の隣接地所有者との境界確認や越境物に関する確認、あるいはその土地を賃貸借契約により貸している場合の借地人・借家人等である。

境界の確認書に関しては、相手方の同意を得て確認書に自署・押印をもらう必要があり、例えば境界立会の協力依頼に応じてくれず立会いができないとか、あるいは立会いの現場で「境界はそこではない、もっと自分の土地の方が広いはずだ」などと主張されるという事態がよく起きている。

また、ときには境界の立会いや承諾に関連して法外な金銭を要求されたり、なんらかの嫌がらせを受けることも起こりうる。隣接地との境界が決まらなければ、物納申請ができないだけでなく、売却にも大きな障害となるため、そもそもその土地の資産価値が毀損してしまう。

また、賃貸借の当事者との関係においても、その相手方との関係が円満であれば円滑に協力を得られるところ、もしも関係が悪化していたり、お互いの感情のもつれがあると、申告期限までの解決が困難になってくる。そのような場合にも、10か月という申告期限を考えると、やむを得ず意図せざる譲歩をしなければならないかもしれない。

もちろん、現実的には協力的で親切な相手方が多いと思われるものの、仮に一人でも非協力的な相手方がいると大変な事態となることを想定しなければならない。

ただし、前述の事項は物納に限らず、資産の売却による金銭納付の場合でも同様であることに留意しておきたい。

それを避けるためには、測量・境界の確定や土地賃貸借契約書の整備等は、できる限り生前対策として早めに行っておく方がよい。もちろん、第三者の協力が必要な項目に限らず、あらゆる項目について整備が必要ではあるのだが、とくに相手方の協力が必要なものについては、時間的な余裕があるときにじっくりと腰を据えて対策を実施することが求められる。

そして、生前に行うメリットは時間的制約の問題だけではなく、人間関係の問題もある。先代（父）が亡くなってしまうと、配偶者・子供たちは土地のことがさっぱり分からない、あるいは過去の経緯を知らないので相手との交渉がうまくいかないというケースがよくある。土地の管理はすべて先代が行っていたので、隣接地の所有者や借地人等、関係者の顔も知らないというケースは珍しくない。

こういう相続人が相続開始後に、いきなり関係者宅へ赴き「相続の手続があるので、協力をお願いします」と言っても、うまく話が進まない可能性も考えられる。そのような事情を考えるならば、やはり先代が元気なうちに、後継者となる長男等を連れて一緒に隣の地主や借地人に協力を求めに出掛けていき、「次世代との顔合わせ」をしておくことも大切なことであろう。

## 2 物納を視野に入れた資産対策～測量の重要性

平成18年度税制改正以後の物納申請のポイントとして、次の2つの方針がある。
① 管理処分不適格な財産を明記することで、物納財産の基準を明確にして、対象範囲を広げる。

②　物納の申請から税務署が許可を行うまでの期間を定め、手続を迅速化する。

　ここで問題となるのは2番目の「期間の定め」である。改正以前の物納制度では、物納申請した物件に整備しなければならない「補完事項」がある場合、その整備に相当長い時間がかかっても、結果として整備できれば収納許可を得ることができていた。

　しかし、改正後は整備に明確な期限が設定されているので、物納により納税するためには、生前対策における不動産の適切な管理と整備が絶対に欠かせないことは言うに及ばず、書類提出や条件整備に納税者側の事情で期限延長を申請した場合には、「利子税」がかかることも見逃せない。

　当局側の審査・判定にかかる期間については、利子税は課せられないが、物納財産の収納のために必要な書類提出、あるいは現場における条件整備の措置等が申告期限を過ぎたものについては、納税者の責任として利子税が課せられるのである。

　さらに、利子税さえ負担すれば、いつまででも期限を延長できるということではなく、1回の延長申請は3か月以内で、その後再申請を繰り返した場合でも「最長1年まで」という点に留意する。1年以内に整備ができなければ当該物納申請は却下されてしまう。

　なかでも、不動産の物納は、測量の成否がきわめて重要な要素であり、しかも測量は着手してから完了するまでに相当な時間がかかることから、「時間との闘い」になってくる。

　したがって、生前対策においては、隣接地所有者との立会い、境界確認をはじめとした「確定測量」の実施が不可欠となる。

　それを踏まえて生前対策のポイントを挙げるならば、

---

①　確定測量を行って境界を確定し、正確な数量（面積）に基づいた財産評価を行う。
②　万一の場合の相続税額を試算し、どの物件を納税に充てるか、物納は可能かどうかの検証を行う。
③　十分な納税用財産が確保されたことを確認できた時点で、担税力強化のため収益を上げる有効活用を検討する。
④　物納が困難で、収益を上げることも期待できない物件は、処分・資産の組替えができないか検討する。

---

　そして、以上のような生前対策を実施することは、結果として保有している不動産の「優良資産化」につながる。

　このように財産の管理を行い優良資産化することで、円滑な納税、ひいては次世代への優良な資産の承継を実現することが可能となるのである。

# 3 共有地の問題

## 1 共有不動産の問題点

　不適格財産の例示にあったとおり、共有者全員が物納する場合を除き、不動産の共有持分は物納が認められない。また、物納できる財産は「相続した財産でなければならない」ことから、相続人（物納申請者）がそもそも所有していた不動産持分と、相続した持分とを合わせた単独所有状態での物納も認められないということになる。

　このように、不動産の共有は物納するためには問題が多い。もともと、不動産の共有は共有者それぞれの思惑が異なることが多いため、管理・処分が困難であるという根本的な問題があり、さらに相続対策の観点からは、共有状態が続くなかで共有者に相続が開始すると、遺産分割によってさらに共有者が増えて権利関係が複雑になる、という問題点を抱えている。

　相続の専門家の間では、「不動産の共有は、"共憂"につながる」という言葉があるほどである。

　共有者の1人が共有不動産を売却したり物理的に変更するためには、共有者全員の同意が必要となる。また、共有不動産を他に賃貸したり、あるいは賃貸借契約を解除するためには、共有者の持分価格の過半数の同意が必要となる。このように、各共有者は共有財産の自由な処分や利用に大きな制約を受けているため、共有不動産の売却や賃貸、有効活用等にとって大きな障害となってしまう。

　これにより、共有不動産が収益をほとんど生んでいないにもかかわらず、共有者は毎年多額の固定資産税等を支払い続けたり、共有者に相続が開始した際には、その共有者の相続人に多額の相続税が課税されるという事態を招くことがある。

　このことは、共有されている不動産がその本来の効用を発揮することができず、価値を毀損していることになり、これではせっかくの財産が「不良資産化」してしまうことになる。

　したがって、共有不動産はこれを極力回避することが望ましい。遺産分割の実務上、不動産を兄弟姉妹で共有にすることが多く行われている。財産をどのように分割するかで相続人間の思惑が交錯して、なかなか決められずに申告期限が近づくと、「とりあえず不動産は共有持分で」ということになりかねないが、これはできる限り避けるべきである。

## 2 共有関係の解消

　仮に、所有財産のなかに共有不動産が含まれている場合には、できる限りその共有関係を解消しておくことが望ましい。共有関係を解消する手法としては、次のようなものが挙げられる。

## 1　現物分割

　現物分割とは、共有物を物理的にそのまま分割する方法で、土地について共有物の分割により1筆ごとに各共有者がそれぞれ独立の所有権を取得することも現物分割に当たる。

## 2　換価分割

　共有物を第三者に売却し、その売却代金を共有者間で分割する方法。

## 3　代償金による分割

　代償金による分割とは、共有者の1人が他の共有者の持分を全部取得する代わりに、その共有持分に相当する対価を他の共有者に支払う方法。不動産について代償金による分割が行われる場合、代償金を受ける者は持分移転の登記義務を負う。

## 4　価額賠償による分割

　価額賠償による分割とは、現物分割を基本としているが、共有者間でその過不足を価額の弁償により調整する分割方法のことをいう。

## 5　共有物の分割

　相続対策・資産対策においては、1の現物分割のなかの「共有物の分割」がよく行われている。ただし、共有物の分割が持分に応じていれば税務上の問題はないものの、もし持分に応じていない場合には、譲渡所得税及び贈与税の問題が生じる可能性があるので、土地を分割するときは分割後のそれぞれの土地の時価の比率に注意を要する。事前によく専門家と相談して慎重に対応したい。

> 【設例】
> 　長男・次男の2名が各2分の1ずつで共有している土地を単独所有とするための分割方法を検討する。

(1)　持分に応ずる分割

　長男・次男が各2分の1ずつ共有している土地を、2分の1ずつに分割する場合、「共有に係る一の土地についてその持分に応ずる現物分割があったときには、その分割による土地の譲渡はなかったものとして取り扱う」とされるため、譲渡所得税等の課税関係は発生しない。

　この場合、資産の譲渡がなかったものとするという扱いであるため、税務署への申告も不要である。

　ただし、不動産取得税は課せられないが、登録免許税は課せられることに注意する。

```
┌─────────────┬─────────────┐
│ 長男 1/2    │ 次男 1/2    │
│ 200㎡       │ 200㎡       │
│             │             │
└─────────────┴─────────────┘
─────────── 道　路 ───────────
```

(2) 時価評価による分割比率が持分と異なる分割

　土地の分割は単に面積比率で分割するのではなく、その分割後のそれぞれの土地の時価比率が持分比率と一致しているかどうかが問われるため、時価評価による分割比率が持分と一致しない場合には、譲渡所得税や贈与等の問題が発生するので要注意である。

　想定されるのは、二方路に面した角地において土地を分割したときに、面積は同じでも角地としての効用があるため評価額に差異が生じる場合等である。

|      | 所有者 | 面積  | 時価      |
|------|--------|-------|-----------|
| 甲土地 | 長男   | 200㎡ | 4,000万円 |
| 乙土地 | 次男   | 200㎡ | 3,500万円 |

```
┌─────────────────┬─────────────────┐
│ 長男 1/2        │ 次男 1/2        │
│ 200㎡           │ 200㎡           │
│ 時価：4,000万円 │ 時価：3,500万円 │
└─────────────────┴─────────────────┘
                                    │
────────────────────────────────────┘
```

　この場合、面積は同じでも時価評価に差があるため、このような分割は次男から長男への贈与があったものとみなされ贈与税が課税される。

(3) 時価比率を持分に合わせた分割

　上記のような事例では、時価評価が持分比率と等しくなるように分割面積を算出し調整することが実務上は必要となる。この場合、分割案をいくつかシミュレーションして想定図面等を作成し、それぞれの土地評価額を算出して面積按分を決定する。税理士のほか、土地家屋調査士、測量士、不動産鑑定士等の専門家を活用することも必要となる。

# 4 境界の確定、確定測量の重要性

　既述のとおり「境界が明らかでない土地」は管理処分不適格財産となる（60頁参照）。
　また、「境界」の問題は、単に物納申請できるかどうかという問題にとどまらず、土地の資産管理上、重要な意義を持つ。ここでいう「境界」について重要なことは、「境界確定測量」が行われているかどうか、ということになる。

## 1　物納手続における境界確定の重要性

　物納に充てることができる財産かどうか（管理処分不適格ではないか）を以下のとおり確認する。

| 境界が明らかでない土地 | ①　境界標の設置がされていないことにより他の土地との境界を認識することができない土地（ただし、申請財産を取引（売買）する場合において、通常行われる境界の確認方法により境界を認識できるものを除く。） | ①　公図の写し、登記事項証明書、地積測量図及び境界線に関する確認書により、それぞれの書類に記載されている物納申請財産の所在、地番、地積数量が合致していること及び申請地と隣地との境界すべてについて同意がされていることを確認する。<br>②　また、現地において、それらの書類と実際の物納申請財産の現況が異なっていないか形状、辺長、境界標の場所、境界標の種類等を確認する。 |
|---|---|---|
| | ②　土地使用収益権（地上権、永小作権、賃借権等）が設定されている土地の範囲が明らかでない土地 | ①　土地の使用収益に関する契約書、登記事項証明書及び賃借地の境界に関する確認書により、それぞれの書類に記載されている所在、地番、地積数量が合致していることを確認する。<br>②　また、契約されている範囲（境界標）と賃借地の境界に関する確認書に添付されている地積測量図が一致しており、実際に土地を使用収益している範囲内であることを確認する。 |

　実務上は「物納手続関係書類」として「境界確認書」を提出することとなる。この境界確認書については、国税庁の「相続税の物納の手引～整備編～」に、次のように記載されている。
①　物納手続関係書類としての「境界確認書」には、隣地の所有者の印鑑証明書は添付不要（「境界確認書」の署名がご本人の直筆ではなく、代筆、ゴム印、印刷文字等の場合を除きます。）ですが、地積更正登記等が必要な場合には、法務局に提出するための添付書類として隣地の所有者の印鑑証明書の添付が必要となりますので、土地家屋調査士に確認し、物納申請財産に応じた適切な方法を選択してください。
②　物納申請地について、過去に地積更正登記や分筆登記等を行い、その際に法務局に提出した「境界確認書」の原本の還付を受けていた場合には、その境界確認書を物納手続関係書類

として提出できますので、物納申請のためだけに再度「境界確認書」を取り交わす必要はありません。同様に、隣地が分筆登記等を行った際に申請地との境界について「境界確認書」を取り交わしており、物納申請地の状況に変化がない場合には、新しく境界確認書を取り交わす必要はありません。

③　隣接地所有者が複数名の場合は、原則として、共有者全員の署名・押印が必要となります。
④　隣地の所有者が法人の場合、代表者・支配人等の代表権又は財産の管理権限を有する者の署名（記名）に代表者印（支店長等印（印鑑登録済印））の押捺が必要となります。また、署名・押印した者が代表権（管理権限）を有していることを確認するための資料として、会社の登記事項証明書と印鑑証明書を添付してください。

上記の留意事項に基づき、次のような記載要領に従って、「境界線に関する確認書」（85、86頁参照）を提出する。

これらの「境界線に関する確認書」を作成するために必要なのが、「境界確定測量」である。

## 2　境界確定測量の意義

「境界確定測量」とは、隣地所有者の立会い及び確認や、官公署の図面等を基にして「土地の境界をすべて確定させる測量」のことである。土地の分筆登記や地積更正登記等は、すべて境界確定測量で境界が確定していることが前提となる。

土地についての調査を実施する際に、土地所有者が「ちゃんと測量してありますよ」というので図面を見ると、このような隣接所有者との境界を確認していない、いわゆる「現況測量図」であることが多い。

現況測量図は、土地所有者が測量業者に「ここからここまで測ってください」と指示して測量を行い、それを図面にしたものである。この場合、境界に関して決まっていると思っているのは本人だけで、隣接所有者と境界の認識が違っている場合があるため、あくまでも参考資料にしかならない。

必要とされるのは、境界確定測量に基づく確定測量図であり、そして隣接地の所有者が自署・押印した境界確認書である。

## 3　境界確定測量の必要性

土地本来の資産価値を確定させるには、境界確定測が絶対条件となる。なぜならば、境界が確定していない場合には、そもそも「その土地の面積」が不確定だということが最大の問題である。面積が不確定であれば、その土地の価額は決まらない。それは「評価額」や「時価」以前の問題である。

隣接所有者との立会いの結果、境界線が自分で思っていたよりも手前である（＝面積が減る）と判明した場合、土地の相続税評価額は下がる。逆に立会いの結果として面積が増えた場合には、相続税評価額は上がる。そのため、相続税額が増える場合もあるかもしれない。

そもそも、面積については、明治時代に地租を少しでも免れるために面積を過少に役所に届

け出ていたことによる「縄伸び」等の問題もある。

　また、境界が確定しない場合、所有者本人は自分の土地だと思っていても、隣接地所有者がその境界に同意しなければ、それは確実なものではない。道路との境界を確定させることで判明する接道状況も土地の価値に大きく影響を及ぼす。それらをすべて明確にするためにも境界確定測量は不可欠である。

## 4　境界確定測量と財産価値

　このように、境界確定測量が完了している土地と未了の土地では、その「価額の確定」という点で既に大きな差異があるわけだが、「土地の財産価値」という点では、さらにこの差は大きなものとなる。

　なぜならば、物納する場合だけでなく、土地を売却する際にも一般的には、境界確定測量が求められるからである。

　なお、「土地の境界」には、公法上の境界である「筆界」と、土地の所有権に基づく財産の境界である「所有権界」の2つがある。

　「筆界」とは、不動産登記法に基づいて定められた「地番と地番の境」を決めたものであり、その地番ごとに区切られた土地が「筆」と呼ばれることから「筆界」と呼ばれる。

　一方の「所有権界」とは、その土地の所有権の範囲を示す民法上の境界であり、必ずしも筆界と同一とは限らない。そして、土地を物納するときにはその土地の所有権界を確定させなければならないことから、ここでいう境界確定測量とは所有権界を確定するものである。

## 5　生前測量の意義　〜相続でもめると境界も決められない

　相続税を納めるために土地を物納、あるいは売却するためには境界確定測量が必要となる。しかし、相続でもめてしまうと、この境界確定測量ができなくなってしまう。なぜならば、相続した財産は「遺産分割」によって所有者が確定するまでは「相続人全員の共有」（遺産分割未了共有）の状態にあるため、境界を確定するためには共有所有者の全員の同意が必要となるが、もめている場合には兄弟姉妹の意見が統一できず、隣接所有者との立会い以前の問題になってしまうからである。

　仮に、長男がまとめ役として測量業者（土地家屋調査士）に測量を発注したとしても、兄弟姉妹の間で「ここが境界である」という合意が形成されなければ立会いをすること自体ができない。

　そうなると、その土地については境界を確定できず、物納申請のみならず、売却することもできず有効活用もできない土地、すなわち「不良資産」になりかねない。

　このような事態を避けるためにも、土地は所有者が生存中に境界の確定測量を行っておくことが望ましい。

## 6　境界紛争を解決するには

　万が一にも、境界で隣接所有者等との話合いがつかず、「境界紛争」になってしまった場合には、法律的な面については弁護士に、測量と境界の実務的な対応については土地家屋調査士という専門家に相談しなければならない。境界紛争については、当事者同士の話合いにより決着がつかない場合の解決方法として、次のようなものがある。

① 　筆界特定制度
② 　筆界（境界）確定訴訟
③ 　所有権（境界）確認訴訟
④ 　裁判外境界紛争解決制度（ADR）

　紛争の内容や当事者間の関係、そして解決すべき問題点によって、どの方法を採用するかは異なるが、どの解決方法を用いても「本来の解決」には程遠いのが実状である。

　なぜならば、紛争当事者間の話合いで決着がつかない場合の「強制的な決着」なので、どのような結論になるとしても、当事者同士にはわだかまりが残る結果となるからである。そのため、境界問題については「境界紛争の予防」がたいへんに重要である。

---

### 境界確定測量「公差の範囲」とは

　物納申請するために境界確定測量を行う際に、その土地の登記面積と実測面積に差異があった場合には、実測面積に「地積更正」を行うことが求められる。しかし、実測面積と登記面積の差異が「公差の範囲内」である場合には、法務省の登記官が地積更正の申請を受け付けないため、実務上で注意が必要である。

　「公差」とは、物理的な寸法や面積について許容される差のことである。そして「公差の範囲」というのは、測量において法律的に許容される「許容誤差」のことを意味している。なぜ、このような許容誤差を定めているかといえば、いかに精密機器を用いて測量を行ったとしても、測定時点での諸条件（気温・湿度等の気象条件や測定位置の設定等）によって、ごく僅かな数値の差異が生じる可能性がある。そのような場合には「どの程度の数値の差異までを許容範囲とするか」と定めておく必要がある。これが「公差の範囲」である。

　明治・大正時代や昭和の初期に測量した土地を改めて測量し直した場合には、その時代と測量技術も機器の精度も飛躍的に向上しているため、数値の差異は明確になることが多く、その場合には測量によって判明した面積の数値をもって登記面積を「地積更正」することとなる。

　しかし、実測面積が登記面積とごく僅かな差異しかなく、それが「公差の範囲内」であった場合には、法律的に誤差の許容範囲内であるため地積更正登記が受け付けられないのである。

　このような場合の物納実務における対応としては、その土地を測量した土地家屋調査士に「公差の範囲内であるため、地積更正登記ができない」ことの理由を記載した報告書を作成してもらい、そこに土地家屋調査士という資格者として署名・押印した書面を添付することとなる。

# 境界線に関する確認書（その１）

> 物納申請財産の隣地の登記事項証明書に記載されている所在及び地番を記載してください。

私の所有地（所在　　　　　　　　　）に隣接する（住所）_____

（氏名）　　　　　　　様所有の下記物件の境界の確認その他に立会いましたが、その

境界線に関しては、添付した地積測量図（写）のとおり何ら異議がないことを確認いたします。

> 物納申請者の住所・氏名を記載してください。

記

| 所　　在 | 地番 | 地目 | 地積 |
|---|---|---|---|
|  |  |  | ㎡ |
|  |  |  |  |

> 物納申請財産の登記事項証明書に記載されている内容を転記してください。
> 【留意事項】
> 　他の提出書類の記載内容と一致していることを確認してください。

> 【留意事項】
> 　登記事項証明書と地積測量図の実測数量に差がある場合は、地積更正登記が必要か否かを法務局で確認してください。
> 　地積更正登記の必要がない範囲内の場合は、地積測量図の面積をかっこ書き（小数点以下第２位まで）で記載します。

平成　　年　　月　　日

隣地所有者
（〒　―　　　）
（住所）
_____
　フリガナ
（氏名）
_____㊞
（電話番号　　　　　　　　　）

> 【留意事項】
> 　地積測量図の写しを添付し、当該確認書と地積測量図に隣地所有者が契印してください。
> 　境界の確認をした箇所（線又は点）について、朱線で表示します。

（注）本確認書と添付した地積測量図（写）に契印してください。

4　境界の確定、確定測量の重要性

> この様式は、隣接土地所有者の方に相続が発生していた場合で、相続登記がされていない場合に使用してください。
> なお、この様式により提出される場合には、隣接所有者の方が相続人であることがわかる書類を添付してください。

## 境界線に関する確認書（その２）

> 当該確認書に係る隣地の登記事項証明書に記載されている所在及び地番を記載してください。

　私の所有地（所在地：　　　　　　　　　）に隣接する（住所）＿＿＿＿＿＿＿＿

（氏名）＿＿＿＿＿＿＿＿＿＿様所有の下記物件の境の確認その他に立会いましたが、その

境界線に関しては、添付した地積測量図（写）のとおり何ら異議がないことを確認いたします。

　なお、私の所有地の登記上の所有者名義は、＿＿＿＿＿＿＿となっていますが、本件確認に

関して、将来何らかの問題が生じた場合には、私が責任をもって対処します。

> 物納申請者の住所・氏名を記載してください。

> 登記事項証明書に記載されている所有者の氏名を記載してください。

記

| 所　在 | 地　番 | 地　目 | 地　積 |
|---|---|---|---|
| | | | ㎡ |
| | | | |
| | | | |

> 物納申請財産の登記事項証明書に記載されている内容を転記してください。
> 【留意事項】
> 　他の提出書類の記載内容と一致していることを確認してください。

> 【留意事項】
> 　登記事項証明書と地積測量図の実測数量に差がある場合は、地積更正登記が必要か否かを法務局で確認してください。
> 　地積更正登記の必要がない範囲内の場合は、地積測量図の面積をかっこ書き（小数点以下第２位まで）で記載してください。

　平成　　年　　月　　日

　　　　　　　　　　　　　隣地所有者
　　　　　　　　　　　　　　（〒　　　）
　　　　　　　　　　　　　　（住所）

> 【留意事項】
> 　地積測量図の写しを添付し、当該確認書と地積測量図に隣地所有者が契印してください。
> 　境界の確認をした箇所（線又は点）について朱線で表示してください。

　　　　　　　　　　　　　　　　　＿＿＿＿＿＿＿＿＿＿
　　　　　　　　　　　　　　（フリガナ）
　　　　　　　　　　　　　　（氏名）　　　　　　　　　㊞
　　　　　　　　　　　　　　（電話番号　　　　　　　）

> （注）本確認書と添付した地積測量図（写）に契印してください。

# 5 境界紛争の予防

境界紛争を未然に防ぐには、どうすればよいのだろうか。

まず基本として、隣接地所有者との人間関係を良好に保つことであろう。生前対策として測量を実施するときに、父（世帯主）と長男が一緒に近隣に挨拶回りをすることで、近隣との顔合わせをしておくことなどが、資産管理対策上はかなり大事なことである。

借地権を設定し貸している土地がある場合には、借地権者等と顔合わせをして賃借人との接点を作っておくことも、後日になって役立つことが多い。

しかし、隣接地の「所有者」が必ずしもそこに「居住」しているとは限らない。また、借地権者が実際にその貸地に住んでいるとも限らない。そのような事情も考慮して、次のような対応を行っていく。

## 1 境界確認の時期

境界の確認は、いつ行えばよいのだろうか。通常は、土地を売却する時や分割する時、あるいは物納する時点等、土地の境界を確定しなければいけない事情が発生してから必要に迫られて実施しているケースが多い。

しかし、境界の確認には多くの時間を要することが多く、相続税の納税資金のために10か月以内に売却したい、物納の申請期限に間に合わせたい等の期限に制約がかかると、いわゆる「相手方に足元を見られる」ということがある。隣接地の所有者と対等な立場で境界を確認するためには、良好な人間関係があり、時間的に余裕があるときに実施することが大切である。

## 2 境界確認の相手先（境界確認書の取り交わし相手）

境界の確認は誰と行うのかという点について。もちろん隣接地の所有者と境界確認を行うことが大原則であるが、土地の所有者が複数存在する場合や、土地の所有者が行方不明の場合等はどうすればよいのであろうか。

### 1 隣地の所有者が複数存在する場合

土地の所有者が複数いる場合は、その「全員と」「現地で」境界確認を行うことが原則となる。しかし、もし共有者が数十人もいる場合に、全員と現地で境界確認をすることは現実的には困難であろう。

そこで、このような場合には代表者を選任してもらい、その代表者に現地立会いを求めて確認してもらい、その他の所有者には代表者から説明してもらうという方法をとることもある。ただし、当然ながら境界確認書には所有者全員の自署・押印が必要である。

【参考】隣接がマンションである場合の取扱い（国税庁「相続税の物納の手引～整備編～」より抜粋引用）
○隣地がマンションの場合

　一般的にマンションを建設する場合は、都道府県又は市区町村の条例により、隣地との境界確認を行うこととされており、開発行為申請（建築確認申請）の際に、境界確認書を取り交わしている場合があります。物納手続関係書類として提出する「境界確認書」は、マンション建築時に取り交わしたもので差し支えありません。

　また、隣地マンション敷地又は物納申請地の地積更正登記等に使用した「境界確認書」を所有している場合には、その「境界確認書」で差し支えありません。物納手続関係書類としての境界確認書は、次の者が署名押印した境界確認書を提出してください。

1)　管理規約に建物の区分所有等に関する法律第25条に規定する「管理者」（以下「管理者」といいます。）が定められている場合で、境界点（境界標）及び境界線が管理区域（過去の境界確認時の資料等）と一致している場合には、その管理者が署名・押印した境界確認書と管理規約の写しを提出してください。

2)　管理者が定められている場合であっても、辺長、境界点その他物納申請地との境界に不一致又は異議がある場合には、新たに境界同意を得ることと同様の取扱いとなりますので、所有者全員の同意が必要となります。

3)　管理者が定められていない場合又は管理規約によって境界同意について管理者に一切の権限を付与しない条件がある場合には、管理組合の総会により、「境界について承諾し、代表者による境界確認書への署名押印をする。」旨の決議が必要になりますので、代表者が署名・押印した境界確認書と議事録の写しが必要となります。

## 2　隣地の所有者が亡くなっている場合

　この場合は、亡くなった隣地所有者の相続人を調査し、当該土地を相続した相続人と境界の確認を行う。ただし、遺産分割が確定していない場合には「遺産分割未了共有」なので、法定相続人全員と境界確認を行うこととなるので、実務的には上記1の所有者が複数いる場合と同じ取扱いとなる。

## 3　隣地の所有者が行方不明の場合

　隣地の所有者が行方不明の場合には、通常であれば「不在者財産管理人の選任」を家庭裁判所に申し立て、そこで選任された不在者財産管理人と境界の確認を行う。境界確認書も選任された不在者財産管理人と取り交わす。ただし、不在者財産管理人が家庭裁判所で選任されるまでには通常2～3か月程度、案件によってはそれ以上の期間を要するものもあるため注意が必要である。

　　（注）　大震災、風水害等の災害により行方不明になっているような場合には、家庭裁判所に「失踪宣告」の申立てを行い、公示催告期間後に裁判所から失踪宣告の審判を受けるという方法もある。しかし、失踪宣告を受けると「相続」が開始されるため、注意が必要となる。失踪宣告には

普通失踪（7年間の行方不明）と特別失踪（危険が去った後1年間の行方不明）があり、また認定死亡という制度もあるので、それを踏まえて弁護士との相談が必要となる。

## 4 隣地の所有者が認知症・知的障害・精神障害の場合

隣地の所有者が認知症・知的障害等の場合には、相手方に「成年後見人」の選任を依頼して家庭裁判所に申し立てて選任してもらう。選任されるまでには通常2か月程度かかるが、成年後見制度においては、「本人保護」の観点から後見人ができる法律行為には制限があるので注意が必要である。

## 5 隣接の所有者が境界確認を拒否している場合

境界の確認について、相手方が協力してくれない場合には、確認を強制することはできないことから、協力していただくようひたすら交渉・依頼をすることになるが、どうしても協力が得られない場合、前記した「強制的な決着」の筆界特定制度、筆界（境界）確定訴訟、所有権（境界）確認訴訟等の手段を検討する。

以上、記してきたように、「境界」の問題は不動産の資産管理上、非常に重要なものである。
この「境界を確定させる」という意義は、単に「物納申請」の適否にとどまらず、不動産の不良資産化を防ぎ「優良な資産を次世代に承継する」という観点からも重要である。
所有する不動産の測量・境界確定の状況を調査・分析して、未実施の土地がある場合には早期に適切な境界確定測量を行うことを検討していただきたい。

# 6 越境物の問題

## 1 越境物とは

　越境物とは、隣接地の塀、樹木の枝・根、建物・構築物の屋根、ひさし、エアコンの室外機等が境界を越えて所有地に侵入しているものをいう。

　法律的には土地所有権の侵害に当たるため、このような越境物が存在すると管理処分不適格財産とされる。

| 隣接する不動産の所有者その他の者との争訟によらなければ通常の使用ができないと見込まれる不動産 | ① 隣地に存する建物等が、境界線を越える当該土地（ひさし等で軽微な越境の場合で、隣接する不動産の所有者の同意があるものを除く。） | 現地において、公図の写し、登記事項証明書、地積測量図等により、物納申請財産の利用状況を確認する。その際、隣地との境界線、上空（空中）及び地下（地中）について、建物、工作物、樹木が、相互に越境していないかを確認する。 |
| --- | --- | --- |
| | ② 物納財産である土地に存する建物等が、隣地との境界線を越える当該土地（ひさし等で軽微な越境の場合で、隣接する不動産の所有者の同意があるものを除く。） | |

　上記について、現地調査の結果「越境物の存在」が確認された場合には、次のような措置事項が通知される。

◆一般的に求められる可能性のある措置事項

| 隣接地へ樹木の枝等が越境している場合 | 枝払い等 |
| --- | --- |
| 隣接地へ土砂等の流出があると判断した場合 | 擁壁等の設置 |
| 倒木又は工作物の倒壊の危険があると判断した場合 | 伐採又は工作物の撤去 |
| 不法投棄物がある場合 | 投棄物の撤去 |
| 権利のない者が使用している場合 | 使用を止めさせ、柵等を設置 |

　このような、「収納するために必要な措置」は、物納申請財産の現地調査等を行った結果、その土地を国が収納するためには整備が必要と判断された場合には、当該項目に関する「措置通知書」が発行される。

## 2 越境物の撤去

　この措置通知書にはその措置事項に関する期限が指定されているので、原則としてその期限までに整備を行わなければならない（越境物に関する措置通知であれば指定期限までに撤去す

る。）が、万一、指定期限までに整備が完了できない場合には、「収納関係措置期限延長届出書」を税務署長宛てに提出する。１回の申請で延長できるのは最長３か月までで、その期限でも整備が間に合わない場合には再度延長申請を提出する。

　延長申請は何度でも提出することができるが、最長で１年までとなっており、１年以内に措置が完了しない場合には、その物納は却下されるので要注意である。

　なお、物納の実務対策のうえでは、「工作物等の越境の是正に関する確約書」（その１、その２）（94、95頁参照）の提出による場合もある。

【参考】越境物の撤去の例示
（事例１）境界線上に設置されている工作物等の基礎が越境（撤去を求めない条件）
○軽微な越境なので、「工作物等の越境の是正に関する確約書（その１）」の提出で可

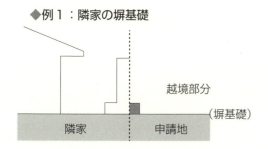

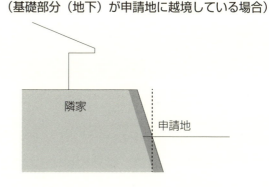

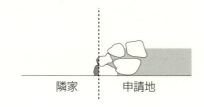

(事例2) 境界線上に設置されている工作物

○申請者と隣地所有者等が共有で設置した工作物で、現に使用している場合には、「工作物等の越境の是正に関する確約書 (その2)」の提出で可

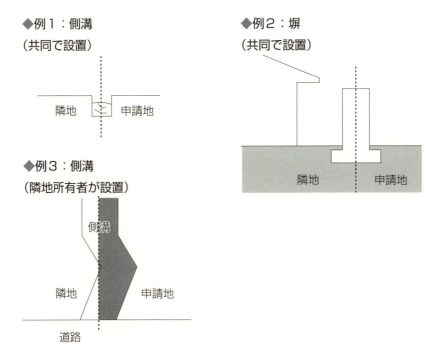

(事例3) 空中での越境

○現地の状況により、NTT、電力会社等の承諾書が必要

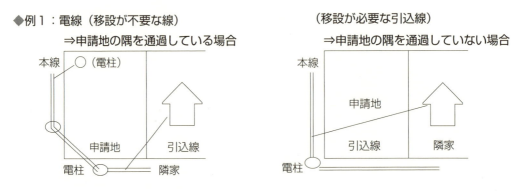

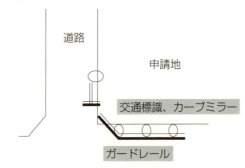

（事例４）隣接する建物附属物の越境
○原則として撤去。軽微な越境で隣地の所有者からの「工作物等の越境の是正に関する確約書（その１）」の提出で可の場合もあり

◆例：ひさし、物干し、ダクト、エアコン室外機など

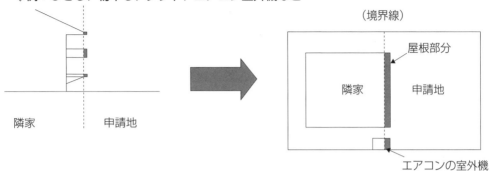

（事例５）樹木の越境
○原則として枝払い等により撤去

◆例１：境界線上の樹木

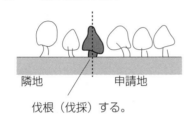

◆例２：隣地への越境

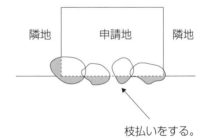

◆例３：電柱・架線に影響を及ぼしているもの

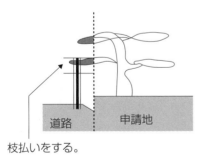

## 工作物等の越境の是正に関する確約書（その１）

> 当該確約書に係る隣地の登記事項証明書に記載されている所在及び地番を記載してください。

　下記の物納申請土地に隣地（所在地：　　　　　　　　）から境界を越えて、又は物納申請土地と当該隣地との境界線上に設置されている工作物等（工作物等の種類：　　　　　　　　）は、私（隣地所有者又は賃借権者等）が所有しているものです。

　当該工作物等については、将来、私が改築等を実施する際には、物納申請地上又は物納申請地との境界線上から撤去（移動）することを確約します。

　なお、越境の是正に関して問題が生じた場合には、工作物所有者において解決することを確約します。

　また、上記の確約については、権利承継時においても引き継ぎます。

> 越境している工作物の種類を記載してください。

記

| 物　納　申　請　土　地 | | | |
|---|---|---|---|
| 所　　在 | 地　番 | 地　目 | 地　積 |
| 物納申請財産の登記事項証明書に記載されている内容を転記してください。また、土地賃貸借契約書その他の提出書類の土地の表示と一致していることを確認してください。契約書等と一致していない場合には、書類の訂正をしてください。 | | | ㎡ |

【留意事項】
　登記事項証明書と地積測量図の実測数量に差がある場合は、地積更正登記が必要か否かを法務局で確認してください。
　地積更正登記の必要がない範囲内の場合は、地積測量図の面積をかっこ書き（小数点以下第２位まで）で記載してください。

平成　　年　　月　　日

　　　　　　　　　　　工作物所有者
　　　　　　　　　　　　　（〒　　－　　　）
　　　　　　　　　　　　　（住所）

　　　　　　　　　　　　　　　　　　　　　　　　　　　　
　　　　　　　　　　　　　フリガナ
　　　　　　　　　　　　　（氏名）
　　　　　　　　　　　　　　　　　　　　　　　　　　　㊞
　　　　　　　　　　　　　（電話番号　　　　　　　　）

※越境の状況を示した図面を添付してください。

# 工作物等の越境の是正に関する確約書（その２）

> 当該確認書に係る隣地の登記事項証明書に記載されている所在及び地番を記載してください。

下記物納申請財産と隣接土地（所在地：_____）との境界線上に設置されている工作物等（工作物等の種類：_____）は、私（物納申請者）と隣地所有者（又は賃借権者等）（氏名：_____様）とが共有で設置したものであることを確認します。

> 当該確認書に係る隣地の登記上の所有者（又は賃借権者等）を記載します。

> 境界線を越境している工作物の種類を記載してください。

記

| 物　納　申　請　土　地 | | | |
|---|---|---|---|
| 所　　在 | 地　番 | 地　目 | 地　積 |
| | | | ㎡ |

> 物納申請財産の登記事項証明書に記載されている内容を転記してください。
> また、土地賃貸借契約書その他の提出書類の土地の表示と一致していることを確認してください。契約書等と一致していない場合には、書類の訂正をしてください。

【留意事項】
　登記事項証明書と地積測量図の実測数量に差がある場合は、地積更正登記が必要か否かを法務局で確認してください。
　地積更正登記の必要がない範囲内の場合は、地積測量図の面積をかっこ書き（小数点以下第２位まで）で記載してください。

平成　　年　　月　　日

　　　　　　　　　　物納申請者
　　　　　　　　　　（〒　　－　　　）
　　　　　　　　　　（住所）

　　　　　　　　　　_____
　　　　　　　　　　フリガナ
　　　　　　　　　　（氏名）
　　　　　　　　　　_____㊞

平成　　年　　月　　日

　　　　　　　　　　工作物所有者
　　　　　　　　　　（〒　　－　　　）
　　　　　　　　　　（住所）

　　　　　　　　　　_____
　　　　　　　　　　フリガナ
　　　　　　　　　　（氏名）
　　　　　　　　　　_____㊞
　　　　　　　　　　（電話番号　　　　　　　　）

※越境の状況を示した図面を添付してください。

# 7 建築基準法に係る接道義務

物納劣後財産の例示の中に、次のような建築基準法に係るものが挙げられている。

> 建築基準法（昭和25年法律201号）43条１項（敷地等と道路との関係）に規定する道路に２ｍ以上接していない土地

　不動産、特に土地にとっては、道路との接続（接道状況）は大変に重要である。どのような道路に接道しているか、公道なのか私道なのか、その道路は建築基準法上の道路なのか、幅員はどれだけあるのか、そのような接道状況の違いによって、その土地がどのように利用できるかが決まるからである。なかでも、前面道路が建築基準法上の道路であるか、そして、その道路との接道状況が建築基準法に適合するものであるかは最大のポイントとなる。建築基準法上の道路に適切に接道していなければ、建物を建築することができず、有効活用することもできないからである。

　このような観点から、上記の劣後財産の項目が規定されている。本章では、この点に関する整備に関連して、土地の接道義務について取り上げる。

## 1　土地の接道義務とは

　「建築物の敷地は、幅員４ｍ以上の道路に２ｍ以上接しなければならない」というのが、建築基準法第に定められた「接道義務」である（この「幅員４ｍ以上」というのは、一定の指定を受けた区域内では「幅員６ｍ以上」に置き換えられている場合もある）。

　「２ｍ以上接する」というのは、主として「敷地延長による旗ざお状の敷地や不整形の敷地」で生じやすい問題となる。これらの敷地では、道路に接する間口が２ｍ以上でなければならないほか、旗ざお状敷地の通路部分の幅員が２ｍ以上確保されていることが要求される。

　通常の敷地であれば「２ｍ以上」の接道は問題ないようだが、問題となるのは対象となる「道路」があくまでも「建築基準法による道路か否か」だということである。逆にいえば、「建築基準法上の道路」であれば、それが公道でも私道でもかまわない、というのがこの問題の特徴である。

　しかし、我が国で「道路」を規定する法律には、建築基準法・道路法・道路交通法・道路運送法等さまざまなものがあり、それぞれ定義する「道路」の内容が異なるほか、日常生活でイメージする「道路」とも違いがあるので注意が必要である。

◆接道義務

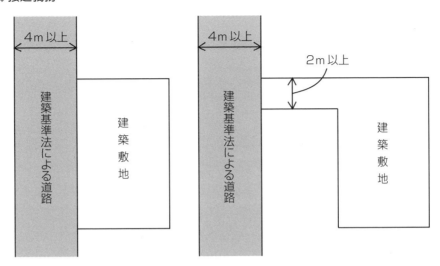

◆2m以上の接道義務を満たさないため建築が認められない例

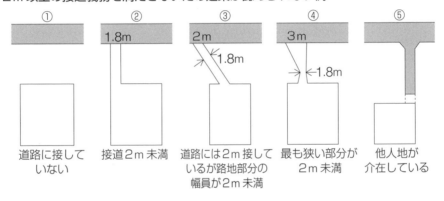

## 2 建築基準法による「道路」の定義

　建築基準法による「道路」とは、建築基準法が施行された「昭和25年11月23日時点で既に存在した幅員が4m以上のもので、公道か私道かを問わない」ものをいう。

　なお、昭和25年の建築基準法施行後に都市計画区域に編入されたことで、新たに接道義務が適用されることとなった区域では、その都市計画区域に編入された時点で存在した道路がこれに該当するとされている。

　このように、土地が接道している道路が建築基準法上の道路であるかどうかについては、役所調査により確認を行う必要がある。

## 3 セットバックが必要な「2項道路」とは

　古くからの市街地等には、幅員が4mに満たない道路が数多く存在している。このような道路をすべて4m以上に整備することは現実的には困難であるため、建築基準法が適用される以前（昭和25年11月23日以前）から存在する道路、あるいは都市計画区域に編入される以前か

ら存在する道路で、その当時から既に道路沿いに建物が立ち並んでいたような道路について、行政から特別に指定を受けたものを「42条2項道路」と呼び、この道路については幅員が4mに満たなくても建築基準法上の道路とみなしている。

2項道路については、建物の建築が可能となる代わりに「道路の中心線から2mの位置まで敷地を後退させる」必要がある。道路の両側で中心線から2mの後退（セットバック）をさせることで、将来的に4mの道路幅を確保しようとするものである。

したがって、この2項道路に面する土地は「道路の中心線から2mの位置」が敷地と道路との境界線とみなされるため、「セットバック」した部分の土地は建ぺい率や容積率を算定する際の敷地面積には含まれず、また、「セットバック」部分には建物だけでなく、塀や門等も設置することができない。

また、道路を挟んで向かい側が川やがけ地等の場合には、川やがけ地をセットバックさせることができないため、対面の道路境界線から4mの位置まで一方的に「セットバック」をする必要がある。

◆両サイドが宅地である場合　　　　　◆片側が崖地及び河川（水路）である場合

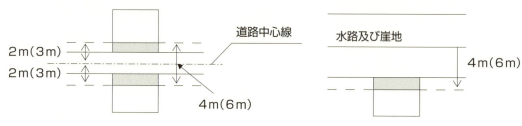

## 4　前面道路が私道の場合

道路については、上記のように接道する道路が「建築基準法上の道路」にあたるかどうかが重要であるが、もう一点、「公道か、私道か」という視点も欠かせない。

私道であっても、建築基準法上の道路であれば建築は可能となるわけだが、公道や都道府県や市区町村等の行政機関が管理しているのに対して、私道については私有地であることから、その管理上の問題が生じることがあるためである。

自治体によっては、私道の整備に対する助成制度を定めている場合等もあるので、確認の上、利用を検討したい。また、私有地を道路状に整備をした場合は、固定資産税は非課税となるべきところなので、既存の私道部分の取扱いを含めて確認が必要である。

なお、前面道路の私道が第三者の所有である場合には、その所有者から「通行承諾書」（99頁参照）を取得して提出しなければならない。

# 通 行 承 諾 書

下記1の物納申請土地から建築基準法第43条第1項に規定する道路までの通行のため、物納後においても、当該物納申請土地の所有者又は賃借権者等が、有償又は無償にて、下記2の私の所有地を通行することを承諾します。

記

**【留意事項】**
登記事項証明書と地積測量図の実測数量に差がある場合は、地積更正登記が必要か否かを法務局で確認してください。
地積更正登記の必要がない範囲内の場合は、地積測量図の面積をかっこ書き（小数点以下第2位まで）で記載してください。

1　物納申請土地

| 所　　在 | 地　番 | 地　目 | 地　積 |
|---|---|---|---|
| | | | ㎡ |

物納申請財産の登記事項証明書に記載されている内容を転記してください。
土地賃貸借契約書その他の提出書類の土地の表示と一致していることを確認してください。契約書等と一致していない場合には、書類の訂正をしてください。

2　通行を承諾する土地

| 所　　在 | 地　番 | 地　目 | 地　積 |
|---|---|---|---|
| | | | ㎡ |

通行を承諾されている土地の登記事項証明書に記載されている内容を転記してください。

平成　　年　　月　　日

通行を承諾する土地所有者
　　（〒　　－　　　）
　　（住所）

　　　　　　　　　　　　　　　　　　　　フリガナ
　　（氏名）
　　　　　　　　　　　　　　　　　　　　㊞
　　（電話番号　　　　　　　　　　　）

**【留意事項】**
地積測量図の写しや公図の写しなどに通行できる部分（範囲）を示した図面（略図）を添付し、当該承諾書と略図に通行を承諾する土地所有者が契印してください。

（注）通行を承諾する部分の略図を添付し、契印してください。

# 8 公道への接道状況

## 1 囲繞地通行権

　囲繞地通行権とは、公道に直接通じていない土地（袋地）の所有者が、その袋地を囲んでいる土地（囲繞地）を、「その所有者の承諾なしに公道まで通行できる権利」である。囲繞地通行権が認められるためには、次の2つの要件をクリアする必要がある。
① 袋地が直接公道に通じていない土地であること
② 袋地が他人の土地によって囲まれていること
　そのため、もし袋地の所有者が、その袋地と隣接する「公道に接する土地」を売買や相続等により取得すれば、それまで袋地に付着していた囲繞地通行権は消滅する。反対に、囲繞地の所有者が袋地を取得した場合も同様に囲繞地通行権は消滅する。
　ただし、囲繞地通行権が認められた場合でも、通行者は囲繞地を通行させてもらう対価として、原則として代償金を支払わなければならないが、袋地が発生した原因が「共有地の分割」あるいは「土地の一部譲渡」である場合には、例外的に代償金を支払わなくてもよいとされる事例もある。

## 2 通行地役権

　通行地役権とは、「自分の土地の便益のために他人の土地を通行できる権利」をいう。この場合の自分の土地を「要役地」、他人の土地を「承役地」という。通行地役権は、原則として「当事者間の契約」によって成立する。
　上記の2つのほか、判例上で示される「通行の自由権」（建築基準法の適用を受ける私道について認められる通行権）等があるが、これらはきわめて例外的なものなので、基本的には上記の囲繞地通行権、通行地役権が問題となる。
　そして、私道（私有地）に関する通行権には、私道（私有地）所有者の明確な合意が必要となるため、所有不動産のなかに袋地がある場合、あるいは袋地の可能性が高い土地がある場合には、十分な調査を行い、もし袋地であるときには権利関係等についての調査と対策が必要である。
　なお、囲繞地通行権の問題については、その土地が建築基準法上の道路に接道しているかどうかという「接道義務」の問題も関連してくるが、それについては96頁の「建築基準法に係る接道義務」にて詳述している。

# 9 貸宅地（底地）の物納

　不動産を多数所有している場合には、それらを土地賃貸借契約により賃貸している場合もある。このような賃貸不動産を物納する場合には、自用地とは別の物納対策が必要となる。

　「貸宅地（底地）」は物納できませんか？」との問いに対して、結論からいえば、「貸宅地（底地）も要件を満たしていれば物納は可能」である。

　なぜならば、「物納に充てることのできる財産の種類」の第1順位に「不動産」と規定されているが、自用地（更地など）であっても貸宅地（底地）であっても順位に差はない。

　したがって、要件を満たしていれば貸宅地（底地）の物納も自用地（更地等）と同様に可能となるのである。

　本項では賃借権が設定されている土地、そのなかでも貸宅地（底地）を中心にその物納について取り上げる。

　賃借権が設定されている土地の物納については、通常の不動産に関する物納手続関係書類だけでなく、「賃貸借契約関係書類等の整備」が大きなポイントとなる。それは、物納申請をする不動産について賃貸借契約等の設定がある場合に、物納許可を受けた後は国と賃借人との間で賃貸借契約の締結が必要となるためである。

　物納は「金銭納付するのと同等の価値がある」とみなされる財産であることを要求されるが、こうした賃貸借契約が必要な不動産については、国に物納する以前に納税者（物納申請者）が契約条件の整備、賃借料の授受、敷金等の債権債務等をすべて問題がないように整備して、賃貸借契約書も完備したものでなければならない、ということになる。したがって、更地等の土地を物納する場合に比べて提出書類の数がはるかに多く、しかもそれらの書類については、賃貸借契約の当事者である借地権者、賃借人等の権利者に協力や同意を求めて、それに基づいて署名・押印をもらうべき書類も含まれている。

　そのため、賃借権が設定されている土地の物納は、物納財産を国が収納してもらうために必要とされる要求事項がかなり多くなることを認識し、また借地権者、賃借人等の権利者と良好な人間関係が築かれていないと困難になることを理解しておかなければならない。

　また、そのような借地権者、賃借人等の権利者が、暴力団員等に該当しない旨を誓約した書類等の提出が必要となる。権利者が法人である場合には、その法人の役員等（取締役、執行役、会計参与、監査役、理事及び監事等）についても同様である。

## 1 物納申請財産に借地権が設定されている場合の提出書類

| 提出書類 | 相続税法施行規則22条 | 提出書類の説明 |
|---|---|---|
| 1 土地賃貸借契約書（写し） | 3項1号ロ (2)(i) | ○土地賃貸借契約書の写しを提出してください。<br>※契約内容の変更がある場合は、変更後（最新）のものを提出してください。 |
| 2 賃借地の境界に関する確認書 | | ○賃借地の範囲を賃借人が確認した書類を提出してください。<br>※土地賃貸借契約書に賃借地の範囲を明らかにした図面が添付されていない場合に提出してください。 |
| 3 賃借人ごとの賃借地の範囲、面積及び境界を確認できる実測図等 | | ○1筆の物納申請土地に複数の賃借人がいる場合、賃借人それぞれの賃借地の範囲、面積及び境界を確認できる実測図を提出してください。<br>なお、地積測量図及び賃借地の境界に関する確認書でこれらを確認できる場合は、改めて提出する必要はありません。 |
| 4 物納申請前3か月間の地代の領収書の写し | | ○物納申請前3か月分の地代の支払状況が確認できる書類を提出してください。<br>※複数月分の地代を前払いしているなど、物納申請前3か月間に地代の支払期限がない場合は、物納申請直前の支払期限に係るものを提出してください。 |
| 5 敷金等に関する確認書 | | ○敷金や保証金など、物納申請者（賃貸人）が賃借人に対して負う債務は、物納申請者（賃貸人）と賃借人において清算し、物納後、国には引継がないことを、物納申請者及び賃借人相互に確認する書類（敷金に関する確認書（その1））を提出してください。<br>なお、敷金、保証金などの債務がない場合は、当該債務がないことを物納申請者が確認する書類（敷金に関する確認書（その2））を提出してください。 |
| 6 賃借料の領収書等の提出に関する確約書 | | ○物納申請書の提出期限の翌日から起算して1年以内に当該申請に係る物納の許可がされない場合には、税務署長が提出を求めたときにはその求めた日前3か月間の地代の支払状況が確認できる書類（当該3か月間に地代の支払期限がない場合には、直前の支払期限に係る支払状況が確認できる書類）を提出することを約する書類を提出してください。 |
| 7 建物の登記事項証明書 | 3項1号ロ (2)(ii) | ○物納申請土地上の建物に関する登記記録を証明したもので、法務局に交付を請求してください。<br>○当該建物が未登記の場合は、登記事項証明書に代えて、建物の所有者が確認できる書類（固定資産税評価証明書その他の書類）を提出してください。 |
| 8 誓約書（役員一覧） | 3項1号ロ (2)(i) | ○暴力団員等に該当しないことを賃借人が誓約した書類を提出してください。<br>※賃借人が法人の場合には、併せて役員一覧も提出してください。 |

## 2　貸宅地（底地）物納の具体的な提出書類

### 1　地積測量図の作成（登記事項証明書の取得）

　借地人ごとに貸付けを行っている範囲を確定させ、土地（更地等）の物納をする場合に準じた手続により測量を行う。作成した地積測量図に基づき借地範囲ごとに分筆登記を求められることもある（分筆登記については、実務上要求されない場合もある）。また、測量の結果、登記地積との差異が明らかになった場合等、必要に応じて地積更正登記を行う。

　借地人ごとに貸付けを行っている範囲（借地範囲）を決めるためには、原則として借地人の立会いを求めることとなる。

＊この借地範囲の決定（確定）と地積測量図の作成については、実務上重要な事項にあたるので別項を設けて詳述する（81、114頁）。

### 2　物納申請地上に存する建物の登記事項証明書の取得

　借地人ごとの地積測量図を作成した後で、その物納申請地上に存する建物について登記事項証明書を提出する。これは、土地について借地権が設定されている場合に、その土地上に存する建物の所有者が誰であるかを確認するためである。貸宅地（底地）を物納するためには、その土地の賃貸借契約者（借地権者）と建物所有者（建物の登記名義人）、そして賃料（地代）の支払者の三者が一致することが必要であり、建物の登記事項証明書の取得はその確認の第一歩である。

### 3　「土地又は建物の賃貸借契約書」又は「国有財産借受確認書」の作成又は訂正

　「地積測量図」及び「建物の登記事項証明書」を入手した後、現在の土地又は建物の賃貸借契約書の記載内容との確認を行う。その場合、次の点が重要となる。
① 賃貸借契約書が存在しない場合には、適正な内容に基づいた賃貸借契約書を作成する。
② 賃貸借契約書の記載内容に不備がある場合には、適正な契約書になるよう訂正する。
③ 記載内容に不備がある場合で、賃貸借契約書の当事者間の念書等で対応可能な場合には、必要な念書等の取り交わしを行う。

【確認のポイント】
① 建物の登記事項証明書の構造と契約書の使用目的（建物の種類）が一致しているか。
② 賃貸借契約の目的となっている土地等の地積の表示が登記事項証明書及び地積測量図と一致しているか（地積の表示は、実測数量による。ただし、「公差の範囲」については84頁参照）。
③ 契約期間の残年数は十分あるか（物納申請財産収納時までに契約が満了する場合は、契約を更新する必要がある。）。
④ 土地及び建物の登記事項証明書の所有者が契約書の賃貸人及び賃借人と一致しているか。

┌─【契約書の作成（訂正）にあたっての留意事項】─────────────────────
│ ① 契約期間の始期及び終期を明記する。
│ ② 著しく貸主に不利となる条件が付されている場合は「管理処分不適格財産」に該当するので、
│   権利者と交渉・確認のうえ訂正又は削除
│ 【例】
│ ① 建物の増改築に貸主の同意が必要であることが記載されていない場合
│ ② 借地権の譲渡に関して貸主の承諾が必要であることが記載されていない場合等
└────────────────────────────────────────

## 4　「賃借地の境界に関する確認書」の作成

　土地の貸付範囲が確定した後、「地積測量図」及び「登記事項証明書」に基づいて「賃借地の境界に関する確認書」（107 頁参照）を次のように作成する。
① 地積測量図の写しを添付する。
② 賃借地の境界に関する確認書と地積測量図の写しに契印する。

## 5　「敷金等に関する確認書」の作成

　敷金、保証金等の賃借人から預り金がある場合、国はその債務を引き継ぐことができないため、当事者間で清算する。これについては、次の書類を提出する。この書類の作成にあたっては、賃貸借契約書、地積測量図及び登記事項証明書に記載されている所在・地番・地目・数量を確認すること。
① 敷金、保証金これらに類するものがある場合……「敷金等に関する確認書（その１）」（108頁参照）
② 敷金、保証金これらに類するものがない場合……「敷金等に関する確認書（その２）」（109頁参照）

## 6　「賃借料（地代）の領収書の写し」の提出

　物納申請直近３か月分の賃借料（地代）の領収書の写しを提出する。この場合、その支払条件が「年払い」、「半年払い」など複数月分を前払いする条件になっている場合には、その物納申請直前の賃借料の領収書の写しを提出することとなる。

　なお、物納申請書とともに「物納手続関係書類」として賃借料の領収書の写しが提出されていた場合であっても、その後、物納の各種手続や審査等に時間がかかり、物納許可までに１年以上かかったような場合には、許可にあたって、再度この時点の直近３か月分の賃借料の領収書の写しを提出する場合もある。

　ちなみに、「領収書」という名目で授受していない場合には、それに代わるものとして以下のものでも可とされる。
① 銀行振込み、口座引き落し等、「通帳により管理」している場合には、入金の事実が分か

る書類として該当部分の通帳の写し又は振込伝票の写し
② 不動産管理業者に管理委託している場合には、当該管理会社が管理している賃借料入金台帳等の写し
③ 不動産管理業者に管理委託している場合で、当該管理会社が作成した賃借料領収証明書
④ 賃貸人が作成している台帳・賃借料通帳等、領収の事実が分かる書類の写し

なお、賃借料については最低限、公租公課を上回っていなければならないが、借地権者の建物が営業用である場合には公租公課が高いので注意を要する。

## 7 「誓約書」の提出

先述したとおり、賃借人等の権利者が暴力団員等に該当しないことを確認するもので、賃借人に「誓約書」の作成を依頼し、物納手続関係書類として提出する。なお、賃借人が法人である場合には役員一覧を含めて提出する。

# 3 物納申請土地上に借地人名義又は物納申請者名義以外の建物がある場合

物納申請土地の上に存する建物の名義人を調査した結果、その建物所有者が「借地人の親族名義(同居親族を含む)」や「借地人との共有名義」となっている場合には、その所有権等の権利関係に関する調査を行う必要がある。

例えば、土地の賃貸借契約をしている借地人と、借地上に存する建物の名義人との間で、「借地権の使用貸借関係」になっている場合がある。これは、同居している家族において、借地権者(土地賃貸借の契約者)は父親だが、建物を建築する際に長男名義で建ててしまった場合等に、父親と長男との間で借地権に関して正規の手続を行わず、無償で借地権の土地を使用させている場合等に該当する。このような場合には、「借地人と建物所有者の関係」を確認したうえで、その利用形態に応じた「確認書」を作成して提出する。

① 借地権を使用貸借している場合……「借地権の使用貸借に関する確認書(その1)」(110頁参照)
② 建物所有者が借地人を含めた共有名義である場合……「借地権の使用貸借に関する確認書(その2)」(111頁参照)
③ 借地権者の相続が開始されていて、当該借地権の相続人が確定していない場合……建物所有者に相続が開始されていて、その借地権が付された土地(底地)の物納申請時までに建物の相続登記が完了していないときは、「相続人代表借地権者確約書」(112頁参照)を作成して提出する。

なお、この確認書には相続人であることが分かる書類として「戸籍謄本」、「固定資産税評価証明書」その他これらに準ずる書類を添付する。

④ 分割協議等により借地権を相続する者は確定したものの、「相続登記がされていない」場合……「借地権等に関する確認書」(113頁参照)を作成して提出する。なお、建物及び借地

権所有者が相続人であることが分かる書類として「戸籍謄本」、「固定資産税評価証明書」その他これらに準ずる書類を添付する。

ここまで貸宅地（底地）の物納適格化について述べてきた。

先にも述べたとおり、更地等に比べて貸宅地（底地）の物納は、借地人の協力・同意を求めたうえで書類に署名・押印をもらわなければならないものが多いなど、多大な手間と時間、そして費用がかかる。

そして、それらの整備項目がすべて整わなければ物納が認められない。そのように考えていくと、生前対策として早目に対策を講じることの重要性が一層明らかになってこよう。

一方、借地人にとって「底地の物納」はどのように思えるのであろうか。この点については、制度の内容を正しく理解してもらえれば、基本的には、地主が国に変わるというだけで借地人の地位は何ら変わらず、国から払下げを受けることもが可能であり更新料も不要等と、メリットを感じる借地人も多いようである。

その点を踏まえて、借地人に協力を求めて円滑な対策実施に結び付けたい。

## 賃借地の境界に関する確認書

> 物納申請者の住所及び氏名を記載してください。

私が敷地所有者（物納申請者）　（住所）　　　　　　（氏名）　　　　　　　様から賃借

している下記土地は、現地において表示された境界標等の範囲であることを確認します。

記

| 賃　　借　　地 | | | |
|---|---|---|---|
| 所　　　　在 | 地　番 | 地　目 | 地　積<br>（一部の場合にはその面積）<br>m² |
|  |  |  |  |

> 物納申請財産の登記事項証明書に記載されている内容を転記してください。
> また、土地賃貸借契約書その他の提出書類の土地の表示と一致していることを確認してください。契約書等と一致していない場合には、書類の訂正をしてください。

> 【留意事項】
> 　登記事項証明書と地積測量図の実測数量に差がある場合は、地積更正登記が必要か否かを法務局で確認してください。
> 　地積更正登記の必要がない範囲内の場合は、地積測量図の面積をかっこ書き（小数点以下第2位まで）で記載してください。

平成　　年　　月　　日

　　　　　　　　　　　賃借人
　　　　　　　　　　　　　（〒　　－　　　）
　　　　　　　　　　　　　（住所）

> 【留意事項】
> 　地積測量図の写しを添付し、当該確認書と地積測量図に借地人が契印してください。

　　　　　　　　　　　　　　　フリガナ
　　　　　　　　　　　　　（氏名）
　　　　　　　　　　　　　　　　　　　　　　　　　　㊞
　　　　　　　　　　　　　（電話番号　　　　　　　　　）

> （注）賃借範囲ごとの地積測量図（写）を添付し、本確認書と契印してください。

# 敷金等に関する確認書（その１）

　下記の物納申請財産に係る敷金、保証金等の債務については、賃貸人と賃借人との間において処理し、当該債務を国に引き継がないことを確認します。

記

| 物納申請財産 ||||||
|---|---|---|---|---|---|
| 所在 | 地番<br>（種類） | 地目<br>（構造） | 地積<br>（数量） | 敷金・保証金等の額 ||
|  |  |  | ㎡ | 円 ||

> 物納申請財産の登記事項証明書に記載されている内容を転記してください。
> また、土地賃貸借契約書その他の提出書類の土地の表示と一致していることを確認してください。
> 契約書等と一致していない場合には、書類の訂正をしてください。

> 【留意事項】
> 　登記事項証明書と地積測量図の実測数量に差がある場合は、地積更正登記が必要か否かを法務局で確認してください。
> 　地積更正登記の必要がない範囲内の場合は、地積測量図の面積をかっこ書き（小数点以下第２位まで）で記載してください。

平成　　年　　月　　日

　　　　　　賃貸人（物納申請者）
　　　　　　　（〒　　－　　　）
　　　　　　　（住所）
　　　　　　　_____

　　　　　　　　フリガナ
　　　　　　　（氏名）
　　　　　　　_____㊞

平成　　年　　月　　日

　　　　　　賃借人
　　　　　　　（〒　　－　　　）
　　　　　　　（住所）
　　　　　　　_____

　　　　　　　　フリガナ
　　　　　　　（氏名）
　　　　　　　_____㊞
　　　　　　　（電話番号　　　　　　　　　）

## 敷金等に関する確認書（その２）

下記の物納申請財産に係る賃借人に対する敷金、保証金等の債務は一切ありません。

記

| 物　納　申　請　財　産 | | | |
|---|---|---|---|
| 所　在 | 地　番<br>（種類） | 地　目<br>（構造） | 地　積<br>（数量） |
| | | | ㎡ |
| ┄┄┄┄┄┄┄┄┄┄┄┄┄┄┄┄┄┄┄┄┄┄┄┄┄┄┄┄┄┄┄┄┄┄┄┄┄┄┄┄┄┄┄┄<br>物納申請財産の登記事項証明書に記載されている内容を転記してください。<br>また、土地賃貸借契約書その他の提出書類の土地の表示と一致していることを確認<br>してください。契約書等と一致していない場合には、書類の訂正をしてください。<br>┄┄┄┄┄┄┄┄┄┄┄┄┄┄┄┄┄┄┄┄┄┄┄┄┄┄┄┄┄┄┄┄┄┄┄┄┄┄┄┄┄┄┄┄ | | | |
| | | | |

【留意事項】
　登記事項証明書と地積測量図の実測数量に差がある場合は、地積更正登記が必要か否かを法務局で確認してください。
　地積更正登記の必要がない範囲内の場合は、地積測量図の面積をかっこ書き（小数点以下第２位まで）で記載してください。

平成　　年　　月　　日

　　　　　　　　　賃貸人（物納申請者）
　　　　　　　　　（〒　　－　　　）
　　　　　　　　　（住所）
　　　　　　　　　_____
　　　　　　　　　　フリガナ
　　　　　　　　　（氏名）
　　　　　　　　　_____㊞

# 借地権の使用貸借に関する確認書（その１）

.....物納申請土地の賃貸借契約書上の賃借人の氏名を記載してください。.....
　　　　　　　　　　　↓
　（借地権者）＿＿＿＿＿＿＿様は、（建物所有者）＿＿＿＿＿＿＿様に対し、下記の土地に建物を建築させていますが、その土地の使用関係は使用貸借に基づくものであって、建物所有者はこの土地について何らの権利を有せず、借地権者が借地権を有するものであることを確認します。

　　　　　　　　　　　　　　　　　記
　　　　　　　　　　　　　　　　　　　　.....物納申請土地上の建物所有者の氏名を記載してください。.....

| 物　納　申　請　土　地 | | | |
|---|---|---|---|
| 所　　在 | 地　番 | 地　目 | 地　積 |
| | | | ㎡ |

.....物納申請財産の登記事項証明書に記載されている内容を転記してください。
　また、土地賃貸借契約書その他の提出書類の土地の表示と一致していることを確認してください。契約書等と一致していない場合には、書類の訂正をしてください。.....

【留意事項】
　登記事項証明書と地積測量図の実測数量に差がある場合は、地積更正登記が必要か否かを法務局で確認してください。
　地積更正登記の必要がない範囲内の場合は、地積測量図の面積をかっこ書き（小数点以下第２位まで）で記載してください。

　　　　　　　　　　　借地権者
　　　　　　　　　　　（〒　　－　　　）
　　　　　　　　　　　（住所）＿＿＿＿＿＿＿＿＿＿＿＿
　　　　　　　　　　　　フリガナ
　　　　　　　　　　　（氏名）＿＿＿＿＿＿＿＿＿＿㊞
　　　　　　　　　　　（電話番号　　　　　　　　）

　平成　　年　　月　　日

　　　　　　　　　　　建物所有者
　　　　　　　　　　　（〒　　－　　　）
　　　　　　　　　　　（住所）＿＿＿＿＿＿＿＿＿＿＿＿
　　　　　　　　　　　　フリガナ
　　　　　　　　　　　（氏名）＿＿＿＿＿＿＿＿＿＿㊞
　　　　　　　　　　　（電話番号　　　　　　　　）

　平成　　年　　月　　日

　　　　　　　　　　　土地所有者（物納申請者）
　　　　　　　　　　　（〒　　－　　　）
　　　　　　　　　　　（住所）＿＿＿＿＿＿＿＿＿＿＿＿
　　　　　　　　　　　　フリガナ
　　　　　　　　　　　（氏名）＿＿＿＿＿＿＿＿＿＿㊞

## 借地権の使用貸借に関する確認書（その２）

> 物納申請土地の賃貸借契約書上の賃借人の氏名を記載します。

　（借地権者）＿＿＿＿＿＿様は、（建物共有者）＿＿＿＿＿＿様と下記の土地に建物を共有で建築していますが、（建物共有者）＿＿＿＿＿＿様のその土地の使用関係は使用貸借に基づくものであってこの土地について何らの権利を有せず、借地権者が借地権を有するものであることを確認します。

> 物納申請土地上の建物共有者（借地人との共有者）の氏名を記載します。

記

| 物　納　申　請　土　地 | | | |
|---|---|---|---|
| 所　　在 | 地番 | 地目 | 地積 m² |
|  |  |  |  |

> 物納申請財産の登記事項証明書に記載されている内容を転記してください。
> また、土地賃貸借契約書その他の提出書類の土地の表示と一致していることを確認してください。契約書等と一致していない場合には、書類の訂正をしてください。

> 【留意事項】
> 　登記事項証明書と地積測量図の実測数量に差がある場合は、地積更正登記が必要か否かを法務局で確認してください。
> 　地積更正登記の必要がない範囲内の場合は、地積測量図の面積をかっこ書き（小数点以下第2位まで）で記載してください。

借地権者
（〒　　　－　　　）
（住所）＿＿＿＿＿＿＿＿＿＿＿＿＿＿
　　フリガナ
（氏名）＿＿＿＿＿＿＿＿＿＿＿＿㊞
（電話番号　　　　　　　　　　　）

平成　　年　　月　　日

借地権を有しない建物共有者
（〒　　　－　　　）
（住所）＿＿＿＿＿＿＿＿＿＿＿＿＿＿
　　フリガナ
（氏名）＿＿＿＿＿＿＿＿＿＿＿＿㊞
（電話番号　　　　　　　　　　　）

平成　　年　　月　　日

土地所有者（物納申請者）
（〒　　　－　　　）
（住所）＿＿＿＿＿＿＿＿＿＿＿＿＿＿
　　フリガナ
（氏名）＿＿＿＿＿＿＿＿＿＿＿＿㊞

# 相続人代表借地権者確約書

> 物納申請者の氏名を記載します。

> お亡くなりになられた借地人の氏名を記載します。

　下記財産については、土地所有者＿＿＿＿＿＿様と借地人＿＿＿＿＿＿との間で賃貸借契約を締結していましたが、平成　年　月　日借地人死亡に伴う遺産分割協議が未確定であるため、相続人代表者の地位で土地所有者と賃貸借契約を締結しています。

　なお、下記財産が物納により、国有財産になった場合、被相続人＿＿＿＿＿＿の相続人代表者として賃貸借契約を締結いたします。

　また、遺産分割協議が整い権利者が確定した場合には、名義変更契約に応じるとともに、貸付料の清算等、相続人代表契約中の貸付にかかる一切の件について、国に迷惑をかけず、当事者間で処理することを確約します。

> 賃貸借契約を締結していた借地人のお亡くなりになられた日を記載してください。

記

| 所　在 | 地　番 | 地　目 | 地　積 |
|---|---|---|---|
| | | | m² |

> 物納申請財産の登記事項証明書に記載されている内容を転記してください。
> また、土地賃貸借契約書その他の提出書類の土地の表示と一致していることを確認してください。契約書等と一致していない場合には、書類の訂正をしてください。

平成　年　月　日

> 【留意事項】
> 　登記事項証明書と地積測量図の実測数量に差がある場合は、地積更正登記が必要か否かを法務局で確認してください。
> 　地積更正登記の必要がない範囲内の場合は、地積測量図の面積をかっこ書き（小数点以下第2位まで）で記載してください。

借地権相続人代表者
（〒　－　　）
（住所）

＿＿＿＿＿＿＿＿＿＿＿＿＿＿
　　　フリガナ
（氏名）
＿＿＿＿＿＿＿＿＿＿＿＿＿＿㊞
（電話番号　　　　　　　）

> 【留意事項】
> 　戸籍謄本や固定資産税評価証明書その他これらに準ずる書類で、被相続人と借地権相続人代表者の関係がわかる書類を添付してください。

# 借地権等に関する確認書

> 物納申請土地上にある建物の登記事項証明書に記載されている所有者の氏名を記載してください。

　下記1の物納申請財産上に所在する下記2の建物所有者は、相続登記が未了であるため＿＿＿＿＿＿様名義となっておりますが、＿＿＿年＿＿月＿＿日の相続により、下記1の土地上に存する下記2の建物の所有権及び借地権は、私が取得したものであることを確認します。

　なお、この建物の相続等に関する争いが生じた場合には、当方において責任をもって解決することを確約します。

> 登記名義人がお亡くなりになられた日を記載してください。

記

1　物納申請土地

| 所　在 | 地番 | 地目 | 地積 |
|---|---|---|---|
|  |  |  | ㎡ |

【留意事項】
　登記事項証明書と地積測量図の実測数量に差がある場合は、地積更正登記が必要か否かを法務局で確認してください。
　地積更正登記の必要がない範囲内の場合は、地積測量図の面積をかっこ書き（小数点以下第2位まで）で記載してください。

2　物納申請土地上の建物

| 所　在 | 家屋番号 | 種類 | 構造 | 床面積 |
|---|---|---|---|---|
|  |  |  |  | ㎡ |

> 物納申請土地上の建物の登記事項証明書に記載されている内容を転記してください。

平成　　年　　月　　日

　　　　　　　　　　建物所有者
　　　　　　　　　　（〒　　－　　　）
　　　　　　　　　　（住所）

【留意事項】
　戸籍謄本や固定資産税評価証明書その他これらに準ずる書類で、被相続人と借地権相続人の関係がわかる書類を添付してください。

　　　　　　　　　　　フリガナ
　　　　　　　　　　（氏名）
　　　　　　　　　　　　　　　　　　　　　　　㊞
　　　　　　　　　　（電話番号　　　　　　　　）

（注）相続人であることがわかる資料を添付してください。

# 10 賃借地の境界確認と賃貸借契約書の整備

## 1 一団の貸宅地（底地）がある場合は、借地人ごとに借地境を明確にして分筆する

　一団の貸宅地（底地）とは、一筆の土地の上に複数の借地人が存在するようなケースのことで、この場合には借地人ごとに貸している範囲（借地範囲）が明確になっていなかったり、あるいは個々の借地権の土地を調査すると、建築基準法上の道路に接していないので接道条件が満たされていなかったり、などということがある。

　借地範囲が明確になっていないということは、その貸している土地（貸宅地）の面積が不明確だということである。貸宅地の場合、土地所有者は借地権割合に基づいて「底地」の権利部分が財産評価される。7：3地区であれば3割が地主の権利部分、6：4地区であれば4割が地主である。しかし、そもそも借地範囲が明確でない場合には、「その土地の価額」そのものが不正確だ、ということになる。したがって、相続の際の「財産評価」を借地権割合に基づいて算出したとしても、根拠となる土地価額そのものが曖昧なのでは元も子もない。

　また、建築基準法上の道路に接道していない場合には、その土地は建築確認を取得することができないので「再建築」ができない。いま現在その貸宅地に建物が存在している場合、それは「既存不適格」ということになり、いわゆる違反建築状態になっているということである。その建物が老朽化しても、再建築ができないため、資産価値の低い、いわゆる「不良資産」と化している。

　しかも、このような貸宅地は一般的に管理が行き届いていないことが多いため、地代が低いまま引き上げることが困難であったり、賃貸借契約書も整備されていないことが多い。

　必ずしも「貸宅地＝不良資産」というわけではなく、維持管理が適切に行われており地代収入も安定している貸宅地なら問題はないのだが、管理状態が思わしくない貸宅地は「不良資産」といわざるを得ない。

　したがって、単に「物納できるか否か」ということに限らず、資産管理の面からも相続対策の面からも、貸宅地については「賃借地の境界確認」と「賃貸借契約書の整備」は必ず行っておきたい。

## 2 賃借地の境界確認と契約書の整備

　隣接地との境界確定測量が完了している場合に更地を分筆するのであれば、土地所有者が自分で境界を自由に決めることができる。しかし、賃借地の境界確認では、借地人がいるため、さまざまな留意事項がある。

## 1 賃貸借契約による貸付範囲についての借地人からの承諾

　賃貸借契約による貸付範囲（借地範囲）について、それぞれの借地人から承諾を取る。借地権といっても、大都市で地価の高いところでは相当な資産価値になるので、わずかな面積の違いでも借地人との確認作業はデリケートに行わなければならない。

## 2 借地人間の調整

　そのうえで、一団の貸宅地の場合には隣接する借地人間の調整も必要となる。すでに境界確定測量が完了している場合、一団の土地全体の面積は確定している。そうなると、ある借地人の面積が増えれば、その分はどこか他の借地人の面積が減ることとなる。

　また、一団の土地のなかに複数の建物が建っているので、賃借地の境界を確認するうえでは越境物にも注意しなければならない。もしこの工程のなかで、接道条件を満たしていない貸宅地がある場合には、この賃借地の境界を決めるときに近隣同士の調整を行って、なんとか接道義務を確保できないかを検討する必要がある。なぜならば、接道義務を確保できない「無道路地」を残したまま賃借地の境界確認が完了してしまった場合、そこでいったん確定してしまうので、それ以後に接道を確保するために手段を講じるのは非常に困難な作業となる。可能な限り、この時点で接道義務を確保できるように努力したい。

　賃借地の境界確認が確定したところで、貸宅地ごとの分筆作業を行う。そこで「貸宅地の面積」が確定するので、賃貸借契約書の内容との照合を行う。もし面積が相違している場合には訂正を行うほか、その他の契約条件等も確認したうえで、「土地賃貸借契約書」の調印を行う。

# 11 土壌汚染地等の物納

　土壌汚染されている土地は、そのままでは土地を有効活用することができず、汚染物質に関する調査や、必要な除去作業を実施するなど多大な時間と費用がかかる。あるいは、地中にガラ等の地下埋設物等がある土地は、それを撤去しなければ建物を建築することすらできない。

　このように、土地には表面に見えないリスクも内在している。このようなリスクに関して、まず物納を申請した時点か、あるいは物納財産に関する現地調査等を行った時点で、その事実が判明している場合には、物納申請者に対して「収納に必要な措置」として、土壌汚染物質に係る調査及び除去作業や、地下埋設物の撤去に関する措置通知が発行されるので、その期限までに除去・撤去作業を行わなければならない。

　一方、調査時点ではそうした土壌汚染物質や地下埋設物の事実が確認されずに物納財産として収納された場合で、後日、そのようなリスクが顕在化したときには、「納税者(物納申請者)がその調査・除去・撤去等の作業を行う」ことを要求している。

　一例として「地下埋設物が判明した場合に、地下埋設物の撤去又は除却を行うこと」を条件として物納許可を行ったところ、物納許可した財産に地下埋設物の存在が判明したときは、税務署長から「物納の条件付許可に係る条件履行要求通知書(履行要求通知書)」が送付されてくる。

　この「履行要求通知書」を受けた場合には、その「履行要求通知書」に記載された措置の内容を、「記載された期限までに」行わなければならない。また、その期限までに「除去等の措置」が完了できなかったときには物納許可が取り消されるので要注意である。

　また、この履行要求は物納許可後5年以内であれば、発行される可能性があるので、たとえ物納許可が下りて国に収納され、所有権移転登記が行われたとしても5年間は油断できない。

　なお、「物納許可の取消し」が行われた場合、又は取り消されることとなる場合には、その内容に応じて一定の期間内であれば、当該土壌汚染地等に係る課税評価の減額について更正の請求ができる可能性がある。

> (参考)財務局における地下埋設物等の調査について(国税庁資料より)
>
> 　物納許可後に財務局に引き継がれた土地は、国有財産として管理・処分されることとなるため、土地の利活用に支障となる地下埋設物等が判明した場合は、その除去等が求められることとなります。
> 　このため、財務局は必要に応じ地下埋設物等の有無をボーリング調査等により確認しています。なお、ボーリング調査等によっても地下埋設物等の全てが把握できない場合があるため、状況によっては再度の除去等が求められる場合があります。

　なお、「土壌汚染が判明したことによる履行要求」については、「第6章　物納成功事例に学ぶ取組みと対応のポイント」の事例1(180頁)に実例に基づく当局からの指示事項及びその対応した事情、提出書類の記載例などを掲載しているので参照されたい。

# 12 区画整理事業等の土地

「土地区画整理事業」とは、道路、公園、河川等の公共施設を整備・改善し、土地の区画を整え宅地の利用の増進を図る事業のことである。具体的には、地権者からその権利に応じて少しずつ土地を提供してもらい、この土地を道路・公園等の公共用地に充てるほか、その一部を売却し事業資金の一部に充てる事業制度のことである。そのための事業資金は、地権者から提供された土地のうちの「保留地」と呼ばれる土地の処分金や、都市計画のための予算及び行政・自治体等からの補助金等で賄われている。

区画整理事業は、地権者一人一人の土地面積は小さくなるものの、都市計画道路や公園等の公共施設が整備され、土地の区画が整うことにより価値の高い土地になる、というのがその目指すところである。

この区画整理地に関して物納との関連が深いのは、「換地」が行われているか、それとも換地が行われる以前の状態かどうかということになる。

この換地を定める処分を「換地処分」といい、「換地処分」の公告日の翌日から、換地に建物を建てたり、水道や電気等の設備を利用することが認められる(このことを「使用収益」という。)。

「換地処分」が行われると、従前地が有していたものと同じ権利が換地に対して認められる。

物納において、国はその土地を収納した後に管理処分を行うため、換地の前・後どちらであるかが関係してくることとなる。また、「仮換地」の指定がされていない場合は、「物納劣後財産」に該当するので注意が必要である。

## 1 換地された土地

換地された土地を物納申請する場合には、「換地通知書」に添付されている「換地図」等を「公図の写し」「地積測量図」及び「境界線に関する確認書」に代用することができる。

ただし、下記の条件を満たす時に限る。

【代用できる条件】
① 換地時に埋設された境界標が現存すること
② 換地された後、分筆等を行っていないこと
③ 座標値その他の測量した成果資料があること

## 2 仮換地又は一時利用地の指定がされた土地

仮換地又は一時利用地を物納しようとする場合には、施行事業者から送付されている仮換地通知書の写しを提出する。ただし造成工事中の場合には、その仮換地通知書に記載されている

内容が変更されている場合があるので注意を要する。変更等がある場合には、変更された内容が分かる書類の写しを提出することとなる。

◆物納財産の選択にあたっての留意事項

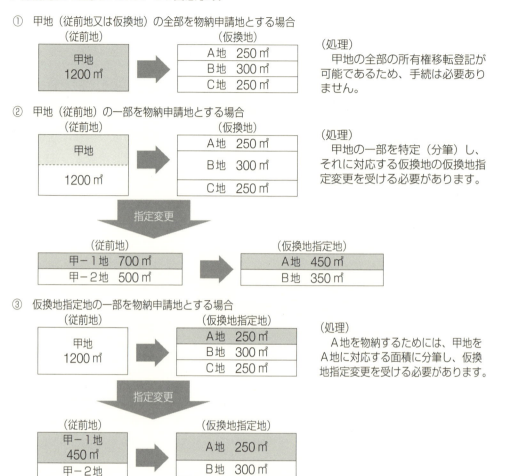

（出典）国税庁「相続税物納の手引～整備編～」

## 3 賦課金又は清算金の取扱い

土地区画整理事業等の施行地域内の土地を物納しようとする場合には、減歩により従前地の面積を減少させる場合や減歩できない土地に関しては、金銭の徴収を行うことがある。逆に、減歩率が高いために「金銭による対価」が支払われる場合もある。

本来は「仮換地」から「本換地」に移行するときの所有者が支払う、もしくは受け取るものだが、国はこのような債権債務の引受けができないことから、これらの債権債務は、物納申請者に帰属したままでなければ物納を許可することができない。

このような場合に、「清算金の授受に係る権利及び義務を国に引き継がない旨の確認書」（119頁参照）、又は「賦課金等の債務を国に引き継がない旨の確認書」（120頁参照）を提出する必要がある。

## 清算金の授受に係る権利及び義務を
## 国に引き継がない旨の確認書

　下記の物納申請財産に係る清算金の授受に係る権利及び義務については、すべて私が負担し、国に引き継がない旨確認します。

記

1　従前の土地

| 所　　在 | 地　番 | 地　目 | 登記地積 | 基準地積 |
|---|---|---|---|---|
| | | | m² | m² |

物納申請財産の登記事項証明書に記載されている内容を転記してください。

仮換地通知書に記載されている物納申請財産に係る内容について、記載してください。

2　仮換地等

| 街区番号 | 換地符号 | 地　積 |
|---|---|---|
| | | m² |


　平成　　年　　月　　日


　　　　　　　　　　　物納申請者
　　　　　　　　　　　（〒　　－　　　）
　　　　　　　　　　　（住所）

　　　　　　　　　　　＿＿＿＿＿＿＿＿＿＿＿＿＿＿＿＿＿
　　　　　　　　　　　フリガナ
　　　　　　　　　　　（氏名）
　　　　　　　　　　　＿＿＿＿＿＿＿＿＿＿＿＿＿＿＿＿㊞

賦課金等の債務を国に引き継がない旨の確認書

　下記の物納申請財産について、物納許可により国が収納する時までに発生した賦課金その他これに類する債務については、すべて私が負担し、国に引き継がない旨確認します。

記

1　従前の土地

| 所　在 | 地　番 | 地　目 | 登記地積 | 基準地積 |
|---|---|---|---|---|
| | | | ㎡ | ㎡ |

**物納申請財産の登記事項証明書に記載されている内容を転記してください。**

**仮換地通知書に記載されている物納申請財産に係る内容について、記載してください。**

2　仮換地等

| 街区番号 | 換地符号 | 地　積 |
|---|---|---|
| | | ㎡ |

　平成　年　月　日

物納申請者<br>
（〒　－　　）<br>
（住所）<br>
<br>
　　　　　　　　フリガナ<br>
（氏名）　　　　　　　　　　　㊞

# 13 建物の物納

　建物を物納申請するためには、原則として当該建物と併せて「借地権又は敷地」を申請する必要がある。そして、建物については、次のいずれかであることを要する。
① 耐用年数の範囲内で通常の使用ができるもの
② 耐用年数を経過しているものの、通常の使用ができるもの
　また、物納申請建物が建築基準法に適合していないなどの「違法建築物」の場合は、それは物納劣後財産に該当する。
　その他、修繕する必要があるものは専門家と相談のうえで、通常の使用ができる状態にしなければ物納することができない。建物の物納手続について以下に記載する。

## 1 所在図、公図及び登記事項証明書

　「建物を敷地と共に物納する場合」には、所在図等は土地（敷地）の物納手続関係書類に添付されているので提出は不要となる。建物の登記事項証明書を提出することとなるが、そのときに次の２点に該当する場合には、建物の現況に合わせた登記や保存登記を完了させた後の登記事項証明書を提出する。また、相続開始後に保存登記の申請を行った場合に、保存登記の方法によっては被相続人の氏名が登記されない場合があるので、この場合には「物納申請建物が相続財産であることが確認できる資料」を添付する。
① 建物の現況と登記されている内容が相違している場合
② 建物の保存登記が未了である場合

## 2 建物図面、各階平面図及び間取図

　建物を物納するためには「建築確認申請書」の準備が必要である。この「建築確認申請書」に、建物図面、各階平面図及び間取図や構造、設備に関する資料が添付されており、建物を物納するために必要な書類や内容が記載されているためである。
　なかでも「建物の立面図」は、増改築の有無、及び増改築の状況を確認できる資料として有用である。

## 3 建物設備の構造図面

　物納申請財産がマンション１棟やテナントビル等の場合には、「建物の配線・給排水管網図」等の構造を記した図面を提出する。これらは建築確認申請書とともに提出するが、申請者自身の手元に見当たらない場合には、建物管理の管理会社等に確認する。これらの資料は、収納後の修繕計画等の基礎資料となる。

## 4 建物の維持管理

　物納申請建物を維持・管理するために必要となる費用がある場合には、それらの費用の明細及び支払方法等が記載されているマンションの管理規約・管理費明細等の書類提出が必要（固定資産税等の租税公課を除く。）となる。

## 5 借りている土地の上にある建物を物納する場合

　「借地権付建物」を物納しようとする場合には、その建物を収納することで借地権が国に移転することになる。一般的に借地権の移転には賃貸人の同意が必要となる契約となっているため、土地所有者（賃貸人）から、「借地権の移転に関する承諾書」（123頁参照）を得る必要がある。

## 借地権の移転に関する承諾書

> 物納申請者の住所及び氏名を記載してください。

（住所）　　　　　　　　　　（氏名）　　　　　　　　　　　様が、私の所有地

（所在地：　　　　　　　　　　　　　）の上に所有している下記物件を、同人が相続税の

ために物納された場合には、同人の有する借地権が国に移転することを承諾します。

> 物納申請建物の敷地である土地の登記上の所在、地番を記載します。なお、土地賃貸借契約書の土地の表示と一致していることを確認してください。契約書と一致していない場合には、契約書の訂正が必要となります。

| 物　納　申　請　財　産 ||||||
|---|---|---|---|---|---|
| 所　在 | 家屋番号 | 種類 | 構造 | 数量 | 備　考 |
|  |  |  |  | $m^2$ | （賃貸土地の面積） |
|  |  |  |  |  | $m^2$ |
|  |  |  |  |  |  |

> 物納申請建物の登記事項証明書に記載されている内容を転記してください。

> 【留意事項】
> 実測図及び土地賃貸借契約書の面積と一致することを確認してください。

平成　年　月　日

　　　土地所有者

　　　　　（〒　　－　　　）

　　　　　（住所）

　　　　　　　　　　　　　　　　　　　　　　
　　　　　　　フリガナ
　　　　　（氏名）

　　　　　　　　　　　　　　　　　　　　　㊞
　　　　　（電話番号　　　　　　　　　）

# ③ 金銭納付を困難とする状況の考え方

# 「金銭納付を困難とする理由」の意義

"物納申請をあきらめてしまう"、あるいは"申請することをためらう"場合の理由として第一に挙げられるのが、「金銭納付を困難とする理由」である。

相続税は金銭一括納付が原則であるため、物納申請を提出するには「金銭納付を困難とする理由」があることが要件となる。しかも、それは「金銭で一括納付をすること」の困難さだけでなく、「延納によっても金銭で納付することを困難とする」理由が求められるのである。

そのため、物納申請に当たっては相続税の申告期限までに物納申請書とあわせて「金銭納付を困難とする理由書」(書式は137頁参照)を提出することとなる。そして、この金銭納付を困難とする理由書の記載事項に基づき、この要件の審査が行われる。

そして、審査が行われるときには、「相続した財産の内訳」としての現金・預貯金の比率などを審査するだけでなく、相続人自身、すなわち納税者本人が所有している財産の内訳や、その納税者本人の収入・支出などの状況も含めて総合的に判定されるため、たいへんにハードルが高くなっているのは事実である。

従来(平成18年度の改正前)、この金銭納付を困難とする理由の審査は比較的緩やかで、旧制度の「金銭納付を困難とする理由書」には、「近い将来における臨時的な支出」という項目があり、そこに例えば「息子を医学部に進学させる予定で、その学費が必要である」あるいは、「賃貸マンションの修繕に多額の資金が必要となる」などの理由を記入して、その理由により受理された事例が多数あった。そして、当時はそのような記載理由に対する確認資料の提示を求められることもなかったのである。

もともと、土地資産家の相続では遺産総額に比べて現金・預貯金が過少といっても差し支えない事例が数多く見受けられる。仮に遺産総額が10億円以上あっても、その内訳は大部分が不動産、特に土地の占める割合が非常に高く、現金・預貯金は遺産総額の1割にも満たない、そのような相続が珍しくない。

この理由としては、下記が要因となっている。

① 相続財産の評価において、不動産の評価が相対的に高いこと
② 不動産から十分な収益を得られていない場合が多いことから、保有資産の大きさに比して収入が少ないこと
③ 過去に相続対策として借入金で収益不動産を建築・取得した人が多いため、その返済で現金・預貯金が減少していること
④ 土地資産家には、多額の公租公課、所得税等が課されるため手取額が少ないこと

したがって、「資産規模は大きいが、収入は十分ではなく、結果として現金・預貯金などの比率が低い」というのが多くの土地資産家の実態であるといえよう。ということは、本質的に

我が国の土地資産家は「相続税を金銭で納付することが困難」である可能性が高いのである。そのように考えていくと、旧制度において「金銭納付を困難とする理由」についての審査が緩やかであったことには、一定の妥当性があったとも考えられる。

しかしながら、改正後はこの「金銭納付を困難とする理由」の審査は厳格化されており、この基準に則って物納申請の是非を判定しなければならない。

本章では、物納申請に際して最初の大きなハードルとなる「金銭納付を困難とする状況」の考え方を取り上げる。

## 1 金銭納付を困難とする理由書

「金銭納付を困難とする理由書」(137頁参照)について、実務面での具体的な記載例を掲示する。この「金銭納付を困難とする理由書」は、物納申請時に物納申請書と合わせて提出するもので、この理由書の記載内容に基づいて金銭納付を困難とする理由の審査が行われる。

冒頭、「平成○年○月○日付相続(被相続人○○)に係る相続税の納付については、納期限までに一時に納付することが困難であり(延納によっても納付することが困難であり)、その納付困難な金額は次の表の計算のとおりであることを申し出ます。」となっており、その下に次の各項目を記載する記入欄がある。

```
1  納付すべき相続税額(相続税申告書第1表㉔の金額)・・・・・・・・・・・・・・・A
2  納期限(又は納付すべき日)までに納付することができる金額 ・・・・・・・B
3  延納許可限度額・・・・・・・・・・・・・・・・・・・・・・・・・・・・・・・・・・・・・・・・・・・・・・・・C【A−B】
4  延納によって納付することができる金額・・・・・・・・・・・・・・・・・・・・・・・・・D
5  物納許可限度額・・・・・・・・・・・・・・・・・・・・・・・・・・・・・・・・・・・・・・・・・・・・・・・E【C−D】
```

以下において、各項目の記載事項の確認、及び記入するうえでの留意点を取り上げる。

## 2 納期限(又は納付すべき日)までに納付することができる金額(B)

納期限(又は納付すべき日)までに納付することができる金額の計算については、次の(1)から(3)の記載項目がある。

```
(1)  相続した現金・預貯金等
    イ  現金・預貯金(相続税申告書第15表㉔の金額)
    ロ  換価の容易な財産(相続税申告書第11表・第15表該当の金額)
    ハ  支払費用等
        内訳  相続債務(相続税申告書第15表㉝の金額)
              葬式費用(相続税申告書第15表㉞の金額)
```

```
           その他　（支払内容：　　　　　　　　　）
    (2)　納税者固有の現金・預貯金等
       イ　現金
       ロ　預貯金
       ハ　換価の容易な財産
    (3)　生活費及び事業経費
       イ　当面の生活費（3月分）
          うち申請者が負担する額
       ロ　当面の事業経費
```

　(1)＋(2)－(3)という算式により、納期限（又は納付すべき日）までに納付することができる金額を計算する。

　そして、(1)については上記イ・ロ・ハで記載した各項目について【イ＋ロ－ハ】で計算される。金銭納付を困難とする理由の計算上はなるべく(1)及び(2)の金額が少ない方が有利となるので、ここでのポイントは(1)ハの支払費用のうちの「その他」の欄を丁寧に記載することである。

　(1)の記載欄のなかで、「相続税の申告書」に記載した事項については、すべて金額が申告書上で明らかになっているが、「その他」に記載すべき事項をしっかり確認して、漏れのないように記載することが求められる。記載例にあるとおり、実務上よく記載されるのは、①（代償分割の）代償金、②（葬式費用とは別にかかった）納骨代、③（物納準備のために行った）測量費、④不動産の相続登記にかかった費用などである。

　このうち、①の代償分割における代償金の支払いは、遺産分割を円滑にするために相続の実務上行われることが多く、しかも円満な遺産分割のためにはかなり高額な代償金の支払いとなることも多いので、この項目のなかでの影響が大きい。③の測量費用や④の不動産の相続登記費用も、不動産を多数所有している土地資産家の相続においては相当な金額に上ることもあるので、よく内容を確認して記載する。ただし、「その他」に記載する金額は、申告期限までに支払済みの金額であって、支払予定の金額は「5　概ね1年以内に見込まれる臨時的な収入・支出の額」に記載する。

　ちなみに、物納の実務では、「生前対策で測量を実施した場合には経費になるが、相続開始後、物納のために測量した場合には経費にならない」とよく言われるが、この記載欄に記入できる測量費は実際にキャッシュの支払いとなり、物納に要した費用は入らないことから混同しないようにしたい。

## 3　換価の容易な財産

　上記❷の納期限（又は納付すべき日）までに納付することができる金額の記載事項のなかで、考慮すべき要素の一つに「換価の容易な財産」がある。

　「換価の容易な財産」とは、次の財産を指す。

> ○ 評価が容易であり、かつ市場性のある財産で速やかに売却等の処分をすることができるもの
> ○ 納期限又は納付すべき日において、確実に取り立てることができると認められる債権
> ○ 積立金・保険等の金融資産で容易に契約が解除でき、かつ、解約等による負担が少ないもの
>   例示として、次のものが挙げられる。
> ○ その他の有価証券……出資証券、抵当証券、倉庫証券、貨物引換証、船荷証券、商品券等
> ○ 預貯金以外の債権で確実な取立てが可能と認められるもの……退職金、貸付金未収金等
> ○ ゴルフ会員権等の権利で取引市場が形成されているもの
> ○ 養老保険、財産形成貯蓄、生命保険などで解約等による負担が少ないもの
>   ＊相続税法41条2項1号〜4号に掲げる財産は除く。

そして、この換価の容易な財産については、①「相続した現金・預貯金等」の中における換価の容易な財産（(1)のロに該当）を記載するとともに、②納税者固有の現金・預貯金等についても記載することとされている（(2)のハに該当）。したがって、金銭納付を困難とする理由書を記載するに場合は、相続した現金・預貯金や納税者固有の現金・預貯金等のほかに、上記に例示されているような換価の容易な財産も記載したうえで、「それらの財産は換価の容易な財産なので、換価して相続税の納税資金に充当しなさい」という考え方に基づいた記載事項である。

したがって、金銭納付を困難とする理由を説明する上では、このような換価の容易な財産は少ない方が有利となる。

そのためには、次のような対策が必要となる

> ① 遺産分割においては、物納申請をしようとする納税者はなるべく現金・預貯金等を相続せず、また換価の容易な財産とみなされる財産も相続しないような分割をする。
> ② 生前対策の準備として、相続税の物納活用の可能性を考慮しているのであれば、資産の組換えを行うことで、そのような換価の容易な財産については資産ポートフォリオ上で減少させておく。

もう一つ、この換価の容易な財産に関する注目すべき論点としては、この「換価の容易な財産」には上場株式や投資信託などの財産は含まれない、ということが挙げられる。これらは、景気の変動などに伴い、その価値が変動するためである。

したがって、先に述べたように資産の組換えを行う場合には、換価の容易な財産から上場株式や投資信託などに資産ポートフォリオを組み換えておくとよい。場合によっては、当面の生活費などを除いて、現金・預貯金などをすべて上場株式や投資信託にしておく、といった思い切った対策も検討に値する。

また、遺産分割協議においても、不動産を物納申請したいと考えている場合には、その物納申請する納税者が相続する財産を「上場株式、投資信託等、及び不動産」とすること

で、納期限（又は納付すべき日）までに納付することができる金額の計算上は有利となるので考慮したい。

## 4　「延納によって納付することができる金額」とは

　「延納によって納付することができる金額」の記載事項も、金銭納付を困難とする理由書の作成過程において悩みの大きいものである。冒頭に記したとおり、この金銭納付を困難とする理由書は、「延納によっても納付することが困難」である金額を計算して、その金額を限度として物納申請をする、というものであるが、税務当局が平成18年度の税制改正時に制定した現行の書式では、この「延納によっても納付することが困難」という金額を算定するハードルが高いのが実状といえよう。

　なぜならば、この「延納によっても納付することが困難」である金額を計算する過程では、納税者（物納申請者）本人の収入・支出の状況を克明に記載するだけでなく、配偶者その他の親族の収入も記載することとなっており、また「生活費の計算」あるいは「事業経費の計算」などの項目による支出項目、さらには「概ね1年以内に見込まれる臨時的な収入・支出の額」までも、すべて記載したうえで計算することとされている。

　そして、その計算上の基本的なスタンスは、「必要な経費等を除いた余剰資金は、すべて相続税の延納に回しなさい」という考え方にある。そのため、金銭納付を困難とする理由書の書式には従っていても、記載すべき内容をよく吟味して熟考したうえで記載しないと、「延納によっても納付することが困難である金額」が算定されなくなってしまう可能性が高いのである。

　この「延納によって納付することができる金額の計算」については、次の計算式による（137頁の「金銭納付を困難とする理由書」を参照）。

```
(1)   経常収支による納税資金
                （イ×延納年数（最長20年））＋ロ
    イ　裏面④－（裏面⑪＋裏面⑭）
    ロ　上記2（3）の金額
      ※裏面④：前年の給与支給額 or 事業所得）
       裏面⑪：申請者が負担する生活費
       裏面⑭：事業経費（1年分）
(2)   臨時的収入
(3)   臨時的支出

(1)＋(2)－(3)＝D（延納によって納付することができる金額）
```

　このような算式が提示されており、そして「裏面○○」と指定があるとおり、裏面にて各項目の細目を算出することとなっている。

## 5 「金銭納付を困難とする理由書」裏面の記載事項

　ここから「金銭納付を困難とする理由書」の裏面の記載事項を取り上げる。この裏面の細目を算出することで、「延納によって納付することができる金額」が決定される。

　したがって、この裏面の計算過程を細かくチェックすることで、「延納によって納付することができる金額」をできるだけ少ない額に計上することが求められる。できるだけ少ない額に計上するとはいっても、当然ながら「適正な記載」によるものであり、ここで大事なことは、本来記載すれば認められるものを「見落とさない」、「記載漏れしない」ことである。

### 1　納税者固有の現金・預貯金その他換価の容易な財産

　この点については、128頁の「換価の容易な財産」でも先述しているが、記載例に基づいて留意事項を確認する。

① 　手持ち現金の額の記載欄には、「相続税の納付期限までに資産を譲渡したことによる現金」がある場合は、それも含めて記載する。
② 　預貯金の額の記載したものについては、通帳の写し、定期預貯金の証書の写しなどの確認資料を添付する。
③ 　換価の容易な財産については、上場株式、投資信託等は含まない。

### 2　生活費の計算

　生活費の計算は、次の事項を記載することとなっている。

---
前年の給与の支給額 or 前年の収入金額 …………………④
申請者（＝生活費）：10万円×12か月＝120万円 …………⑤
配偶者その他親族：4万5,000円×人数×12か月…………⑥
源泉所得税、地方税、社会保険料等………………………⑦
生活費の検討にあたって加味すべき項目…………………⑧
　生活費（1年分）の額（⑤＋⑥＋⑦＋⑧）
---

　物納申請を検討する中で、実務上納税者や税理士がもっとも悩む問題が、この「年間の生活費」の計算である。書式（138頁）にあるように、ここでは1か月当たりの生活費の計算を「本人10万円、家族一人につき4万5,000円」としていることである。この計算では、「本人（納税者）と妻、そして子供1人の3人家族の場合、1か月の生活費は19万円に抑えて、それ以外のお金はすべて相続税の『延納』に充当しなさい」と命令されているようなもので、この数字が独り歩きをしてしまったために、「物納申請は、とてもできない」という声が大きくなってしまったのである。「物納申請をするためには、こんな金額で生活しなければならないのか。これではとても暮らしていけない」などと考えて物納申請をあきらめる納税者も出てきてしまう。

この点については、「金銭納付を困難とする理由書」の記載要領に次のように書かれているので要注意である。

---

イ　当面の生活費（3月分）うち申請者が負担する額の計算
○　裏面2「生活費の計算」
　「国税徴収法第76条第1号から第4号までの規定による金額相当額の合計額」に「生活費の検討に当たって加味すべき金額」を加えた額によります。
　申請者が給与所得者でない場合は、事業等に係る収入金額等を給与等とみなして計算してください。
《国税徴収法第76条第1号から第4号までの規定による金額相当額の合計額》
・　申請者　10万円×12か月
・　配偶者その他の親族　4万5,000円×12か月×人数
・　前年の所得税額又は源泉所得税額
・　前年の地方税の額
・　前年の社会保険料等
　前年の源泉徴収票又は確定申告書・収支内訳書等に基づき金額を裏面2⑤～⑦に記載してください。なお、確定申告書等の写しを参考資料として添付してください。
《生活費の検討に当たって加味すべき金額》
　治療費、養育費、教育費の支払額（過去の支払い実績等を踏まえた金額による）のほか、住宅ローンなどの経常的な支払い、その他申請者等の資力・職業・社会的地位・その他の事情を勘案して社会通念上適当と認められる範囲の金額を裏面2⑧欄に記載してください。
　なお、当該項目については内容説明及び金額の算出根拠等を簡記し、その資料の写しを添付してください。

---

　以上から分かることは、この「生活費の計算」において申請者の生活費を月額10万円、配偶者その他の親族を1人当たり月額4万5,000円としたのは、あくまでも延納・物納の審査において金銭納付を困難とする理由を判定するにあたり、生活費の計算をするために便宜上、国税徴収法76条を引用しただけで、相続税法上の規定はなにもないことである。
　とはいえ、金銭納付を困難とする理由書の提出にあたってはこの金額での計算を求められているので、実務において重要なのは「生活費の検討にあたって加味すべき金額」の記載事項である。
　すなわち、物納の現場において、このような一見すると非現実的な数字で「金銭納付を困難とする理由」が判定されることはないといってよい。なぜならば、物納の実務にあたっている納税徴収官にしても、そのような金額で生活を維持することが現実的でないことは十分に承知しており、その納税者の生活実態に即した判断を下すからである。
　物納申請をするような納税者は一定規模以上の資産家であり、多くの場合その一家が住む地域における名士的な存在であることが多い。そうなると、日常生活における家計支出も一般的なサラリーマン世帯と比べて高額であることは当然であり、さらにいえば、冠婚葬祭や地域の

祭祀などにおける出費も相当な金額に上ることが多いであろう。そのような「家計支出の実態」を適切に説明できる資料を提示すれば、それは金銭納付を困難とする理由の判定において考慮されるのである。

138頁の記載説明にもあるように、どのような項目を生活費に計上するべきかを紹介すると、次のようになる。

---
治療費、養育費、教育費、交際費、慶弔費、交通費、通信費、公共料金、年金、生命保険料、損害保険料、車両維持費、公租公課、神社・社寺、町内会支出、ペット飼育代、庭の手入れ代、その他

---

これをみても、たいへん広い項目にわたっている。公租公課(固定資産税など)は、不動産を多数保有している資産家では相当高額になることも多い。また、親族に高齢者や病気がちの者がいれば入院費や介護関連費用なども挙げられるであろう。

### ●家計簿の重要性

その点において重要性が高いのは、「家計簿」である。

一家の主婦として生活費をこまめに記録した家計簿は、証拠資料としての適性が高い。適切に記帳され管理されている家計簿であれば、それを金銭納付を困難とする理由書の添付資料として提出することも可能である。

実際に、物納申請の実務において家計簿を資料として提出したことで物納申請が受理された事案も存在する。その意味で、一見すると相続対策とは何の関係もないように思える「家計簿をつける」という行為は、実は相続対策・納税対策に重要な意味を持っているのである。

## 3　配偶者その他の親族の収入

「金銭納付を困難とする理由書」裏面には、配偶者その他の親族の収入を記載する欄も設けられている。これは、上記で求めた生活費のうち、「申請者が負担すべき額」を算出するためで、次のような留意事項がある(「金銭納付を困難とする理由書」記載要領より)。

---
①　一定の収入のある親族については、自己の生活費は自ら負担すべきものとして上記で求めた生活費から差し引いてください。一定の収入がある親族とは、収入があることにより申請者又は配偶者の扶養控除の対象とならない親族をいいます。
②　配偶者に収入がある場合は、申請者と配偶者は生活費をその収入の割合に応じて負担するものとして計算してください。
③　申請者又は配偶者の扶養控除の対象となっている親族に係る生活費は、申請者と配偶者がそれぞれ収入金額に応じて負担額を按分してください。
　なお、この計算にあたっては、次のとおり申請者が負担すべき生活費の額を簡便に求めて差し支えないものとして取り扱うことにしています。この場合は、裏面「配偶者その他の親族の収入」

欄に金額を記載の上計算した金額を裏面⑪に記載してください。
（算式）

$$\text{生活費の額} \times \frac{\text{申請者の収入}}{(\text{申請者の収入}＋\text{配偶者の収入}＋\text{一定の収入がある親族の収入})}$$

上記のように定められているので、配偶者や親族に高額所得者等がいる場合には、納税者本人が負担すべき生活費は計算上少なく計上されることとなる。

## 4　事業経費の計算

物納申請者が事業所得者等である場合には、ここで事業経費の計算を行う。

（前年の事業経費の金額）
　事業費の計算にあたっては前年の実績によるものとし、前年の確定申告書・収支内訳書等に基づいて求めた年間の事業に要する経費の中から、臨時的な支出項目及び減価償却費を除いた額を裏面4⑫欄に記載してください。
（経済情勢等を踏まえた変動等の調整金額）
　事業の売上等の動向に季節的な変動があるもの、その他経済情勢等（最近の事業の実績に変動がある場合には、その実績を踏まえて算出した額）を加味して事業経費の額に調整を行っても差し支えありません。この場合は裏面4⑬に金額を記載し、調整した内容の説明及び金額の算定根拠等についても記載し、その資料の写しを提出してください。
　上記で求めた年間の事業経費の額を裏面に記載してください。

このように、事業所得者の場合には経済情勢や季節変動等による売上高等の変動要因を記載して提出することとなっているが、「金銭納付を困難とする理由書」裏面の記載欄は小さいため、その記載欄に記入できない状況については別添資料で詳しく説明することが求められる。
　また、不動産所得が多い土地資産家においては、事業用資産の公租公課、あるいは事業用資産の修繕・維持管理費などをここに計上することも忘れないようにしたい。

## 5　概ね1年以内に見込まれる臨時的な収入・支出の額

金銭納付を困難とする理由を判定するにあたり、ここまで記載してきた経常的な収入・支出のほかに、臨時的な収入・支出の内訳も記載する。記載要領によると、下記のとおりである。

①　臨時的収入
　概ね1年以内に見込まれる臨時的な収入（資産の譲渡、貸付金の回収、退職金の受給等）
②　臨時的な支出
　概ね1年以内に見込まれる臨時的な支出（事業用資産の購入等）
　（注）　事業計画書、契約書、借入申込書の写しなど、支出に関する具体的内容及び支出時期の

> 確認できる参考資料を添付してください。

　臨時的な支出についても、納税者の資産状況、事業の状況などを適切に把握して、概ね1年以内に支出が見込まれる項目を細大漏らさず記載していくことが肝要である。
○　事業用資産の購入
○　自宅の建築・建替え
○　マンション・アパートの建築
○　相続税申告費用（税理士報酬等を含む。）
○　不動産等を売却した場合の譲渡所得税・住民税等
○　不動産等を売却した時の譲渡経費
○　相続登記代（司法書士報酬等を含む。）
○　測量費
○　物納整備費等

　これらの支出項目について、金額及び支払時期を明らかにした裏付け資料を添付する。

## 6　「逆転の発想」でコツコツと金銭納付を困難とする理由を積み上げる

　以上のように、「金銭納付を困難とする理由書」を記載するうえで考慮すべき項目は多岐にわたる。ここまで見てきたとおり、相続財産の金額や内訳だけでなく、債権・債務の状況、あるいは「換価の容易な財産」の内容を把握することが求められる。さらに、物納申請をしようとする納税者固有の現金・預貯金、換価の容易な財産等の資産状況、そして給与所得・事業所得等の収入と生活費等の支出に至るまで、あらゆる項目について的確な資料を収集したうえで調査・分析を行い、総合的な判断を下さなければならない。

　そうしたことから、物納申請のコンサルティング業務は、納税者に対する「究極の資産コンサルティング」ともいえる重要性の高いものである。

　そして、物納申請が受理されるための「金銭納付を困難とする理由書」を作成するうえでは、「逆転の発想」でコツコツと困難理由を積み上げることが実務上有効である。

　物納に不慣れな専門家は、「所定の書式どおりに計算していくと、とてもではないが『物納許可限度額』が出てこない。生活費の計算が本人10万円、家族1人当たり4万5,000円では、延納すればすべて納税できるという計算になってしまう」といったネガティブな考え方に陥りがちである。

　しかし、ここまで各項目に記載すべき事項を列挙してきたとおり、相続税を物納する必要がある資産家（特に土地資産家）は、固定資産税などの公租公課、あるいは所有している資産の維持管理費など、経常的に多額の支出を負担している。事実としてそれだけ多額の支出をしているのであれば、「こんなに支出が多いのだから、金銭で（延納によっても）相続税を納めるのは大変なことだ」という逆転の発想をスタートラインとして、それらの支出項目を一つ一つ丁寧に内容を検証することで、「金銭納付を困難とする理由書」の中身が具備されてくるのである。

　また、もう一つ注意しておきたいのが、相続した財産からの不動産収入がある場合には、そ

の収入・支出も考慮しておかなければならない点である。

　金銭納付を困難とする理由をコツコツに積み上げても、相続財産からの不動産収入が翌年から見込まれる場合には、「延納で納付できるのではないか」と税務署が判断する可能性があるためである。

　したがって、相続した財産による収支も十分に検討しておきたい。

　くり返しになるが、「資産規模は大きいが、収入は十分ではなく、結果として現金・預貯金などの比率が低い」というのが多くの土地資産家の実態であるといえよう。人口減少社会、そして空き家が800万戸を超えるという時代において、多くの土地資産家は「相続税を金銭で納付することが困難」である可能性が高い。その実情を踏まえて「金銭納付を困難とする理由書」の作成にあたっていきたい。

# 金銭納付を困難とする理由書

平成　年　月　日

税務署長　殿

住　所　_____

氏　名　_____㊞

平成　年　月　日付相続（被相続人　　　　　）に係る相続税の納付については、納期限までに一時に納付することが困難であり、延納によっても金銭で納付することが困難であり、その納付困難な金額は次の表の計算のとおりであることを申し出ます。

| 1 | 納付すべき相続税額（相続税申告書第1表⑳の金額） | | A | 円 |
|---|---|---|---|---|
| 2 | 納期限（又は納付すべき日）までに納付することができる金額 | | B | 円 |
| 3 | 延納許可限度額 | 【A-B】 | C | 円 |
| 4 | 延納によって納付することができる金額 | | D | 円 |
| 5 | 物納許可限度額 | 【C-D】 | E | 円 |

| 2 納期限（又は納付すべき日）までに納付することができる金額の計算 | (1) 相続した現金・預貯金等 | | （イ+ロ-ハ） | 【　　円】 | 納期限までに支払い済みの金額を記載　代償金、納骨代、測量費、相続登記代、等 |
|---|---|---|---|---|---|
| | イ | 現金・預貯金（相続税申告書第15表⑨の金額） | （　　円） | | |
| | ロ | 換価の容易な財産（相続税申告書11表・第15表該当の金額） | （　　円） | | |
| | ハ | 支払費用等 | （　　円） | | |
| | 内訳 | 相続債務（相続税申告書第15表⑨の金額） | [　　円] | | |
| | | 葬式費用（相続税申告書第15表⑨の金額） | [　　円] | | |
| | | その他（支払内容：　　　） | [　　円] | | |
| | | （支払内容：　　　） | [　　円] | | |
| | (2) 納税者固有の現金・預貯金等 | | （イ+ロ+ハ） | 【　　円】 | |
| | イ | 現金 | （　　円） | ←裏面①の金額 | |
| | ロ | 預貯金 | （　　円） | ←裏面②の金額 | |
| | ハ | 換価の容易な財産 | （　　円） | ←裏面③の金額 | |
| | (3) 生活費及び事業経費 | | （イ+ロ） | 【　　円】 | |
| | イ | 当面の生活費（3月分）うち申請者が負担する額 | （　　円） | ←裏面⑪の金額×3/12 | |
| | ロ | 当面の事業経費 | （　　円） | ←裏面⑭の金額×1/12 | |
| | Bへ記載する | | 【(1)+(2)-(3)】 | B 【　　円】 | |

| 4 延納によって納付することができる金額の計算 | (1) 経常収支による納税資金（イ×延納年数（最長20年））+ロ | 【　　円】 | |
|---|---|---|---|
| | イ 裏面④-（裏面⑪+裏面⑭） | （　　円） | |
| | ロ 上記2(3)の金額 | （　　円） | |
| | (2) 臨時的収入 | 【　　円】 | ←裏面⑮の金額 |
| | (3) 臨時的支出 | 【　　円】 | ←裏面⑯の金額 |
| | Dへ記載する　【(1)+(2)-(3)】 | D 　　円 | |

添付資料
- ☐ 前年の確定申告書(写)・収支内訳書(写)
- ☐ 前年の源泉徴収票(写)
- ☐ その他（　　　　　　　　　　）

被相続人に不動産所得があれば、準確定申告書（写）を添付

(裏面)

　┌─ 通帳の写し、定期預貯金の証書の写し等を添付　　　┌─ 納期限までに資産を譲渡し、現金がある場合も記載

1　納税者固有の現金・預貯金その他換価の容易な財産

| 手持ちの現金の額 | | | | | ① | 円 |
|---|---|---|---|---|---|---|
| 預貯金の額 | ／（　　円） | | ／（　　円） | | ② | 円 |
| | ／（　　円） | | ／（　　円） | | | |
| 換価の容易な財産 | （　　円） | | （　　円） | | ③ | 円 |
| | （　　円） | | （　　円） | | | |

　　└─ 証券・商品券等、確実に取立て可能な債権（退職金・貸付金・未収金等）、取引市場が形成されているゴルフ会員権等、養老保険・生命保険・財形等で解約による負担が少ないもの

2　生活費の計算

| 給与所得者等：前年の給与の支給額 | | ④ | 円 |
|---|---|---|---|
| 事業所得者等：前年の収入金額 | | | |
| 申請者　　　　　　　　　　　100,000円　×　12 | | ⑤ | 1,200,000円 |
| 配偶者その他の親族　（　　人）×45,000円　×　12 | | ⑥ | 円 |
| 給与所得者：源泉所得税、地方税、社会保険料（前年の支払額） | | ⑦ | 円 |
| 事業所得者：前年の所得税、地方税、社会保険料の金額 | | | |
| 生活費の検討に当たって加味すべき金額　　加味した内容の説明・計算等　治療費、養育費、教育費、交際費、慶弔費、交通費、通信費、公共料金、年金、生保、損保、車両維持費、公租公課、神社・寺・町会関係、ペット代、庭の手入れ代、その他、等 | | ⑧ | 円 |
| 生活費（1年分）の額　（⑤+⑥+⑦+⑧） | | ⑨ | 円 |

3　配偶者その他の親族の収入

| 氏名 | （続柄　　） | 前年の収入（　　　円） | ⑩ | 円 |
|---|---|---|---|---|
| 氏名 | （続柄　　） | 前年の収入（　　　円） | | |
| 申請者が負担する生活費の額　⑨×（④/（④+⑩）） | | | ⑪ | 円 |

4　事業経費の計算

| 前年の事業経費（収支内訳書等より）の金額 | ⑫ | 円 |
|---|---|---|
| 経済情勢等を踏まえた変動等の調整金額　　調整した内容の説明・計算等　　　地主業であれば、事業用財産の公租公課等の維持管理費、等 | ⑬ | 円 |
| 事業経費（1年分）の額　（⑫+⑬） | ⑭ | 円 |

　　┌─ 資産の譲渡、取立て可能な債券、退職金等

5　概ね1年以内に見込まれる臨時的な収入・支出の額

| 臨時的収入 | | 年　月頃（　　　円） | ⑮ | 円 |
|---|---|---|---|---|
| | | 年　月頃（　　　円） | | |
| 臨時的支出 | | 年　月頃（　　　円） | ⑯ | 円 |
| | | 年　月頃（　　　円） | | |

　　└─ 事業用資産の購入、自宅・マンションの建築、相続税申告費用、譲渡所得税・住民税、譲渡経費、相続登記代、測量費、物納整備費、等（いずれも裏付け資料を添付）

# 4

# 物納に導くための事前準備と相続対策(1)
## ～不動産編

# 1 生前対策の重要性

　相続対策でもっとも重要なチェックポイントは、なんといっても「優良な資産の承継」である。いかに多くの資産を残したとしても、その中身が次のようなものであったらどうなるだろうか。

---

① 　借金だらけの節税マンションで借入金の返済に追われている。
② 　空室だらけのアパート・マンション
③ 　借地人と日常的に揉め事が起きており、地代収入も安定しない貸宅地
④ 　境界のことで隣接所有者と揉めており、境界が確定できない土地
⑤ 　建築基準法上の道路に接道していない無道路地

---

　このような不動産を残してしまったら、遺産分割の際の話合いで「こんな財産なら欲しくない」ということになってしまう。しかも、そのような不動産であっても、税制上はすべて財産として評価して相続税の課税対象になってしまう。

　そうなると、納税資金をどうするか、という問題に至ってしまう。上記のような「不良資産化」してしまった不動産では、売却したくても買い手がつかないか、あるいは買い叩かれてとんでもない価額になってしまうであろう。

　したがって、相続対策で一番重要なポイントは、「いかに節税するか、あるいは多くの財産を残すか」ではなく、「いかに優良な資産を残せるか」ということである。

　しかし一方では、平成27年からの相続税の増税を受けて、今後はますます相続税の対策が重要になってくる。さらに、取得費加算の特例が改正されることにより、「納税対策」における不動産の売却の税務が大きく変わるため、納税対策の占める比重が今まで以上に大きくなってくる。その中で「物納」という納税方法を選択するためには、なによりも「生前対策」が重要である。

　これまで物納に関する手続、そして物納制度特有の「管理処分不適格財産」、あるいは「物納劣後財産」という制度を取り上げてきたが、これらの財産を整備し、適格な財産とするには多大な時間と費用がかかる。そのため、相続開始後に着手したのでは間に合わなくなる可能性があり、なによりも生前対策でそうした条件整備を行っておくことが大切である。

## ② 生前対策を行う際の留意点

生前対策を行う際のチェックポイント、あるいはニーズとしては次のようなものがある。

① 相続財産が全部でいくらになるか、相続税がいくらになるか知りたい。
② 遺産分割で揉めたくない。資産を分割しやすくするにはどうするか。
③ 相続財産の実際の資産価値がどれくらいあるか知りたい。
④ 資産内容を見直して、資産の組換えプランを作りたい。

このような生前対策を行ううえで注意すべき点は、「税金＝節税対策」に偏ってしまうことである。具体的には、「どうすれば節税になるか」という視点にばかり目を奪われて、せっかくの大切な資産に傷をつけてしまうことがある。

なぜかといえば、「節税」を行うためには、「財産評価の引下げ」が中心になりがちである。「財産評価」が下がるということは、その財産に何かマイナス要素があるということである。「適切な相続対策」で大切なことは、「財産に内在しているマイナス要素」を見逃さないように、綿密な調査・分析を行い、マイナス要素がある財産は「税務上、適正な範囲で」正しく評価減を行うことである。

ところが、偏重した「節税対策」に向かい始めると、「マイナスの要素をわざわざ作り出すような対策を実行してしまう」というような失敗例が数多い。代表的な対策が、「借金をしてアパート・マンションを建てる」という手法であろう。よく知られているとおり、「借金が相続税の計算上債務控除されるので節税になる」というものである。また、「更地にアパート・マンションを建てることで、その土地が『貸家建付地』の評価となり、評価減することで節税につながる」ということもある。

たしかに、表面的にはその方法は間違いとは言い切れない面もあるが、実態はどうであろうか。アパート・マンションは空室が増えてしまい、なかなか埋まらないという現実がある。賃貸収入は減る一方なのに、借金の返済額はまったく変わらないため、どんどん返済が苦しくなっていく。しかも、そのようなアパート・マンションでは稼働率が低いために思うように売却することが難しい。「アパート・マンションを取り壊して更地で土地を売却したい」と思っても、「空室だらけとはいっても入居者が多少なりとも残っていれば、立退き問題が立ちはだかって思うように話が進まない……」そのような事例は枚挙にいとまがない。

このような状況で、もし相続が開始したらどうなるであろうか。前頁の「生前対策の重要性」の冒頭で述べたチェックポイントに基づいて考察してみると、次のような事態に陥る。

> ① 相続税は、アパート・マンションの借金があり大幅に節税になった。
> ② しかし、借金の返済負担が重いため、誰がそれを相続するかで揉め事になった。
> ③ 空室だらけのアパート・マンション、そして借金というマイナスの資産ばかりになった。

　これでは「生前対策は大失敗だった」ということになってしまう。偏った「税金＝節税対策」の問題点をよく認識して、適切な生前対策を実施したい。

# 3 所有する不動産の棚卸しが相続トラブルを防ぐ

　生前対策を行う時に心掛けたいのが、「不動産の棚卸し」である。
　不動産の棚卸しとは、所有している不動産について徹底的に調査・分析を行い、その評価額については減額できるマイナス要因を見逃さないようにするとともに、表面化していない「内在するリスク」もしっかりと洗い出すことである。そして、その棚卸しによって明らかになった問題点・リスクについて的確な対策を実施することで、不動産の不良資産化を防止する。内在するリスクの解決が困難と見込まれる場合には、そのまま抱え込んでいては固定資産税・相続税等の税務負担を背負うこととなるため、処分、あるいは資産の組み換えを検討する。そうした対策の積み重ねが、不動産に関する様々なマイナス要素を解消して、「資産の優良化」に繋がり、それが結果として優良な資産の承継になっていく。
　不動産の棚卸しの例としては、「貸宅地の整備」等が挙げられる。貸宅地は、借地権という強固な権利が付着しているため、その土地を所有者自身が使用収益することができない。また、契約書やその内容に不備があったり、十分な地代収入が確保できていない、滞納・供託等の揉め事がある等の多くの問題を抱えていることがある。そのような「不良資産化した貸宅地」も、それを所有する土地資産家には固定資産税や相続税が課せられる。
　このような貸宅地を所有する土地資産家には、次のようなニーズがある。

---

① 権利関係を整理し、資産価値を向上させたい。
② 借地権者とのトラブルを解決したい。
③ 借地権と底地を同時に第三者へ売却したい。
④ 底地を適正な価格で売却したい。

---

　そこで、「貸宅地の棚卸し」を実施して賃借地（借地範囲）の明確化、境界の確定、面積の確定等、物的な整備を行ったうえで、底地の売却・借地権の買戻し、あるいは底地と借地権の交換等の様々な権利調整を行う。このような棚卸しが完了した貸宅地であれば、相続時に「貸宅地はもらいたくない、他の財産が欲しい」という相続トラブルも発生しなくなる。

# ❹ 「物納できる」不動産への整備

　生前対策で不動産の棚卸しを行う時に役立つのが、「この不動産は物納できるだろうか」という視点である。

　物納財産は「金銭納付と同等な価値を有する不動産」であることを要求されるため、ハードルが大変に高い。本書の各項目で取り上げているように、国が求めることは非常に多岐にわたっており、かつ、その内容も「物納許可をもらうために条件整備をする」ためには困難性が高いものが数多く含まれている。

　逆に考えるならば、「物納できる」不動産は、基本的に不動産としての資産価値が高いもの、ということができる。物納財産はその財産の「相続税評価額」で国が収納してくれることとなるわけだが、少なくとも「相続税評価額」に見合うだけの資産価値は確保されていると考えてよい。その点、ここまで述べてきたような「不良資産化した不動産」は、「相続税評価額」において評価減できる要因以外のマイナス要素を数多く抱え込んでいるので、資産価値が低く、相続税の評価には見合わない「負の財産」である。

　したがって、不動産の棚卸しを行っていくときに、「どうすればこの不動産を物納することができるだろうか」、「どのように問題を解決すればよいだろうか」という視点をいつも持っていると、不良資産化した不動産の改善点が明確になってくる。

# 5 「物納分岐点」を意識する

　不動産を相続税の納税に利用するには、基本的に売却か物納のどちらかである。不動産の棚卸しを実施して「物納が可能な財産」に整備できた場合には、実際の相続税納税にあたって「売却した方が有利なのか、それとも物納が有利なのか」を判定する必要がある。その判断基準となる考え方が「物納分岐点」である。

　物納財産の収納価格は、基本的に相続税課税の基礎となった「財産評価額」なので、この評価額よりも高く売却できるのであれば、売却の方が有利ということになる。

　ただし、売却する場合には一般的に仲介手数料等の諸経費がかかり、また、土地の譲渡には譲渡所得税が発生する。しかも、本書の冒頭で紹介したとおり、これまでは相続財産を売却した場合には租税特別措置法39条の取得費加算の特例により譲渡所得税は大幅に軽減されていたが、平成27年からの改正で、この特例が縮減されたことにより、譲渡所得税の負担はかなり大きくなってくる。したがって、今まで以上に売却した場合と物納した場合との比較をして「物納分岐点」を算出する意義が高まっている。

　物納分岐点の基本的な考え方は、次のようになる。

---

売却金額－売却のための諸費用－譲渡所得税　＞　相続税評価額　⇒　売却有利

売却金額－売却のための諸費用－譲渡所得税　＜　相続税評価額　⇒　物納有利

---

　当然ながら、「物納するための条件整備」にも手間と費用がかかってくるが、それらは基本的に生前対策で解決しておきたい。税理士のみならず、土地家屋調査士、司法書士、不動産鑑定士等の各分野の専門家の力を結集して物納分岐点を正しく算定し、最適な納税対策を立案したい。

　この物納分岐点について、基本的な計算式に基づいて作成したのが、「物納分岐点倍率表」である。ただし、実際の相続案件においては相続財産の内訳等によって条件設定が一つずつ変わってくるので、本表の作成にあたって、条件を単純化して統一したものと仮定してある。その点を踏まえて、あくまでも参考資料としてご覧いただきたい。

　また、個別の物件の「物納分岐点」を算出するうえで基本的な計算式に基づいて作成したものが、「物納有利価格判定式」である。こちらも実際の案件では個別事情による数値が変動するので、あくまで参考資料としてご覧いただきたい。

◆参考資料：実効税率別物納分岐点一覧

| 実効税率<br>相続税額 | 10% | 15% | 20% | 25% | 30% | 35% | 40% | 45% | 50% | 55% |
|---:|---:|---:|---:|---:|---:|---:|---:|---:|---:|---:|
| 50,000,000 | 1.2557 | 1.2427 | 1.2296 | 1.2166 | 1.2036 | 1.1905 | 1.1775 | 1.1644 | 1.1514 | 1.1384 |
| 75,000,000 | 1.2552 | 1.2422 | 1.2291 | 1.2162 | 1.2031 | 1.1901 | 1.1770 | 1.1640 | 1.1510 | 1.1380 |
| 100,000,000 | 1.2549 | 1.2419 | 1.2289 | 1.2159 | 1.2029 | 1.1898 | 1.1768 | 1.1638 | 1.1508 | 1.1378 |
| 150,000,000 | 1.2546 | 1.2417 | 1.2286 | 1.2157 | 1.2026 | 1.1896 | 1.1766 | 1.1635 | 1.1505 | 1.1376 |
| 200,000,000 | 1.2545 | 1.2415 | 1.2285 | 1.2155 | 1.2025 | 1.1895 | 1.1764 | 1.1634 | 1.1504 | 1.1374 |
| 250,000,000 | 1.2544 | 1.2415 | 1.2284 | 1.2155 | 1.2024 | 1.1894 | 1.1764 | 1.1634 | 1.1504 | 1.1374 |
| 300,000,000 | 1.2544 | 1.2414 | 1.2284 | 1.2154 | 1.2024 | 1.1893 | 1.1763 | 1.1633 | 1.1503 | 1.1373 |
| 350,000,000 | 1.2543 | 1.2414 | 1.2283 | 1.2154 | 1.2024 | 1.1893 | 1.1763 | 1.1633 | 1.1503 | 1.1373 |
| 400,000,000 | 1.2543 | 1.2413 | 1.2283 | 1.2153 | 1.2023 | 1.1893 | 1.1763 | 1.1633 | 1.1503 | 1.1373 |
| 450,000,000 | 1.2543 | 1.2413 | 1.2283 | 1.2153 | 1.2023 | 1.1893 | 1.1762 | 1.1632 | 1.1503 | 1.1373 |
| 500,000,000 | 1.2543 | 1.2413 | 1.2283 | 1.2153 | 1.2023 | 1.1892 | 1.1762 | 1.1632 | 1.1502 | 1.1372 |
| 550,000,000 | 1.2542 | 1.2413 | 1.2283 | 1.2153 | 1.2023 | 1.1892 | 1.1762 | 1.1632 | 1.1502 | 1.1372 |
| 600,000,000 | 1.2542 | 1.2413 | 1.2282 | 1.2153 | 1.2023 | 1.1892 | 1.1762 | 1.1632 | 1.1502 | 1.1372 |
| 650,000,000 | 1.2542 | 1.2413 | 1.2282 | 1.2153 | 1.2023 | 1.1892 | 1.1762 | 1.1632 | 1.1502 | 1.1372 |
| 700,000,000 | 1.2542 | 1.2413 | 1.2282 | 1.2153 | 1.2023 | 1.1892 | 1.1762 | 1.1632 | 1.1502 | 1.1372 |
| 750,000,000 | 1.2542 | 1.2412 | 1.2282 | 1.2153 | 1.2023 | 1.1892 | 1.1762 | 1.1632 | 1.1502 | 1.1372 |
| 800,000,000 | 1.2542 | 1.2412 | 1.2282 | 1.2152 | 1.2022 | 1.1892 | 1.1762 | 1.1632 | 1.1502 | 1.1372 |
| 850,000,000 | 1.2542 | 1.2412 | 1.2282 | 1.2152 | 1.2022 | 1.1892 | 1.1762 | 1.1632 | 1.1502 | 1.1372 |
| 900,000,000 | 1.2542 | 1.2412 | 1.2282 | 1.2152 | 1.2022 | 1.1892 | 1.1762 | 1.1632 | 1.1502 | 1.1372 |
| 950,000,000 | 1.2542 | 1.2412 | 1.2282 | 1.2152 | 1.2022 | 1.1892 | 1.1762 | 1.1632 | 1.1502 | 1.1372 |
| 1,000,000,000 | 1.2542 | 1.2412 | 1.2282 | 1.2152 | 1.2022 | 1.1892 | 1.1762 | 1.1632 | 1.1502 | 1.1372 |

◆租税特別措置法39条（取得費加算）の改正により、物納による納税の増加が想定されます。

◆「土地を売って納税する」という納税対策から「物納か売却か」の判定が重要になります。

◆その場合、「物納・売却どちらが有利か」の【物納分岐点】の判定が必須です。

（条件設定）

◆相続税額と同額の評価額の土地を売却すると仮定します。

◆この一覧表では、概算取得費（5％）と改正後の39条取得費加算額のみを考慮しています。

◆譲渡経費は仲介手数料｛(3％＋6万円)×1.08｝のみを考慮します。

＊この参考資料では、あくまで物納分岐点の基本的な考え方についてご紹介するため、いくつか条件設定をしています。その条件に基づいて、相続税評価額に対する物納分岐点倍率を算出しご提示しています。実際の相続案件においては、個別事情によりこの一覧表と差異が生じることがありますのでご了承ください。

◆参考資料：物納有利価格判定式

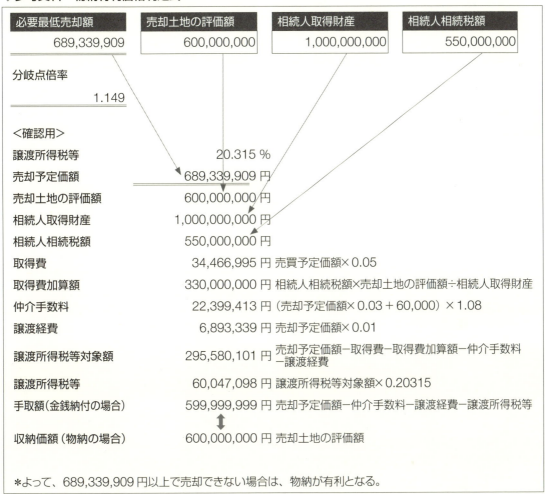

　以上、物納に導くための生前対策の基本的な考え方を紹介してきた。次項より、具体的な整備すべき項目や、対策を実施するうえでの実践的な対応策を取り上げる。

# 6 測量と境界

## 1 境界の確定と資産管理

　第2章で物納申請財産の境界問題を取り上げた際に詳しく紹介したとおり、土地にとって「境界の確定」は非常に重要なポイントである。不動産についての調査を実施してみると、適正な手続（境界を確認等）に基づいた境界確認書がないケース、あるいは現地調査で境界標が設置されていないケース、測量図と現地の寸法が違っていたり登記簿と実際の面積が違っていたりするケース等、様々なケースに遭遇する。

　現況を測っただけの「現況測量図」も参考資料にならないわけではないが、境界に関して「うちの境界は大丈夫」と思っているのは本人だけで、いざ境界の立会いをすると、隣接所有者とは全く境界の認識が違っている場合も多い。そうなると、境界確認をするのに多大な労力を要することになる。

　土地に対する権利意識や境界に関する認識が昔と比べて変わっており、さらには相続のときなどは「足元を見て無理難題をもちかける」ような人物が現れることもある。ときには、他人の土地を勝手に占有して時効取得を主張する者や、境界を越境して構築物・工作物があっても平然としている者もいる。

　このように、自分では大丈夫と思っている土地が実際には非常に不安定な状態にあり、将来の境界紛争の危険性を秘めた土地である場合、いざとなったときに売却も物納もできないため、その土地の資産価値には大きな疑問符がついてしまう。

　そのような売却も物納もできない土地であっても、固定資産税は毎年課税されるうえに、万一の相続のときには多額の相続税負担がのしかかる。しかも、土地を相続税評価するときには、境界が決まっていないから、あるいは隣接者が越境物を放置しているからといった事情があっても、それを評価減の要因とみてくれることはない。

　すなわち、「現実の不動産の価値は大きく毀損している」のに、「税負担はまったく減らない・変わらない」ということである。

　これでは「優良な資産を承継する」という相続の大きな目的を実現することができない。財産価値がマイナスになっているのに、税負担が減らないのでは、むしろ「不良資産」に近くなってしまう。そのような土地を残さないようにするために、自分の土地を守るためにも、「境界確定」の意義を正しく理解して、適宜、必要に応じた適切な測量を行っておくことが大切である。

## 2　境界問題への適切な対応方法

### 1　土地の所有者自身により境界を確認

　まず第一に、土地の所有者自身が元気で長生きすることが大切である。本人が元気なうちは相続争いも起きにくいので、その時間を上手に利用して隣接所有者との境界立会を行う。もし境界についてお互いの認識が食い違っていたとしても、腰を据えてじっくり話し合うことができる。

### 2　適切な専門家に依頼する

　「測量」といえば測量会社・測量業者に依頼すると思いがちだが、「境界確定」をするには「土地家屋調査士」に依頼しなければならない。ちなみに、「測量士」という資格者もいるので、その違いを確認すると下記のようになる。

> ○測量士……「技術者として、基本測量・公共測量等に従事するために必要な資格。測量に関する計画を作成し、又は実施する者であって高度な測量技術を有するが、表題登記（地積更正、分筆登記）を代理人として申請することはできない。
> ○土地家屋調査士……不動産の表示に関する登記（表題登記）の専門家。土地所有者等の依頼を受けて境界確認等を行い、測量図・各種図面を作成して登記申請手続の業務を行う。表題登記を代理人として申請することができる。

　上記のとおり、測量を行うだけでなく、境界確認・そして表題登記を行うためには「土地家屋調査士」でなければ申請できないのでよく確認すること。参考までに、物納申請を考えている場合には、「物納に詳しい土地家屋調査士」を探す必要がある。

　物納は近年その件数が激減しており、物納の実務を経験したことがある土地家屋調査士は少ない。一方、物納においては通常の土地売買等とは異なり、国がその財産を収納するために様々な条件を要求してくることから、円滑に物納するためにはそれらの要件に精通した土地家屋調査士に依頼することが、必要となる。

### 3　土地家屋調査士の選び方

　なお、土地家屋調査士に依頼する時には、「工程管理表」と「見積書」の2つを必ず提示してもらおう。

　工程管理表とは、発注した境界確定測量について、いつまでに何の業務を行い、最終的な完了時期はいつになるかの目安を一覧表にしたものである。現実にはこの工程管理表どおりに進行しないことも多いが、進捗状況を確認するうえで大事な資料となる。一部にはこのような工程管理表を提示しない（そもそも作成しない）という土地家屋調査士もいるが、そのような調査士には発注しないことである。

見積書は、依頼した境界確定測量をいくらで実施してくれるかの見積りである。これも業務の進行に伴って想定外の費用が発生する場合があるので、必ずしも請求額が見積額と一致しない場合もあるが、どのような原因で予算が増えてしまったかの確認資料となる。見積書についても、一部には「やってみないといくらかかるのか分からない」として提示しない場合があるが、このような調査士も避けた方が無難であろう。

## 4　依頼内容を明確にする

　「土地境界確定測量」であることを正しく伝えることは基本的な注意事項であるが、できれば境界確定をする目的も明らかにしておきたい。先ほど記述したとおり、もし物納目的である場合には、通常の売買を目的とする場合とは扱いが異なる項目があり、それが原因で将来「やり直し」となってしまっては時間も費用も損失となる。

## 5　地積更正登記を行う

　「地積更正登記」とは、登記簿の面積と実際の面積（実測面積）を一致させる登記のことで、土地に関してはいまだに登記簿面積と実測面積が一致しないものが多い。地積更正登記を行えば、そこに添付する地積測量図は登記所で永久保存してくれるので、証拠保全にも心配がない。

## 6　境界標を設置・管理する

　隣接地所有者等と立会いのうえで境界確認書を取り交わす。その前提として現地に適正な境界標を設置する。設置する業務は土地家屋調査士が行うが、その後の境界標の管理は、土地の所有者の責任である。この点について資産管理の観点からいえば、本人だけでなく家族全員が境界標の重要性をしっかりと認識して、その管理に意識を持つことも重要である。

　相続開始後の土地調査において、「本人が亡くなってしまったら、家族の誰も境界標のことを知らない・分からない」ということがよく起きている。これではせっかく実施した境界確定の意義が薄れてしまうので、このような事態を避けるためにも家族全員で意識を共有したい。

　以上のような対応により、「土地の現状」と「測量図」と「登記簿」が一致する優良な土地となる。

　「優良な資産の承継」というと、土地の売却や賃貸、収益物件の建築といった「有効活用」にばかり目を向けがちである。しかし、実はそうした対策の数々は、ここに述べてきたような「足元をしっかりと固める」ための測量及び境界確定ができていなければ、「砂上の楼閣」になりかねない。

　そのような事態を招かないためにも、測量と境界について正しい認識を持つようにしたい。

# 7 売却が困難と想定される不動産の取扱い

　「売却が困難な不動産」がある場合、その不動産は所有者にとっては維持管理の手間とコストがかかるばかりでなく、固定資産税・相続税等の税負担の原因ともなるマイナスの財産である。いわゆる「不良資産」といえよう。そのような「不良資産」が先祖代々の土地の中に含まれていたとしても、我が国の制度では「土地は捨てることができない財産」である。

　また、土地には様々なリスク要因が内在していることがあるが、普段はそれが表面に現れていないこともある。それが、何かの契機に突如としてそのリスクが顕在化することで不良資産化することもある。その契機は、売却しようとして物件の状況を調査したところ明らかになることもあるし、最近では震災や風水害等の自然災害によることもある。その場合、なにも問題がないときには気付かなかった土地の問題点が一気に表面化しやすく、しかも解決困難なことが多い。

　そのような事態をなるべく避けるために、自分の所有する不動産についてはあらゆる観点から調査・分析を行い、その内在する問題点を洗い出して、対策可能なものは早期に着手したい。

## 1 土壌汚染された土地

　土壌汚染とは、有害な物質（＝特定有害物質）が土壌に浸透して土壌や地下水が汚染された状態のことである。原因としては、有害な物質の使用中に有害物質がこぼれたり、有害物質を含む排水が漏れたりして土の中に入ったことや、有害な物質を含む廃棄物が土の中に埋められて、雨等によって周りの土に溶けだしたこと等によって汚染が引き起こされる。

　土壌汚染された土地であっても、見た目だけではその事実を確認することができない。一見すると、大丈夫そうに見えても汚染されている場合があり、逆に、汚染されているように見えても、調査・分析をしてみると大丈夫な場合もある。したがって、土壌汚染調査を行って正確な情報を得ることが必要になる。

　また、土壌汚染の特質として、長年にわたってその影響が残ることもあげられる。有害物質が土に排出されると、それは何十年たっても排出されることも消滅することもなく汚染状態が続いてしまう。

　もし土壌汚染された土地があると、土地売買等の土地取引の際にトラブルになることが多く、訴訟・損害賠償等が発生する可能性もある。当然ながら、土壌汚染調査費用の発生、汚染土壌の浄化・除去費用の発生、土地利用上の制約等により、汚染がない状態よりも資産価値が低下する。

　土壌汚染はこのようにリスクが高いものなので、慎重な調査・分析が必要である。特に、「過去の土地利用の状況」の調査が重要である。現在は更地になっていたり、あるいは他の用途に

転用されていても、過去にクリーニング店や化学薬品等を取り扱う工場等があった場合には、土壌汚染されている危険性が高い。このような土地は、過去に遡ってその土地の利用状況を確認することが必要である。

## 2　管理費が高いリゾートマンション

　バブル期に人気のリゾート地だった越後湯沢や熱海などによく見受けられる、リゾートブーム期に購入したリゾートマンション等のことである。このような物件は、購入時の10分の1以下などの価格設定で売りに出しても、管理費が高いことから買い手がつかないことも多い。例えば、「3,000万円で買った物件を100万円で売り出したが、月額管理費が6万円もかかるので誰も手を出さない…」という状態にある。

　これらの物件は、すでに負の財産と化してしまったものが多い。バブルからすでに長い年月が経過し、所有者に相続が起きて名義が分散されていたり、あるいはそもそも所有者が不明になっている区分所有物件等も多くなり、管理費が集まらず、維持管理も困難になっている。所有者不明の区分所有が多いために、建て直すことも取り壊すこともできない。なかには、固定資産税を徴収するために管理組合から人を出して東京の所有者のところに集金に行くような事例も発生しているという。今後さらに時間が経過するとスラム化していく可能性が強い。

　「誰が相続するか」悩みのつきない物件である。

## 3　活断層がある土地

　活断層とは、地質時代に繰り返し活動しており将来も活動する可能性のある断層のことで、地震のリスクが高いことから注目されている。

　和歌山県から四国にかけての中央構造線、新潟県から静岡県の糸魚川・静岡構造線、東京西部の立川断層等が知られている。活断層そのものは全国各地に点在しており、地質的なものなので人為的に対策を立てることは難しいが、リスク評価は行っておくべきである。

　活断層に関する調査としては、国土地理院の「都市圏活断層図」、産業技術総合研究所の「活断層データベース」等が利用しやすい。

## 4　液状化のおそれがある土地

　東日本大震災で首都圏各地でも液状化現象が発生し大きな被害が生じた。もっとも被害の大きかった千葉県浦安市では、地中から砂や泥が水と一緒に噴出し、建物の傾斜、ライフラインの埋設管の損傷で断水・ガスの供給停止など深刻な被害が発生したことから、不動産価格が急落し一時は売却も困難な状態になっていた。このように、液状化のおそれがある土地のリスクも大きい。

　しかし、地盤の液状化判定を行うには、地下水位の測定、土の試料採掘等のボーリング調査が必要となり、費用負担が大きいため、通常は国土交通省がホームページ上で公開している「ハザードマップポータルサイト」の中にある「地震防災・危険度マップ」等から情報を入手した

り、対象地の自治体が管理している情報を役所調査等の方法により状況を確認する。

## 5 津波災害が想定される土地

　同様に東日本大震災による津波被害により、一時期は海岸線に近い土地はまったく売買ができなくなったところもあった。津波のリスクがある地域は、行政より「津波災害警戒区域」に指定されている。これは、津波が発生した場合に住民等の生命又は身体に危害が生ずる恐れがあり、津波による人的災害を防止するために警戒避難体制を特に整備すべきとして指定された土地の区域をいう。指定は、国土交通大臣が定める基本指針に基づき、津波浸水想定を踏まえて都道府県知事が行うこととなっている。この津波警戒区域内では、津波の発生時における避難施設の指定など、警戒避難のために必要な措置が講じられる。
　このように、津波災害が想定される土地は今後も売れそうもない土地として残る可能性が高い。

## 6 がけ地

　傾斜が急なため、通常の用途に供することができない土地のことで、一般に傾斜度が30度以上のものを指すといわれている。
　相続税の不動産評価において、対象となる土地にがけ地が含まれる場合には、そのがけ地が占める割合に応じて評価額を減価する補正が適用されるが、現実にはがけ地の不動産に関しては「時価」がもっと低い、あるいはそもそも売買が困難な事例も多いため、もし評価額の減額に納得がいかない場合には、不動産鑑定評価の適用も検討すべきである。

## 7 造成宅地防災区域

　がけ崩れや土砂崩れ等の災害のリスクがある土地において、宅地造成の規制をしている区域で、国土交通省が指定するものであるが、新しい制度でもあり、現実には平成26年末の時点で全国でまだ1か所も指定されていない。
　制度の概要としては、次の区域について、都道府県知事が「宅地造成に伴う災害で相当数の居住者等に危害を生ずるものの発生のおそれが大きい一団の造成宅地」として指定するものである。
① 安定計算によって、地震力及び盛土の自重による盛土の滑り出す力がその滑り面に対する最大摩擦抵抗力その他の抵抗力を上回ることが確かめられたもの
② 切土又は盛土をした後の地盤の滑動、擁壁の沈下、がけの崩落等の事象が生じているもの等
　もし指定を受けた場合には、その土地の所有者には、災害の防止のため擁壁等の設置等の措置を講ずる責務があり、ときには災害の防止のため造成宅地の所有者等に勧告や改善命令を行うことがあるとされている。
　このため、今後制度の適用が広がり指定区域が増えてくると、それが地価下落要因となる可

能性が指摘されている。

## 8 市街化調整区域の土地

　市街化調整区域の土地については原則として建物が建てられないので、資産価値の点でマイナス要因のある土地である。しかし、許可条件等が自治体の条例に定められていて建築が可能な場合もある。その場合、「建築主に関する制限」、「建物用途に関する制限」、「敷地を建物建築の目的のために分割できるか」等の諸要因を役所調査等により確認しておく。

　以上のように、多数の不動産を所有している土地資産家等においては、「売れない土地」を抱えていることが多い。これらの土地は、一般的には売却が困難であり、その一方で維持管理には多大なコストがかかることがある。しかし、繰り返しになるが「土地を捨てる（放棄する）こと」は原則としてできないので、それらの土地については、「誰が相続するか」、「どのように管理・処分するか」等について早めに対応を協議しておきたい。

# 8 売却が困難な不動産は物納できるのか

「売却が困難な不動産は、物納できるのだろうか…」

もし、売却が困難な不動産を物納で相続税の納税に充てられれば、相続税の納税資金面でメリットがあり、また不良資産の整理もできることから、相続対策・納税対策・資産管理すべてにおいてプラスになる。

しかし、物納で相続税を納めるためには、その物納財産は「金銭で納付するのと同等の価値がある」ことを要求される。そして、管理・処分不適格財産ではないか、物納劣後財産ではないかという最初のハードルから始まり、書類上の審査、現地調査による各種のチェック項目、その他数多くの障壁を乗り越えてようやく物納が認められるものである。そう考えると、そもそも「売却が困難な不動産」を物納することは不可能のように思える。

ところが、今一度「物納申請に充てることの財産」を確認すると、次のようになっている。

| 順位 | 物納に充てることのできる財産の種類 |
|---|---|
| 第1順位 | ① 国債、地方債、不動産、船舶 |
| | ② 不動産のうち物納劣後財産に該当するもの |
| 第2順位 | ③ 社債、株式（特別の法律により法人の発行する債券及び出資証券を含み、短期社債等を除く。）、証券投資信託又は貸付信託の受益証券 |
| | ④ 株式（特別の法律により法人の発行する出資証券を含む。）のうち物納劣後財産に該当するもの |
| 第3順位 | ⑤ 動産 |

この表で分かるとおり、第1順位において①として「不動産」が定められており、さらに同じ第1順位の②に「不動産のうち物納劣後財産に該当するもの」となっている。

つまり、不動産は物納申請財産の第1順位に位置しており、しかもその不動産の類型（どのような不動産なのか、どのような利用状況なのか等）は一切問われていない、ということが分かる。

物納の相談の際には、次のような質問を受けることがある。

○ 更地なら物納できるが、貸宅地（底地）はダメなんですよね？
○ 農地は利用価値がないから物納はできませんか？

上表にあるとおり、「不動産」はすべて第1順位であり、更地なら問題ないが貸宅地（底地）は認められないとか、農地は収納の順位が低いなどという格差はない。つまりは、納税者サイドの"思い込み"であったり、"噂"なのだ。

どのような利用状況、類型の不動産であっても、「管理処分不適格」でなければ問題はない

のである。「不動産のうち劣後財産」についても、あくまでも「他の相続税の納税に適当な価額の財産がないこと」という「物納劣後財産を物納申請する理由」は必要であるが、それがクリアされていれば、「第1順位」であることには変わりがない。

そう考えると、"「売却が困難な不動産」＝物納は認められない"ということではないことが分かる。仮に、売却しようとしても買い手がつかない、価額がつかないような不動産であっても、その不動産が物納の審査基準に合致していれば物納が認められる、という可能性が秘められていることになる。

したがって、「売却が困難な不動産」に関して「発想の転換」が必要となるところである。

そのポイントは、次の点である。

---

① 「売却が困難な不動産」の「売却が困難な」理由をどのように捉えるか。
② 不要で処分したい不動産なのか、重要度が低い不動産なのか。
③ その不動産を誰が相続するのか。

---

## 1　売却が困難な理由をどう捉えるか

前項の「売却が困難と想定される不動産」に例示したような、土壌汚染された土地、管理費が高いリゾートマンション、活断層がある土地、液状化のおそれがある土地、津波災害が想定される土地、がけ地、市街化調整区域の土地等は、いずれも売却することが困難な不動産である。

しかし、土壌汚染された土地については、多額の費用と時間が要しても、その除去作業を行えば買い手が見つかることはある。活断層がある土地は、その状況を明らかにしたうえで価格を調整すれば売れる可能性が高い。液状化のおそれがある土地、津波災害が想定される土地等も同様である。がけ地は「他の不動産と一体となって効用を発揮する」という性格の財産なので単体での売却や物納は難しいかもしれないが、市街化調整区域の土地もその土地の建築に関する条例によっては売却できる場合もあろう。

そのように考えると、「売却が困難な」理由が、「希望する価格では、売却できない」あるいは「売却するための整備に高額の費用がかかるから、売却できない」という場合も考えられる。そのような場合には、「価格面で妥協しても、あるいは多額の費用を負担してでも」手放したい財産なのかどうか、その理由をよく検討することが大切である。

## 2　不要で処分したい不動産なのか、重要度が低い不動産なのか

物納に関する相談業務を行っていると、やはり「可能であるならば、不要な不動産・処分したい不動産を物納したい」という相談が多い。それは当然のことである。

一方、不要な不動産というのは特にないのだが、相続した不動産をその必要度や重要度で考

えていくと、その重要度が低い不動産というものも存在する。このような場合には、不要な不動産や処分したい不動産であれば、先に挙げたように「価格を思い切り引き下げる。あるいは高額な費用をかけてでも売り切ってしまう」ことが得策であろう。

一方、重要度の低い不動産である場合には、ある程度価格を下げたとしても、あまり極端な安売りは避けたい。そうであるならば、その不動産は物納できるかどうかを調査分析して、物納するために必要な準備や作業費用を見積もり、「売却した方がよいのか、あるいは物納した方がよいのか」を判断することとなる。その場合、コストや税務面等の「金額ベースでの有利・不利」については、「いくら以上で売却すれば物納より有利なのか」を分析する「物納分岐点」（145頁参照）の考え方が必要となる。

## 3 その不動産を誰が相続するのか

不要な不動産・処分したい不動産や、重要度が低い不動産がある場合、その不動産は「相続の時には誰が相続するのか」を明確にしておきたい。もし、物理的にも売却が困難で、物納することも無理であろうと思われる不動産がある場合には、その不動産はいずれにせよ誰かが相続しなければならないので、通常は本家の後継者である長男が相続することになるであろう。

その場合、「本家を相続するのだから、自宅や優良な資産も相続するが、そのかわり売却が困難なような不良資産化した不動産も引き受ける」ということについて、推定相続人間での合意を形成しておくことが大切である。

あるいは、「物納劣後財産」に該当する不動産で、それを物納したい場合には、「金銭納付を困難とする理由」が成立するような相続人に相続させる必要がある。その点、金銭納付を困難とする理由が成立するということは、その相続人は現金・預貯金や他の優良な資産は全く相続しない、という遺産分割になるので、その点についても推定相続人間で合意を形成しておくことが必要となる。

## 9 物納を見据えた固定資産税の納め方

　周知のとおり、固定資産税は、その年1月1日現在の固定資産の所有者に対して課税される。

　したがって、年度の途中で物納が許可されて所有権が国に移ったとしても、その年の物納財産の固定資産税は原則として物納をした者が負担することになるが、実務上の留意点がある。

　まず、物納申請をしてから各種の書類提出、現地調査、その調査に基づく収納に必要な措置を実施する期間等、物納許可になるまでの固定資産税はすべて納税者の負担となる。

　問題は、物納許可となった以後のことである。この時点で忘れずに固定資産税・都市計画税の減免申請を行うことである。例えば、東京都23区では、固定資産が相続税法の規定により物納された場合、減免申請した日以後の固定資産税等を減免する取扱いがある。

　ただし、この取扱いは条例で定める事項であるため、各市区町村によって対応が若干異なっている。そのため、減免が可能か否かは、物納した土地が所在する場所ごとに調べる必要があるため注意を要する。

　減免対象税額については、次の2つがある。

---

① 減免申請日以降の納期限分を減免（東京都23区はこの取扱いとなる。）
② 物納（収納）された日以降の納期限分を減免

---

　そして、もう一つ注意したいことは、「一括して前納した固定資産税については（原則として）還付される制度がない」ということである。すなわち、固定資産税を一括納付していた場合には、所在する自治体が減免制度を設けていたとしても還付が受けられなくなってしまう、という問題がある。

　ただし、この点についても、一部の自治体では減免のうえ、税額還付を行っている事例もあるので、よく調査しておきたい。

　いずれにしても、相続税の物納を検討している場合には、年の途中で収納されることを想定して、固定資産税は一括納付ではなく分割納付を選択しておくことが減免の可能性を確保するためには必要といえよう。

# 10 自用底地の物納とは

「自用底地の物納」とは、自分が所有している完全所有権の土地を、「借地権部分」と「底地部分」とに分けて、借地権部分を残して底地部分だけを国に物納する仕組みのことである。

いわば、「自己借地権」である。この「自己借地権」は、本来、借地借家法では認められていない制度であるが、物納の実務においては例外的な取扱いとして認められているようである。

## 1 自用底地の物納イメージ

◆自用底地の物納（イメージ図）

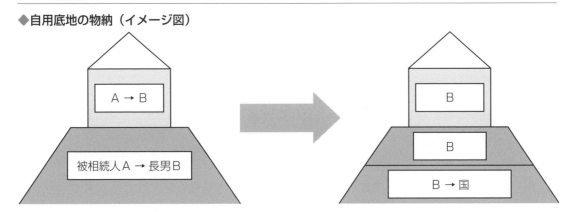

相続人Bは、父（被相続人）Aが所有していた自宅の敷地・建物を相続したところ、相続税が課税されることとなった。しかし、遺産分割によって現金・預貯金をもらわなかったBは自分自身の現金・預貯金も少なく他に換価の容易な財産もないため、納税資金が不足して「金銭で納付することが困難」な状況にあった。

また、B自身は会社員としての給与所得だけで他に収入もないことから、「延納によっても納付を困難とする」状況にあった。

このような状況において、Bは自宅敷地の底地部分だけを物納した。このように物納すると、その後は国が地主となりBは借地人となるので、収納された日以降は国に地代を払うこととなる。

このような納税方法が「自用底地の物納」といわれるものである。

## 2 自用底地の物納メリット

自用底地の物納により相続税を納めたことによって、土地については、「完全所有権」が「借地権」になったものの、建物とその敷地利用権は守ることができた。そして、国は物納によって収納した底地を第三者に転売することはないので、安心して住み続けることができる。

さらには、もしも将来的に底地を国から買い戻すための購入資金が用意できれば、一度は物

納した底地を買い戻すことも可能である。そうなれば、従来と同じように完全所有権の自宅敷地を取り戻すことができる。

この場合の地代の負担については、底地（所有権）を国に物納したことで固定資産税の負担がなくなるため、その固定資産税の負担が軽減されること、及び物納せずに相続税を延納した場合の支払いの負担と比較すれば相当に負担が軽いものとなる。

したがって、金銭による相続税の一括納付が困難という状況に直面したときには、この「自用底地の物納」が使える状況にないかを検討したい。

## 3　相続税の増税と自用底地の物納

この自用底地の物納は、平成27年からの相続税増税により注目される可能性を秘めている。

というのも、平成27年からの相続税増税により、基礎控除額が従来の60％水準に縮減され、相続人1人当たりの控除額も同じく60％水準に引き下げられたことで、「東京23区など大都市に庭付き一戸建ての自宅を持っている」世帯に相続税が課税される可能性が高くなったことと関係する。

すなわち、東京23区などに庭付き一戸建ての自宅があるといっても、それは過去の自宅取得時にある程度の資産もしくは住宅ローン負担能力があったということであり、現時点では必ずしも富裕層といわれるような生活とは限らない。

その場合には、もし世帯主が死亡して相続税が課税され、手元に十分な現金・預貯金がなく「金銭一括納付が困難」である場合が想定される。そして、普通のサラリーマン世帯であれば給与収入から住宅ローンや教育資金等の負担を差し引くと、「延納によっても納付することが困難」となる家庭が多くなるものと推定される。

そのような場合に、納税資金をどこに求めたらよいであろうか。住宅ローンがあるので、新たに「相続税納税ローン」を組むのは家計のリスクが大きい。自宅敷地がかなり広い場合には、その一部を分筆して売却する、という方法も考えられるが、そのようにして売却した土地は2度と取り戻すことができない。

そう考えると、上記の「自用底地の物納」が現実的な納税手段として浮上してくるのである。「相続税大増税時代の納税手法」としての活用を検討しておきたい。

## 国有財産借受確認書

下記の物納申請財産については、物納後直ちに国の定める貸付条件により借り受けます。

記

| 所　　　　在 | 地　番<br>(種類) | 地　目<br>(構造) | 地　積<br>(床面積) | 利用状況 |
|---|---|---|---|---|
|  |  |  | ㎡ |  |
|  |  |  |  |  |

> 物納申請財産の登記事項証明書（土地又は建物）に記載されている内容を転記してください。
> 【留意事項】
> 　他の提出書類の記載内容と一致していることを確認してください。

> 確認書の作成日現在において、物納申請財産の利用状況を記載してください。
> 例：月極駐車場
> 　　自宅敷地
> 　　居住用建物

> 【留意事項】
> 　登記事項証明書と地積測量図の実測数量に差がある場合は、地積更正登記が必要か否かを法務局で確認してください。
> 　地積更正登記の必要がない範囲内の場合は、地積測量図の面積をかっこ書き（小数点以下第2位まで）で記載してください。

平成　　年　　月　　日

物納申請者
　　（〒　　－　　　）
　　（住所）
　　_____

　　（フリガナ）
　　（氏名）
　　_____㊞

10　自用底地の物納とは

# 11 戦略的遺産分割プランニング

　納税対策を立案するためには、推定相続税額に対して「納税に利用できる財産がどの程度あるか」、すなわち相続財産の「担税力の検証」が必要となる。この担税力の検証は、相続開始当初は相続財産全体を調査して財産評価を行い、財産内容を確認しながら行うこととなる。しかし、実際の「納税プラン」を立てるためには、遺産分割を考慮しつつ、各相続人に1人ずつの「相続税額」と「遺産分割により取得する財産」を照合しながら検証する必要がある。

　そうしなければ、「遺産はもらったが、納税に充てるべき財産が不足しているため納税資金が用意できない」という相続人が出現するかもしれないからである。

　それを逆の立場から考えると、納税プランニング立案においては、各相続人1人ずつの担税力（収入の状況等）や、あるいは相続人それぞれが個別に保有している固有の財産の換金性や納税充当適性を考慮したうえで、遺産分割のやり方を考えるべきであることが理解できよう。

　したがって、相続税の納税コンサルティングを行う場合には、被相続人が残した相続財産の内容を正確に調査分析するだけでなく、相続税を納税することとなる相続人それぞれの資産状況、収入と支出の状況等を把握する必要があるということである。

　そのように情報を収集して状況を的確に判断すると、「遺産分割の工夫によって物納申請が受理される可能性」が見えてくることがある。なぜかといえば、物納はこれまで述べてきたとおり、第一に「金銭納付を困難とする理由」があることが要件となる。そのうえで、物納申請する財産が管理・処分不適格財産に該当しないか、あるいは劣後財産に該当しないかの問題となる。しかも、劣後財産に該当する場合には、金銭によって（延納によっても）納付することが困難である」という要件のうえに、「他に適当な価額の財産がないこと」という条件が付く。そうなると、ますます遺産分割によって「誰がどの財産を取得するか」が重要となってくる。

　すなわち、「物納申請したい財産」を取得する相続人が同時に現金・預貯金を相続してしまえば物納は認められない。また、相続人本人が現金・預貯金を潤沢に保有していたり、高収入である場合等も同様である。あるいは、物納劣後財産に相当する土地を物納したいと考えていても、その物件を遺産分割で取得した相続人が、他に納税に充てるのに適当となる財産を相続していれば、物納劣後財産の申請そのものが受理されない。

　この物納条件及び遺産分割条件を表にすれば、次のとおりである。

| 物納条件 | 遺産分割条件 |
|---|---|
| 1　金銭納付困難事由 ⇒ 有 | ●現金・預貯金の相続なし、高収入ではない |
| 2　物納財産<br>　(1)　劣後財産 ⇒ 有<br>　(2)　他に適当な財産 ⇒ 有<br>　(3)　金銭納付困難事由 ⇒ 有 | ●劣後財産のみ相続 |

もちろん、遺産分割は納税目的だけで成立するものではなく、そこには相続人同士の様々な思惑もあることなので、必ずしも物納を考慮した分割ばかりを重視できるわけではないが、納税コンサルティングを行う立場ではこの考え方は重要なことである。

## 1 ケーススタディ ～納税に充てるべき財産と遺産分割

相続財産と、それを取得する相続人固有の財産、それを比較衡量したうえで、現実的に「納税に充てるべき財産と想定される財産」の関係を図解すると下表のようになる。

この表は、仮に相続人を長男・次男・長女の3人と想定して、それぞれが相続により取得した財産と、もともと本人が持っていた相続人固有の財産、そして、その状況下で10か月の申告期限が到来した時に、結果としてどの財産を納税に充当することになるかの見通しを一覧表に表わしたものである。

◆ケース

|  | 相続した財産 | | 相続人固有の財産 | 結果として納税に充当することになる財産 |
| --- | --- | --- | --- | --- |
|  | 残したい財産 | 物納したい財産 | | |
| 長男 | 現金・預貯金 | 不動産<br>【物納適格財産】 | ほとんどなし | 相続した現金・預貯金 |
| 次男 | 被相続人の自宅<br>敷地と建物 | 不動産<br>【物納適格財産】 | 現金・預貯金 | 相続人固有の現金・預貯金 |
| 長女 | （優良な）不動産<br>【物納適格財産】 | （あまりよくない）不動産<br>【物納劣後財産】 | ほとんどなし | 優良な不動産<br>【物納適格財産】 |

### 1 長男

長男は、現金・預貯金と不動産（物納適格財産と見込まれる不動産）を相続した。そして、長男は相続でもらった財産の他にはめぼしい財産を持っていなかった。この場合、長男としては相続した現金・預貯金はなるべく手元に残しておきたいので、不動産を物納したいと考えていた。不動産の中身もよく、物納適格財産として収納してもらえる物件だったからである。

しかし、現金・預貯金を相続したことで「金銭納付を困難とする理由」が受理されず、物納申請することができなかったため、やむなく相続した現金・預貯金を納税に充てることとなってしまった。

### 2 次男

次男は、被相続人（亡くなった親）の自宅（敷地と建物）、そして不動産（物納適格財産と見込まれる不動産）を相続した。次男は事業で成功していたので、自分名義の現金・預貯金も潤沢に持っていた。次男も長男と同様に物納適格と見込まれる不動産を物納したいと考えていたが、自分名義の現金・預貯金がたくさんあったため「金銭納付を困難とする理由」が受理されず、やむなく自分名義の現金・預貯金を納税に充てることとなってしまった。

### 3　長女

長女は優良な不動産と、あまり内容のよくない不動産（物納劣後財産に該当）を相続した。

長女としては現金・預貯金を相続せず自分名義の現金・預貯金もなかったので、「金銭納付を困難とする理由」に該当していた。そのため、物納劣後財産に該当する不動産を物納したいと考えていたが、優良な不動産も相続していたために、「他に納税に適した財産がある」とされてしまったため劣後財産を物納申請することができず、結果として優良な不動産を物納により納税することとなってしまった。

## 2　戦略的遺産分割の留意点

ここまで読んでお気付きのとおり、このケースでは相続人間で協力して遺産分割を工夫することで、物納が可能になった可能性がある。

次男は本人名義の現金・預貯金が潤沢にあるので、いずれにせよ「金銭納付が困難な理由」が認められる可能性はほとんどない。したがって、「長男」及び「長女」の２人が何らかの手を打てば、物納申請が可能になった可能性がある。

その条件を検討すると、次のとおりとなる。

> ①　長男については、現金・預貯金を相続せず、さらに他の不動産（物納適格財産と見込まれる不動産）を相続することにしておけば、相続した財産は不動産ばかりで納税資金となる現金・預貯金がない、として物納申請が受理された可能性がある。
> ②　長女については、物納劣後財産に該当する財産だけを相続すれば、他の納税に充てる適当な価額の財産がないため、物納申請が受理された可能性がある。

このような遺産分割を行えば物納ができたかもしれない、という仮定の話である。当然のことながら、遺産分割においては「少しでも財産を多く相続したい、可能であれば優良な財産を相続したい」という心理が働く。それが遺産争い、いわゆる「争族」の主たる原因である。

したがって、ここに取り上げたのは「遺産分割の工夫によっては、物納が可能になるかもしれない」という考え方の例示であるには違いないのだが、反対に考えれば、遺産分割でもめてしまい円滑な遺産分割ができないとなると、納税対策自体が危うくなるということを明示していることが理解できるであろう。

# 5

## 物納に導くための
## 事前準備と相続対策(2)
### ～有価証券編

# 1 有価証券の物納の基礎知識

## 1 有価証券の物納の整備

　上場株式や取引相場のない株式、国債及び地方債等を物納に充てるためには、不動産と同様に、物納しようとする有価証券ごとの整備を行い、物納にあたって必要な書類等を準備する必要がある。物納に充てようとする有価証券の種類ごとに、整備の方法や必要書類等は異なっているため、申請にあたっては以下の点について確認する必要がある。

　なお、有価証券を物納する場合の物納手続関係書類の作成にあたっては、「物納手続関係書類チェックリスト（有価証券・その他の財産）」（次頁参照）を利用して、必要書類の作成漏れがないように注意する必要がある。

### 1 国債・地方債

　登録国債、登録地方債及び振替国債以外の国債及び地方債を物納しようとする場合は、物納申請時までに、その国債及び地方債の証券の写しを提出する必要があり、かつ、所有者の名義を相続人に変更しておかなければならない。

　なお、物納の許可があった場合には、その後において国への所有権移転手続を行わなければならないが、その具体的な手続は国債・地方債の種類ごとに以下のとおりである。

**❶登録国債**

　国債登録変更（移転登録）請求書は、所有権移転手続に必要な書類となるが、これは日本銀行本店、支店又は代理店（以下「日本銀行」という。）から入手することができる。

**❷登録地方債**

　移転登録請求書は、所有権移転手続に必要な書類となるが、これは地方債を登録した登録機関から入手することができる。

**❸振替国債**

　物納許可を受けた場合、日本銀行において指定した期日までに指定された財務局長名義の口座への振替手続が必要となる。

**❹その他の国債・地方債**

　物納許可通知書の送付を受けた場合には、指定された日までに、直接税務署へ国債・地方債を持参する必要がある。

物納手続関係書類チェックリスト（有価証券・その他の財産）

| (住所) | 提出書類 | | 申請者確認 |
|---|---|---|---|
| | 1 物納申請書 | | □　　　　（通） |
| | 物納申請書別紙 | 2 物納財産目録 | □ |
| (氏名) | | 3 金銭納付を困難とする理由書 | □ |
| | | 4 物納財産収納手続書類提出等確約書 | □ |
| | | 5 物納劣後財産等を物納に充てる理由書 | □ |

◎ 有価証券

| 有価証券の表示 | 種類及び銘柄 |
|---|---|
| | （登録・記名・無記名） |
| | 種類及び銘柄 |
| | 記号及び番号 |
| | 数量（枚） |

| | 国債・地方債 | | | 株式 | | その他有価証券 | |
|---|---|---|---|---|---|---|---|
| | 登録国債 | 登録地方債 | その他 | 上場株式 | その他 | 登録社債 | その他 |
| 有価証券の写し※<br>（上場株式の場合は所有者の振替口座簿の写し） | □（通） | □（通） | □（通） | □（通） | □（通） | □（通） | □（通） |
| 国債登録変更（移転登録）請求書　※ | □ | | | | | | |
| 移転登録請求書　※ | | □ | | | | □ | |
| 取引相場のない株式の発行会社の登記事項証明書 | | | | | □ | | |
| 取引相場のない株式の発行会社の決算書<br>（直近2年間分） | | | | | □ | | |
| 取引相場のない株式の発行会社の株主名簿の写し | | | | | □ | | |
| 誓約書及び役員一覧 | | | | | □ | | |
| 物納財産売却手続書類提出等確約書 | | | | | □ | | |

◎ その他の財産（立木、船舶、動産、特定登録美術品）

| 財産の表示 | | 提出書類 | |
|---|---|---|---|
| 立木 | 所在 | 樹齢・樹種その他立木を特定するために必要な事項を記載した書類 | □　　　（通） |
| | 地番　　地目 | | |
| | 面積 | | |
| 船舶 | 船籍港 | 登記事項証明書 | □ |
| | 名称（構造） | | |
| | トン数　　大きさ | | |
| 動産 | 名称　　（動産・特定登録美術品） | 動産の価額の計算の明細を記載した書類（動産） | □ |
| | 品質（性質） | 評価価格通知書（特定登録美術品） | □ |
| | 数量（枚） | | |

（注）1　物納申請財産の利用状況に該当する提出書類を確認の上、チェック欄「□」をチェックし、提出通数を右横にお書きください。
　　　2　提出書類に「※」が記載されているものは、相続税法施行規則に提出書類としての規定はありませんが、物納許可又は財産の

1　有価証券の物納の基礎知識

## 2　社債、投資信託等の受益証券

　登録社債以外の社債、投資信託又は貸付信託の受益証券、特別の法律により設立された法人の発行する債券又は出資証券を物納しようとする場合は、物納申請時までに、その社債又は証券の写しを提出する必要があり、かつ所有者の名義を相続人に変更しておかなければならない。
　なお、物納の許可があった場合には、その後において国への所有権移転手続を行わなければならないが、その具体的な手続は国債・地方債の種類ごとに以下のとおりである。

### ❶登録社債
　移転登録請求書は、所有権移転手続に必要な書類となるが、これは社債を登録した登録機関から入手することができる。

### ❷登録社債以外
　物納許可通知書の送付を受けた場合には、指定された日までに、直接税務署へ社債等を持参する必要がある。

## 3　上場株式

　上場株式を物納しようとする場合は、物納申請時までに、その上場株式の所有者の振替口座簿の写しを提出する必要があり、かつ所有者の名義を相続人に変更しておかなければならない。
　また、物納許可通知書の送付を受けた場合には、物納しようとする株式を指定された日までに、所有者の振替口座から財務大臣等の口座への振替手続を行う必要がある。
　この場合に、その振替手続が完了した場合には、「振替を行った旨の届出書」を提出することとなる。

## 4　取引相場のない株式

　取引相場のない株式を物納しようとする場合は、その取引相場のない株式について譲渡制限があるときは、物納申請時までに、譲渡制限を解除し、解除したことがわかる資料として議事録の写しと物納申請者に名義変更している株券の写しを提出するとともに、以下の書類を提出する必要がある。
　また、物納許可通知書の送付を受けた場合には、指定された日までに、直接税務署へ財務大臣名義に変更した証券を持参する必要がある。

| 提出書類 | 提出書類の内容等 |
| --- | --- |
| 登記事項証明書 | 取引相場のない株式の発行会社の商業登記簿に記録されている事項を証明したもので、法務局において交付を請求できる。 |
| 決算書 | 取引相場のない株式の発行会社に係る決算書（貸借対照表、損益計算書、営業報告書等、直近のもの2年分） |
| 株主名簿の写し | 取引相場のない株式の発行会社の直近の株主名簿 |

| | |
|---|---|
| 物納財産売却手続書類提出等確約書 | 税務署長が履行を求めた場合には、物納財産の売却に必要な次の手続等を履行する旨の確約書を提出<br>① 金融商品取引法その他の法令により一般競争入札に際し必要なものとして定められている書類を発行会社が税務署長に求められた日から6か月以内に提出すること<br>② 株式の価額を算定するうえで必要な書類を速やかに提出すること |
| 誓約書 | 取引相場のない株式の発行会社の役員が暴力団員等に該当しないことをその法人の代表者が誓約した書類 |
| 役員一覧 | 取引相場のない株式の発行会社の役員名簿 |

## 2　有価証券の管理処分不適格財産

　管理処分不適格財産とは、物納に充てることができない財産をいい、有価証券についてまとめると次のとおりである。

| 管理処分不適格財産の内容 | | 留意事項 |
|---|---|---|
| ① 譲渡に関して金融商品取引法その他の法令の規定により一定の手続が定められている株式で、その手続がとられていない株式 | イ 物納財産である株式を一般競争入札により売却することとした場合（一定の目論見書の交付が必要とされる場合に限る。）において、その届出に係る書類及びその目論見書の提出がされる見込みがないもの<br>ロ 物納財産である株式を一般競争入札により売却することとした場合（一定の通知書の提出及び目論見書の交付が必要とされる場合に限る。）において、その通知書及び目論見書の提出がされる見込みがないもの | 物納後に国（財務局）が株式の売却手続を行うにあたって、次の書類を求めた時に、速やかに作成・提出ができることを、株式の発行会社に確認<br>1　金融商品取引法等の規定により一般競争札に際し必要な書類を発行会社が税務署長に求められた日から6か月以内に提出<br>2　株式価額の算定上、必要な書類を速やかに提出<br>（注）　物納後に財務局において非上場株式を一般競争入札により売却する場合には、株式の発行会社に費用負担等が生じる。<br>　　　非上場株式を物納財産として申請する場合には、「物納非上場株式の一般競争入札による売却について」を参照し、物納後の一般競争入札に係る取扱いの詳細について財務局に確認 |
| ② 譲渡制限株式 | 株式に譲渡制限がされていないことを、発行会社の登記事項証明書及び定款により確認し、譲渡制限がある場合、株主総会又は取締役会において、買受人を指定又は制限することなく譲渡を承認する旨の決議を行う。この場合、株主総会又は取締役会の議事録の写しを添付 | |
| ③ 質権その他の担保権の目的となっている株式 | | 物納申請財産である株式の証券、保護預かり証書等から、株式の名義が物納申請者となっていること及び質権等の目的となっていないことを確認し、株式（証券）が発行されていない又は紛失している場合には、発行会社に株式の再発行手続を行う。 |
| ④ 権利の帰属について争いがある株式 | | |
| ⑤ 2以上の者の共有に属する株式（共有者全員がその株式について物納の許可を申請する場合を除く。） | | |

| | |
|---|---|
| ⑥ 暴力団員等によりその事業活動を支配されている株式会社又は暴力団員等を役員（取締役、会計参与、監査役及び執行役をいう。）とする株式会社が発行した株式（取引相場のない株式に限る。） | 取引相場のない株式を物納申請する場合には、その株式の発行会社が暴力団員等によりその事業活動を支配されていないこと及びその株式会社の役員（取締役、会計参与、監査役及び執行役）が暴力団員等に該当しないことを、その株式会社の代表者が誓約した書類及び役員一覧を提出 |

なお、譲渡制限株式であっても、取締役会等の議決機関における解除手続を行い、その議決内容の確認資料としての物納手続関係書類（取締役会議事録、株式譲渡承認請求書、株式譲渡承認書等）を物納申請時に物納申請書に添付することにより、物納適格財産とすることができる。

## 3　有価証券の物納劣後財産

物納劣後財産とは、他に適当な価額の財産がある場合には物納に充てることができない財産をいい、有価証券については、事業を休止（一時的な休止を除く。）している法人に係る株式がこれに該当する。

## 4　物納申請有価証券の調査

「物納等有価証券に関する事務取扱要領」（財務省理財局）によると、物納申請された有価証券の調査については、税務署等が財務局等と連携し行われることとなる。具体的には、財務局等が税務署等からの物納申請財産調査依頼書に基づきその物納申請有価証券の管理処分等についての調査依頼を受けた場合には、物納申請有価証券調査票により調査を行うこととなるが、この物納申請財産調査依頼書には、次の書類等が添付されることとなっている。

(1)　取引相場のない株式に係る法人の登記事項証明書
(2)　取引相場のない株式に係る法人の決算書（物納の許可の申請の日前2年間に終了した事業年度に係るものに限る。）
(3)　非上場株式に係る法人の株主名簿の写し
(4)　税務署長が次に掲げる行為を求めた場合には、これを履行することを物納申請者が約する書類として物納財産売却手続書類提出等確約書
　①　金融商品取引法等により一般競争入札に際し必要なものとして定められている書類（有価証券報告書及び目論見書等）を発行会社が税務署長に求められた日から6か月以内に提出すること
　②　株式の価額を算定するうえで必要な書類を速やかに提出すること

なお、財務局等が管理処分等についての判断を行うにあたっては、「管理処分適否・劣後判断に係る審査分担表」（次頁参照）を用いることとなっていることから、物納申請者についても、物納申請に当たっては、あらかじめその内容を確認しておくことが重要である。

◆管理処分適否・劣後判断に係る審査分担表
○管理処分不適格財産（有価証券）

| 相続税法施行令第18条・施行規則第21条 | | 税務署等の事務処理 | 財務局等の事務処理 |
|---|---|---|---|
| イ　その譲渡に関して金融商品取引法その他の法令の規定により一定の手続が定められている株式で、当該手続がとられていないものとして財務省令で定めるもの | | | |
| | 一　物納に充てる財産（以下「物納財産」という。）である株式を一般競争入札により売却することとした場合（金融商品取引法第4条第1項（有価証券の売出し）の届出及び同法第15条第2項（目論見書の交付）の目論見書（同法第2条第10項（定義）に規定する目論見書をいう。以下この項において同じ。）の交付（次号において「目論見書の交付」という。）が必要とされる場合に限る。）において、当該届出に係る書類及び当該目論見書の提出がされる見込みがないもの | ○「物納財産売却手続書類提出等確約書」の提出の有無を確認 | ○同左 |
| | 二　物納財産である株式を一般競争入札により売却することとした場合（金融商品取引法第4条第6項の通知書の提出及び目論見書の交付が必要とされる場合に限る。）において、当該通知書及び目論見書の提出がされる見込みがないもの | | |
| ロ　譲渡制限株式 | | ○提出書類の登記事項証明書で確認<br>○質権者や共有の有無等について提出書類の株主名簿及びヒアリングにより確認 | ○譲渡制限のある場合、議決機関における解除手続、決議内容等を確認 |
| ハ　質権その他の担保権の目的となっている株式 | | | |
| ニ　権利の帰属について争いがある株式 | | | |
| ホ　二以上の者の共有に属する株式（共有者の全員が当該株式について物納の許可を申請する場合を除く。） | | | |
| ヘ　暴力団員又は暴力団員でなくなった日から5年を経過しない者（以下「暴力団員等」という。）により事業活動を支配されている株式会社又は暴力団員等を役員（取締役、会計参与、監査役及び執行役をいう。）とする株式会社が発行した株式 | | ○提出書類の「誓約書」、「役員一覧」により警察当局へ照会を行い、該当の有無を確認（非上場株式に限る。） | ― |

○物納劣後財産（有価証券）

| 相続税法施行令第19条 | | 税務署等の事務処理 | 財務局等の事務処理 |
|---|---|---|---|
| 十三号 | 事業の休止（一時的な休止を除く。）をしている法人に係る株式 | ○提出書類の直近2期の事業報告書（決算書）において活動状況を確認 | ○必要に応じて発行会社の活動状況をヒアリング、現地調査等により確認 |

〈備考〉提出書類である決算書等において主要事業に関する売上高が計上されていない、あるいは過少な場合が該当するほか、発行会社に対するヒアリング等から休止している事実を確認のうえ判断
(注1)「財務局等の事務処理」については、原則として記載の方法が考えられるところであるが、これ以外の調査方法を採用することを妨げない。
(注2) 上記表ヘに係る「税務署等の事務処理」については、相続税法施行令附則（平成25年政令113号）第3条の経過措置に基づき、実施されることに留意する。

# 2 収納後の取扱いと留意点

## 1 物納等有価証券の処分

### 1 上場株式

　収納後の上場株式の処分については、関東綜財務局において委託証券会社と委託契約を締結し、金融商品市場を通じて速やかに処分することとされており、その際、有価証券の市場価格及び金融商品市場全般の市場価格の動向並びに有価証券の発行会社の財務状況等について考慮されることとなるが、処分基準としては前日の金融商品市場の終値の90％相当額以上の価格を予定価格とし、その予定価格以上となった時において処分されることとなる。

　物納申請された上場株式について、国庫に帰属されるまでの一連の流れについては、「上場株式の振替による物納引受・所属替等の流れ」（173頁参照）で確認することができる。

### 2 取引相場のない株式

　取引相場のない株式の処分においては、随意契約適格者からの買受意向が示されているもの以外の場合は、速やかに一般競争入札により処分されることとなっている。

　処分基準としては、「物納等有価証券（非上場株式等）の処分に係る評価基準について」通達に基づき算定した基準価格を予定価格とし、その予定価格以上の価格で処分され、処分にあたっての契約書式は「国有財産売買契約書」によることとされている。

　なお、ここでいう随意契約適格者とは、国の所有に係る有価証券の売払いにつき一般競争に付することとすれば、その有価証券を発行した法人の経営の安定を阻害するおそれがある場合において、その有価証券をその法人並びにその法人の株主、役員及び従業員その他その法人と特別の縁故関係がある者に売り払うときに該当する者のうち、次のいずれかに該当する場合をいう。

> ① その有価証券を発行した法人並びにその法人の主要株主（発行済株式の総数の100分の10以上の株式を有している株主をいう。）、役員及び従業員に売り払うとき。
> ② その法人の発行した株式を国に物納した者に対し、その物納した株式数をこえない範囲で売り払うとき。
> ③ その法人の主要な業務について、現に継続的取引関係にある者に売り払うとき。

　また、物納申請された取引相場のない株式について、売却されるまでの一連の流れについては、「非上場株式の売却フロー」（174頁参照）で確認することができる。

◆上場株式の振替による物納引受・所属替等の流れ

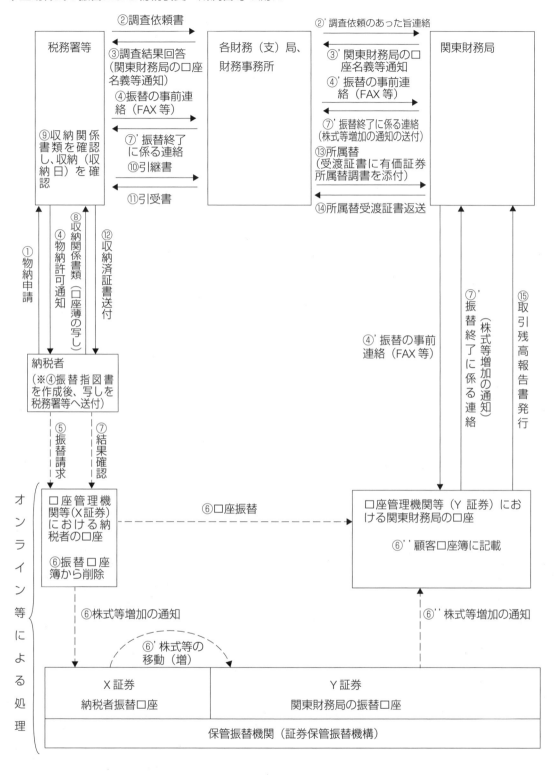

◆非上場株式の売却フロー

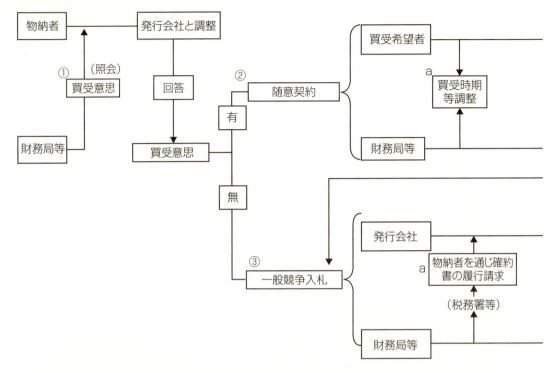

① 財務局等は収納後速やかに物納者に1か月間の回答期限を付して買受意思を照会する。
② 財務局等は、物納者等の随意契約適格者から「買受けしたい」旨回答があった場合には、以下のとおり事務処理を行う。
   a　速やかに物納者等買受要望者と時期・数量等について調整する。
   b　買受時期に応じて物納者、税務署等を通じて発行会社から評価資料を提出させ、速やかに予定価格を作成する。
   （注）評価資料、有価証券届出書等の提出は、原則として確約書の履行請求による。
   c　買受要望者と見積り合せを実施する。（随意契約が不調となった場合を想定して予定価格は提示しない）
   d　処分価格等について買受要望者と合意できた場合には、売払申請書を提出させ、売買契約を締結し、代金納入を確認のうえ株券を引渡す。
   e　合意できなかった場合には、予定価格の有効期間を考慮しつつ、一般競争入札による処分手続に移行する。

[参考] 物納財産売却手続書類提出等確約書（施行規則第22条第2項第5号二）
1　金融商品取引法その他の法令の規定により一般競争入札に際し必要なものとして定められている書類を発行会社が税務署長に求められた日から6か月以内に提出すること。
2　株式の価額を算定する上で必要な書類を速やかに提出すること。

③ 財務局等は、随意契約適格者等から、「買受けしない」旨回答があった場合（買受辞退等の場合を含む）には、以下のとおり事務処理を行う。

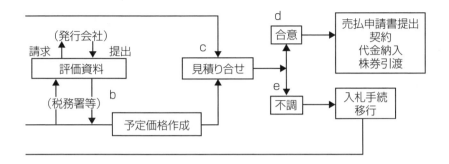

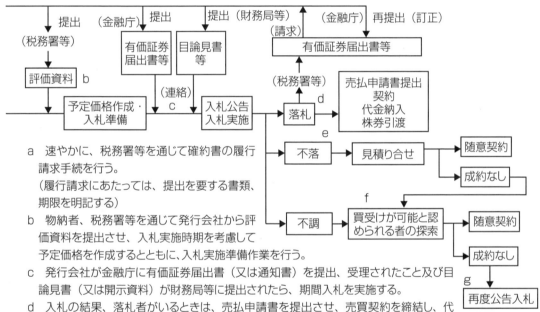

a 速やかに、税務署等を通じて確約書の履行請求手続を行う。
（履行請求にあたっては、提出を要する書類、期限を明記する）

b 物納者、税務署等を通じて発行会社から評価資料を提出させ、入札実施時期を考慮して予定価格を作成するとともに、入札実施準備作業を行う。

c 発行会社が金融庁に有価証券届出書（又は通知書）を提出、受理されたこと及び目論見書（又は開示資料）が財務局等に提出されたら、期間入札を実施する。

d 入札の結果、落札者がいるときは、売払申請書を提出させ、売買契約を締結し、代金納入を確認し、株券を引渡す。（落札後速やかに、発行会社に有価証券届出書（又は通知書）の訂正方届出をさせ、受理されてから15日経過した後に落札者を決定する必要がある。下記eの随意契約による処分の場合にも準じて処理する）

e 入札の結果、不落となった場合は、見積り合せを行う。（再度入札時の状況等を勘案して行わないことができる。）

f 見積り合せによっても契約に至らない場合、見積り合せを行わなかった場合及び入札の結果が不調となった場合は、買受けが可能と認められる者の探索を行うことができる。

g 買受けが可能と認められる者の探索を行っても処分できなかった場合には、評価替を行い再度公告入札を実施する。（再度公告入札の実施にあたっては、条件付許可の5年間の有効期間に留意する。）

## 2 物納等有価証券（非上場株式等）の処分に係る評価基準

### 1 評価方式

　相続税により収納した際の収納価格を決定した方式、すなわち相続税が課税された方式と同一の評価の方式に基づくことを基本として、基準価格が算定される。
　ただし、評価会社について財務局長等が次のいずれかに該当していると認める場合には、上記の方式によらず、評価会社の評価時点における実態に即した評価会社の規模及び特定の評価会社等の判定を行った上で基準価格を算定することができることとされている。

> ① 評価会社の資産の保有状況や規模（総資産価額、従業員数等）、営業状態等が収納時点と比較して著しく変動している場合
> ② 評価会社の業種が収納時点と異なっている場合

　また、評価時点の直前期末以降における帳簿価額による純資産価額及び株式相場等についてその価額に著しい変化が生じた場合には、他の民間精通者からの意見の聴取その他の財務局長等が適当と認める方法により、評価計算上の各要素の価額を修正し、基準価格を算定することもできることとされている。

### 2 鑑定評価

　相続税により収納した場合の基準価格は、上記1による方法を原則としているが、次のいずれかに該当する場合には、民間精通者から鑑定評価額を徴し、これを基礎として基準価格を算定することができる。

> ① 原則的な上記1の方式による評価が実情にそぐわないと認められる場合
> ② 買受希望者から、上記1の方式による評価が実情にそぐわない疑いが強いとの意見があり、その疑いについて相応の合理性が認められる場合
> ③ その他、職員による評価が困難である等の理由により、財務局長等が民間精通者による鑑定評価が適当と認める場合

## 3 物納等有価証券の管理事務

　収納された物納等有価証券については、株主権が国に渡ることとなるが、その株主権の行使について、財務省理財局長から下記の内容を記した通達が発せられている（「物納等有価証券に関する事務取扱要領について」平成22年6月25日・財理第532号）。

## 1 株主権の行使

　財務局長等は、国有財産である物納有価証券の管理及び処分を的確に行う観点から、物納有価証券については、その処分までの間、良好な状態で維持されるよう株主権を行使する。特に、経営者に法令や定款に明らかに違反する重大な行為があると認められる場合には、積極的に株主権を行使する。

　ただし、上場株式については、国の議決権保有割合が僅少と認められる場合には、原則として株主権を行使しなくとも差し支えない。

　なお、非上場株式については、上場株式に比して開示情報が乏しいため、株主権を適切に行使する観点から、株式の引受時、決算時期又は株主総会開催時期等の機会を捉えて、会社の経営・財務状況等について説明を聴取するなど、適時適切な情報収集に努める。

## 2 株主総会の対応・方針

　財務局長等は、株主総会にあたっては、事前に会社の経営・財務状況及び議決事項の内容を調査したうえで、対応方針を決定する。特に、次に掲げる議決事項に係る対応方針の決定に際しては、次の点に留意する。

　イ　定款の変更、資本の減少、会社の合併、株式交換、株式移転、会社の解散など会社法（平成17年法律第86号）上の特別決議又は特殊決議に係る議決事項については、株式価値の保全に与える影響等に関して、会社とのヒアリングを通じて慎重に把握する。

　ロ　配当金に係る議決事項については、会社の利益及び内部留保の状況、役員報酬、同業他社の配当水準との比較等を踏まえ、会社の配当が著しく少ないと思われる場合には、会社に対して明確な理由の説明を求める。

## 3 株主総会の出席

　財務局長等又はその代理人の株主総会への出席の有無については、会社の経営・財務状況、議決事項の内容（特に上記2のイ及びロに該当する内容）及び国の議決権保有割合等を総合的に勘案して、決定する。なお、代理人を出席させる場合には、当該出席者に「命令書」（別紙第6号様式）を交付する。

　また、財務局長等又はその代理人は、株主総会に出席する場合には、物納有価証券の管理及び処分を的確に行う観点から、必要に応じて株主発言を行う。特に、国の議決権保有割合が高い場合、配当金が著しく少ないと思われる場合又は大幅かつ急速に財務状況が悪化している場合には、積極的に株主発言を行う。

# 6

# 物納成功事例に学ぶ
# 取組みと対応のポイント

## 事例の概要

○相続発生　：　平成23年12月3日　　申告期限　：　平成24年10月3日
○相 続 人　：　2名
　　長男（物納申請者）　：　　相続税額　74,600,800円　　物納申請額　56,422,069円
　　次男　　　　　　　　：　　相続税額　67,200,000円　　金銭納付　　（代償金により）
○物納申請財産　：　田　1137.45㎡
　　用途地域　：　準工業地域
　　建ぺい率　：　60%
　　容 積 率　：　200%
　　　＊接道は東側の市道で幅員約6m（建築基準法42条1項1号道路）

## 案件の経緯

① 相続人は長男・次男の2名。遺産分割の話し合いのなかで、長男が不動産のほとんどを相続し、次男に代償金を支払う「代償分割」とすることで合意した。

② その代償金を支払うこととなったため、長男は相続税を納付するにあたり「延納によっても金銭で納付することが困難」となり、相続財産の中でもっとも大きな土地を物納申請することとなった。
　□提出資料1：相続税物納申請書（183頁参照）
　□提出資料2：金銭納付を困難とする理由書（184、185頁参照）

③ 上記の物納申請時には、添付書類として下記の書類を提出した。なお、地積測量図、境界線に関する確認書等の「物納手続関係書類」が完備していなかったため、提出期限を延長するための届け出を行った。これにより利子税が発生することとなったが、書類の提出可能な時期を2か月以内と見込み、限度いっぱいの3か月ではなく2か月の延長とした。
　□提出資料3：物納財産目録（186頁参照）
　□提出資料4：各種確約書（187頁参照）
　□提出資料5：物納手続関係書類提出期限延長届出書（188頁参照）

④ 上記により物納申請が受理され、「徴収の引受通知書」等の書類が国税局長名で発出された。
　□交付資料1：徴収猶予通知書（189頁参照）

□交付資料２：徴収の引受通知書（190頁参照）

⑤　その後、測量の完了と共に物納手続関係書類の提出を行い、その他所要の整備を行ったところ、平成25年1月22日に物納が許可となった。
□交付資料３：相続税物納許可通知書（191頁参照）

⑥　上記の物納許可に基づき、当該土地は国に所有権が移転された。ところが、物納許可から約6か月後の平成25年7月12日に、「物納財産（土地）の地下から埋設物（コンクリートガラ等）が発見されたため、当該地下埋設物の除去及び処分並びに除去後の埋戻しを行う必要がある」とのことで、「物納の条件付許可に係る条件履行要求通知書」が国税局長名で通達された。
□交付資料４：物納の条件付許可に係る条件履行要求通知書（192頁参照）
　　　　　　　（別添）物納財産に係る許可条件の履行を求める場合の撤去工事について（193頁参照）

⑦　上記の条件履行要求通知書に基づき、産業廃棄物処理業者に委託してコンクリート塊の除去並びに処分を行ったうえで埋戻しを行い、「物納の条件付許可に係る条件履行要求事項完了届出書」（提出資料6、195頁）を提出し、条件の履行を完了した。

## 本事例の着目点とポイント

①　遺産分割協議において、「長男が次男に対して代償金を支払う」という内容にしたことで、「金銭納付を困難とする理由」が成立し物納申請が可能となった。

②　物納申請時に「物納手続関係書類」をすべて揃えることができなかったため、期限延長の届出を行ったが、書類を提出する時期を適正に見積もり2か月の延長届出とすることで利子税の負担を軽減した。

③　その他所要の書類提出や整備を行い、無事に物納許可となり国に所有権が移転した。しかし、その物納許可通知書には、次のような「許可条件」が付されていた。

　「許可する物納財産については、現地調査による目視確認や物納申請者からの聴取により土壌汚染対策法に定められた汚染物質による汚染や地下埋設物（以下、地下埋設物等という。）の存在等について調査しましたが、地下埋設物等が存在しないことが明らかではないことから、相続税法第42条第30項の規定に基づき、次の条件を付して本件物納申請を許可します。

　本件物納申請財産について、物納許可が行われた後、地下埋設物の存在又は土壌が汚染されていることが判明した場合には、国税局長からの履行を求める通知に基づき、その地下埋設物の除去及び処分並びに除去後の埋戻し又は土壌浄化工事等の必要な措置を行うこと（国（国から売買等により所有権を取得したものを含む。）が、除去等の必要な措置等を行った場合には、その費用について負担すること）。」

④　上記の許可条件付きでの物納許可から約6か月後に、地下埋設物（コンクリートガラ等）が発見されたことにより、「物納の条件付許可に係る条件履行要求通知書」が国税局長より

申請者に送達された。
（注）「物納の条件付許可に係る条件履行要求通知書」については、物納許可になるまでの各種の書類提出や書類の補完、あるいは許可のための現地整備等の措置事項とは異なり、「延長届出」をすることができない。したがって、この条件履行要求通知書で定められた期限までに完了しないと物納却下とみなされるので要注意である。

⑤　上記の条件履行要求通知書に基づき、産業廃棄物処理業者に委託してコンクリート塊の除去並びに処分等を実施した。

なお、このような業務を委託するにあたっては、その委託先業者が適正な登録業者であること、また適正な処分手続を行ったこと等を確認するために、下記のような書類提出が求められる。

(1)　産業廃棄物処分業許可証
(2)　建設廃棄物処理委託契約書
(3)　建設系廃棄物マニフェスト
(4)　最終処分先一覧表他

⑥　上記のとおり、地下埋設物の除去及び処分並びに現地の埋戻し作業を行い、期限内に「物納の条件付許可に係る条件履行要求事項完了届出書」を提出し、条件の履行を完了した。

## 解説

本事例のように、物納許可の時点で地下埋設物の存在や土壌汚染の汚染物質の有無等が不明である場合には、「許可条件」に詳細にその内容が記載された「条件付許可」となる。

そして、国に当該土地の所有権移転がされた後であっても、「5年以内」にその地下埋設物等や土壌汚染の事実が判明した場合には、本事例のような「履行要求通知書」が送達され、期限内に整備を完了しないと物納却下となるので要注意が必要である。

なお、履行要求の期限が5年という長期間にわたっている点については、相続税の申告実務において、5年以内であれば更正の請求ができることに対応させているといわれている。

いずれにせよ、物納許可から5年以内であればいつでも履行要求される可能性があるため、このような地下埋設物や土壌汚染の懸念がある土地を物納する場合には注意を要する。

そもそも、田・畑は、農業のために水を引き込む必要があり道路面よりも一段低い土地であることが多いことから、宅地化をする際に、かさ上げをするために残土・ガラ等で埋めることもあるため地下埋蔵物に注意が必要である。

提出資料1

# 相続税物納申請書

(税務署収受印)

××税務署長殿
平成　年　月　日

(〒　　－　　)
住所　××××××××××
フリガナ
氏名　××　××　　㊞
職業　無職　　　電話

下記のとおり相続税の物納を申請します。

記

### 1　物納申請税額

| | | |
|---|---|---|
| ①　相続税額 | | 74,600,800円 |
| 同上のうち | ②現金で納付する税額 | 18,178,731円 |
| | ③延納を求めようとする税額 | 0円 |
| | ④納税猶予を受ける税額 | |
| | ⑤物納を求めようとする税額<br>（①－（②＋③＋④）） | 56,422,069円 |

### 2　延納によっても金銭で納付することを困難とする理由

（物納ができるのは、延納によっても金銭で納付することが困難な範囲に限ります。）

別紙「金銭納付を困難とする理由書」のとおり。

### 3　物納に充てようとする財産

別紙目録のとおり。

### 4　物納財産の順位によらない場合等の事由

~~別紙「物納劣後財産等を物納に充てる理由書」のとおり。~~

※　該当がない場合は、二重線で消してください。

### 5　その他参考事項

| 右の欄の該当の箇所を○で囲み住所氏名及び年月日を記入してください。 | 被相続人、遺贈者 | (住所)　×××××××××× |
| | | (氏名)　××　×× |
| | 相続開始・遺贈年月日 | 平成23年12月　3日 |
| | 申告（期限内、期限後、修正）、更正、決定年月日 | 平成24年10月　1日 |
| | 納期限 | 平成24年10月　3日 |
| 納税地の指定を受けた場合のその指定された納税地 | | |
| 物納申請の却下に係る再申請である場合は、当該却下に係る「相続税物納却下通知書」の日付及び番号 | | 第　　　号<br>平成　年　月　日 |

| 税務署 | 郵送等年月日 | 担当者印 |
|---|---|---|
| 整理欄 | 平成　年　月　日 | |

（作成税理士　事務所所在地　電話番号　署名押印）㊞

提出資料2

# 金銭納付を困難とする理由書
（相続税延納・物納申請用）

平成　年　月　日

×× 税務署長　殿

住　所　××××××××××

氏　名　×× ××　　　　㊞

平成23年12月3日付相続（被相続人　××　××）に係る相続税の納付については、納期限までに一時に納付することが困難であり、延納によっても金銭で納付することが困難であり、その納付困難な金額は次の表の計算のとおりであることを申し出ます。

| 1 | 納付すべき相続税額（相続税申告書第1表㉗の金額） | | A | 74,600,800 円 |
|---|---|---|---|---|
| 2 | 納期限（又は納付すべき日）までに納付することができる金額 | | B | 6,538,161 円 |
| 3 | 延納許可限度額 | 【A－B】 | C | 68,062,639 円 |
| 4 | 延納によって納付することができる金額 | | D | 0 円 |
| 5 | 物納許可限度額 | 【C－D】 | E | 68,062,639 円 |

| 2 納期限（又は納付すべき日）までに納付することができる金額の計算 | (1) 相続した現金・預貯金等 | | （イ＋ロ－ハ） | 【 2,542,269 円】 | |
|---|---|---|---|---|---|
| | | イ　現金・預貯金（相続税申告書第15表㉑の金額） | （ 46,116,017 円） | | |
| | | ロ　換価の容易な財産（相続税申告書第11表・第15表該当の金額） | （ 0 円） | | |
| | | ハ　支払費用等 | （ 43,573,748 円） | | |
| | | 内訳　相続債務（相続税申告書第15表㉝の金額） | ［ 522,991 円］ | | |
| | | 　　　葬式費用（相続税申告書第15表㉞の金額） | ［ 3,270,757 円］ | | |
| | | 　　　その他（支払内容：　　　　） | ［ 3,000,000 円］ | | |
| | | 　　　　　（支払内容：　　　　） | ［ 36,780,000 円］ | | |
| | (2) 納税者固有の現金・預貯金等 | | （イ＋ロ＋ハ） | 【 5,000,000 円】 | |
| | | イ　現金 | （ 0 円） | ←裏面①の金額 | |
| | | ロ　預貯金 | （ 5,000,000 円） | ←裏面②の金額 | |
| | | ハ　換価の容易な財産 | （ 0 円） | ←裏面③の金額 | |
| | (3) 生活費及び事業経費 | | （イ＋ロ） | 【 1,004,108 円】 | |
| | | イ　当面の生活費（3月分） うち申請者が負担する額 | （ 666,615 円） | ←裏面⑪の金額×3/12 | |
| | | ロ　当面の事業経費 | （ 337,493 円） | ←裏面⑭の金額×1/12 | |
| | Bへ記載する | | 【(1)＋(2)－(3)】 | B | 【 6,538,161 円】 |

| 4 延納によって納付することができる金額の計算 | (1) 経常収支による納税資金（イ×延納年数（最長20年））＋ロ | | 【　　　　円】 | |
|---|---|---|---|---|
| | | イ　裏面④－（裏面⑪＋裏面⑭） | （△ 2,384,158 円） | |
| | | ロ　上記2（3）の金額 | （ 1,004,108 円） | |
| | (2) 臨時的収入 | | 【 0 円】 | ←裏面⑮の金額 |
| | (3) 臨時的支出 | | 【 0 円】 | ←裏面⑯の金額 |
| | Dへ記載する | | 【(1)＋(2)－(3)】 | D △ 1,380,050 円 |

添付資料
☐ 前年の確定申告書（写）・収支内訳書（写）
☐ 前年の源泉徴収票（写）
☐ その他（　　　　　　　　　　　　　　　　　　　　　　　　　）

(裏面)

## 1 納税者固有の現金・預貯金その他換価の容易な財産

| 手持ちの現金の額 | | | ① | 0 円 |
|---|---|---|---|---|
| 預貯金の額 | K銀行/N支店(5,000,000 円) | /（　　　　円） | ② | 5,000,000 円 |
| | /（　　　　円） | /（　　　　円） | | |
| 換価の容易な財産 | （　　　　円） | （　　　　円） | ③ | 0 円 |
| | （　　　　円） | （　　　　円） | | |

## 2 生活費の計算

| 給与所得者等：前年の給与の支給額<br>事業所得者等：前年の収入金額 | ④ | 4,332,222 円 |
|---|---|---|
| 申請者　　　　　　　　　100,000 円 × 12 | ⑤ | 1,200,000 円 |
| 配偶者その他の親族　（　0 人）× 45,000 円 × 12 | ⑥ | 0 円 |
| 給与所得者：源泉所得税、地方税、社会保険料（前年の支払額）<br>事業所得者：前年の所得税、地方税、社会保険料の金額 | ⑦ | 176,460 円 |
| 生活費の検討に当たって加味すべき金額<br>　加味した内容の説明・計算等<br>　　D生保　保険料 | ⑧ | 1,290,000 円 |
| 生活費（1年分）の額　（⑤+⑥+⑦+⑧） | ⑨ | 2,666,460 円 |

## 3 配偶者その他の親族の収入

| 氏名　　　　　　（続柄　　）　前年の収入（　　　　円） | ⑩ | 円 |
|---|---|---|
| 氏名　　　　　　（続柄　　）　前年の収入（　　　　円） | | |
| 申請者が負担する生活費の額　⑨ ×（④/（④+⑩）） | ⑪ | 2,666,460 円 |

## 4 事業経費の計算

| 前年の事業経費（収支内訳書等より）の金額 | ⑫ | 3,549,920 円 |
|---|---|---|
| 経済情勢等を踏まえた変動等の調整金額<br>　調整した内容の説明・計算等<br>　　建物修繕費（過去10年の年平均額） | ⑬ | 500,000 円 |
| 事業経費（1年分）の額　（⑫+⑬） | ⑭ | 4,049,920 円 |

## 5 概ね1年以内に見込まれる臨時的な収入・支出の額

| 臨時的収入 | | 年　月頃（　　　　円） | ⑮ | 0 円 |
|---|---|---|---|---|
| | | 年　月頃（　　　　円） | | |
| 臨時的支出 | | 年　月頃（　　　　円） | ⑯ | 0 円 |
| | | 年　月頃（　　　　円） | | |

提出資料3

## 物 納 財 産 目 録
### （土地・家屋用）

| 土地・家屋の表示 | | | | 価　額 | 備　考 |
|---|---|---|---|---|---|
| 地番又は家屋番号 | 地目又は種類 | 構　造 | 地積又は床面積 | | |
| １０番１ | 田 | | 1137.45 ㎡ | 56,422,069 円 | |
| | | | | | |
| | | | | | |
| | | | | | |
| | | | | | |
| | | | | | |
| | | | | | |

所　在

※ 物納申請財産が土地（借地権等の設定された土地を除く。）の場合で、当該土地上に塀、柵等の工作物や樹木がある場合は、次の事項を確認して□にチェックしてください。

　□ 物納により国に当該土地の所有権が移転した後において、土地の定着物である工作物及び樹木については、その所有権を主張することはありません。

※ 相続開始時に生産緑地の指定を受けていた土地であった場合は、当該土地に係る生産緑地法第10条に規定する市町村長に対する買取申出年月日又は生産緑地の指定解除年月日を備考欄に記載してください。

※ 地目が田又は畑（農地）の場合で他の用途に使用している場合は、次の事項を確認して□にチェックしてください。

　□ 農地法第4条及び第5条の許可を受けています。

提出資料4

氏名 ×× ××

# 各 種 確 約 書

> 物納申請財産の種類に応じ、以下の事項に関する確約等が必要となりますので、該当する事項を確認した上、該当欄文頭の□にチェックしてください。
> なお、物納申請財産の種類が複数の場合、該当するすべての事項にチェックしてください。

【土地、建物（共通）】

【物納財産収納手続書類提出等確約書】
☑ 私の物納申請に関して、税務署長から次の書類の提出を求められた場合には、速やかに提出することを約します。
　1　所有権移転登記承諾書
　2　印鑑証明書

【土地、建物（賃借人がいる場合）】

【賃借料の領収書等の提出に関する確約書】
□ 私の物納申請に関して、相続税法第42条第2項に規定する物納申請書の提出期限（相続税法第45条の物納申請の却下に係る再申請の場合は再申請の日及び相続税法第48条の2の特定物納の申請の場合は当該申請書の提出の日）の翌日から1年以内に物納の許可がされない場合に、税務署長から賃借料の領収書等の提出を求められたときには、その求められた日前3か月間の賃貸料の支払状況が確認できる書類を速やかに提出することを約します。なお、当該3か月間に賃貸料の支払期限がない場合には、直前の支払期限に係る支払状況が確認できる書類を提出することを約します。

【立木】

【物納財産収納手続書類提出等確約書】
□ 私の物納申請に関して、税務署長から次の書類の提出を求められた場合には、速やかに提出することを約します。
　1　所有権移転登記承諾書
　2　印鑑証明書

【船舶】

【物納財産収納手続書類提出等確約書】
□ 私の物納申請に関して、税務署長から次の書類の提出を求められた場合には、速やかに提出することを約します。
　1　所有権移転登記承諾書
　2　印鑑証明書
　3　小型船舶の登録等に関する法律第19条第1項（譲渡証明書）に規定する譲渡証明書
　4　その他物納財産の収納手続に必要な書類

【動産】

【物納財産収納手続書類提出等確約書】
□ 私の物納申請に関して、税務署長から物納財産の収納に必要な手続をとることを求められた場合には、速やかにこれを行うことを約します。

提出資料5

# 物納手続関係書類提出期限延長届出書

平成　年　月　日

×　×　税務署長（国税局長）　殿

（〒　　－　　　）

(住所)　××××××××××

フリガナ
(氏名)　××　××　　　㊞

　平成　年　月　日相続開始に係る物納申請に関して、物納申請書に添付して（延長した提出期限までに）物納手続関係書類を提出することができないため、下記のとおり提出期限を（再）延長します。

記

1　延長する期限

| 物納申請期限　又は<br>前回の延長した提出期限 | 延長する期限 |
|---|---|
| 平成24年10月　3日 | 平成24年12月　3日 |

　（注）1　延長する期限には、物納申請期限（又は前回延長した期限）の翌日から起算して3か月以内の日を記載してください。
　　　　2　再延長の届出は何回でも提出できますが、延長できる期間は、物納申請期限の翌日から起算して1年を超えることはできません。
　　　　3　物納申請期限の翌日から延長した期限までの期間については、利子税がかかります。

2　提出期限を延長する必要のある書類

| 物納財産の種類、所在場所、銘柄、記号及び番号等 | 提出期限を延長する物納手続関係書類の名称 | 参考事項 |
|---|---|---|
| ×××××××× | 地積測量図、境界線に関する確認書、境界に関する確認書　他 | |
| | | |
| | | |
| | | |
| | | |

| 税務署 | 郵送等年月日 | 担当者印 |
|---|---|---|
| 整理欄 | 平成　年　月　日 | |

交付資料1

(住所)〒  
　　×××××××××

××局納第　　号

平成24年10月10日

(氏名)

　　　××　××様

××国税局長

　　　××　××㊞

## 徴　収　猶　予　通　知　書

　あなたが、平成24年9月27日提出した物納申請に係る下記の国税については、平成24年10月4日から許可、却下、取下げ又はみなす取下げがされるまでの間、その徴収を猶予します。

記

| 年度 | 税目 | 納期限 | 本税 | 加算税 | 延滞税 | 利子税 | 備考 |
|---|---|---|---|---|---|---|---|
| 平24 | 相続税 | 平24.10.3 | 円<br>56,422,069 | 円<br>— | 円<br>法律による金額 | 円<br>法律による金額 | |
| | | | 以 | 下 | 余 | 白 | |
| | | | | | | | |
| | | | | | | | |

連絡事項

××国税局　納税管理官付  
担当者  
電話　000-000-0000　内線

交付資料2

(住所) 〒
　　　　××××××××

　　　　　　　　　　　　　　　　　　　　××局 納 第　　　号
　　　　　　　　　　　　　　　　　　　　平成24年10月10日

(氏名)
　　　　××　××様

　　　　　　　　　　　　　　　　　　　　××国税局長
　　　　　　　　　　　　　　　　　　　　　　××　××㊞

## 徴 収 の 引 受 通 知 書

　あなたの下記の相続税に係る物納申請税額について、名古屋西税務署から徴収の引継があり、今後は当国税局で申請に係る事務を担当しますので、国税通則法第43条第5項の規定により通知します。

記

| 住　　　所 | | | | | 氏　　名 | 被相続人 |
|---|---|---|---|---|---|---|
| ××××××××－×× | | | | | ×× ×× | ×× ×× |
| 年度 | 納期限等 | 申告区分 | 延納申請額 | 物納申請税額 | 合　　計 | 備　　考 |
| 平24 | 平24.10.3 | 期限内申告 | 円<br>0 | 円<br>56,422,069 | 円<br>56,422,069 | |
| ― | ― | ― | ― | ― | ― | |
| ― | ― | ― | ― | ― | ― | |
| 合　　　計 | | | 0 | 56,422,069 | 56,422,069 | |

連絡事項

　　　　　　　　　　　　　　　　　　　××国税局　納税管理官付
　　　　　　　　　　　　　　　　　　　担当者
　　　　　　　　　　　　　　　　　　　電話　000-000-0000　内線

交付資料3

××局納第　　　号
平成25年1月22日

（住所）〒
　　　××××××××××

××国税局長

（氏名）　　　　　　　　　　　　　　　××　××　㊞

　××　××　様

相 続 税 物 納 許 可 通 知 書

　平成24年9月27日付で申請のあった相続税の物納は、相続税法第42条第2項の規定に基づき、下記のとおり許可しましたから通知します。

記

1　物納許可額

| 物納申請額 | 物納許可額 | 物納却下額 | 差引一時に納付を要する額 |
|---|---|---|---|
| 円<br>56,422,069 | ※1　円<br>56,422,069 | 円<br>0 | ※2　円<br>0 |

2　許可する物納財産

| 許可・却下の区分 | 物納財産の明細 | 価　　額 | 備　考 |
|---|---|---|---|
| 許　可 | 田　1137㎡ | 58,370,521円 | 過誤納金<br>1,948,452円 |
|  |  |  |  |
|  | （合　　計） | 58,370,521円 |  |

3　許可条件

　　許可する物納財産については、現地調査による目視確認や物納申請者等からの聴取により土壌汚染対策法に定められた汚染物質による汚染や地下埋設物（以下「地下埋設物等」という。）の存在等について調査しましたが、地下埋設物等が存在しないことが明らかではないことから、相続税法第42条第30項の規定に基づき、次の条件を付して本件物納申請を許可します。
　　本件物納申請財産について、物納許可が行われた後、地下埋設物の存在又は土壌が汚染されていることが判明した場合には、国税局長からの履行を求める通知に基づき、その地下埋設物の除去及び処分並びに除去後の埋戻し又は土壌浄化工事等の必要な措置を行うこと（国（国から売買等により所有権を取得した者を含む。）が除去等の必要な措置等を行った場合には、その費用について負担すること。）。

4　申請どおり許可しない理由

| 理由 | |
|---|---|

　　※1　物納許可額に対して、その納付があったものとみなされる日までの期間について利子税がかかる場合は、別途連絡します。
　　※2　「差引一時に納付を要する額」は、同封の納付書で至急納付してください。
　　　　なお、この税額に対しては、完納する日までの延滞税（納期限又は納付すべき日の翌日から却下の日までは利子税）がかかります。

　　◎　この処分に関する不服申立て等に関する事項については裏面をご覧ください。

　　　　　　　　　　　　　　　　　　　　　××国税局　納税管理官付
　　　　　　　　　　　　　　　　　　　　　担当者
　　　　　　　　　　　　　　　　　　　　　電話　000-000-0000　内線

交付資料4

××局納第　　　　号

平成25年7月12日

(住所)〒
　　　××××××××××

(氏名)

　　　　　××　××　様

　　　　　　　　　　　　　　　　　　　××国税局長

　　　　　　　　　　　　　　　　　　　××　××　　㊞


## 物納の条件付許可に係る条件履行要求通知書

　平成××年××月××日付××局納第××号をもって許可した相続税の物納に付した条件について、相続税法第48条第1項の規定に基づき、下記のとおり、履行を求めます。
　なお、履行期限までに当該履行要求する事項が完了されていないときは、相続税法第48条第2項の規定に基づき、物納の許可を取り消す場合がありますので、ご注意ください。

記

1　履行要求に係る物納財産（種類、所在場所等）
　(1)　○○○○○○○○○○○○○○○
　　　　　　（以　下　余　白）


2　履行要求する事項
　上記「1　履行要求に係る物納財産」欄記載の物納財産については、相続税法第42条第30項の規定に基づき、物納許可時に「物納許可後、地下埋設物の存在又は土壌が汚染されていることが判明した場合には、国税局長からの履行を求める通知に基づき、その地下埋設物の除去及び処分並びに除去後の埋戻し又は土壌浄化工事等の必要な措置を行うこと。」との条件が付されています。

3　履行要求する理由
　上記「1　履行要求に係る物納財産」欄記載の物納財産の地下で地下埋設物（コンクリートガラ等）が発見されたため、当該地下埋設物の除去及び処分並びに除去後の埋戻しを行う必要があるため。

4　履行期限
　平成25年9月30日

5　その他参考事項
　上記「2　履行要求する事項」欄記載の事項の実施に当たっては、別添「物納財産に係る許可条件の履行を求める場合の撤去工事について」を参考にしてください。

◎　この処分に関する不服申立て等に関する事項については裏面をご覧ください。

別添

## 物納財産に係る許可条件の履行を求める場合の撤去工事について

　許可条件に基づき、原則として敷地内に存在する地下埋設物はすべて撤去してください。なお、撤去工事については以下のとおり確実に実施願います。

1　地下埋設物撤去工事の範囲等
　(1)　範囲は、境界から一定の距離（0.5mから1m程度）を後退した内側とします。なお、現地の状況から隣接地の工作物や隣接地の崩落が起きないよう、細心の注意を払ってください。
　(2)　深さは、垂直に地山までとします。

2　地下埋設物撤去工事完了の挙証資料
　　地下埋設物撤去の状況を工事写真で確認しますので、以下の項目について的確に撮影してください。なお、撮影時には、黒板等に作業内容、寸法、作業日等を記載してください。
　(1)　地下埋設物撤去工事前、工事中、工事後の全工事工程の分かる全景写真
　(2)　工事種目ごとの工程写真
　　イ　掘削（掘削した箇所の深度が確認できるように標尺等を当てて撮影）
　　ロ　解体（基礎等があって解体する場合は、形状が分かるよう撮影）
　　ハ　撤去（スケルトン等による産業廃棄物の分別状況を撮影）
　　ニ　集積（産業廃棄物の種別ごとの集積状況について標尺等を当てて撮影）
　　ホ　積込及び搬出（積込及び搬出時の状況を撮影）
　　ヘ　埋戻し（埋戻し等の状況を撮影）

3　産業廃棄物等処理関係資料
　撤去後の地下埋設物は適法に処分することとし、マニフェストA票及びE票（各写し）を提出してください。

4　その他提出資料
　その他工事完了の確認に必要な資料がある場合は、併せて提出してください。

5　留意事項
　(1)　工事の際は境界標を破損等しないように十分注意し、仮に破損した場合は、地積測量図に基づき正しい位置に復元してください。
　(2)　地下埋設物撤去後は、埋め戻したうえ転圧し均してください。
　　なお、傾斜のある土地の場合は、隣接地へ土が流出しないよう開口部に土嚢を積む等の措置を講じてください。

# 産 廃 処 分 数 量 表

排出事業者：株式会社×××

工事名：地下埋設物撤去工事

現場代理人：××××

| 品名 | | | 処分数量（t） | |
|---|---|---|---|---|
| コンクリート塊 | | | 237,450 | |
| 年　月　日 | 処分数量（t） | 累計数量（t） | 備　　考 | |
| 平成25年8月29日 | 89,150 | 89,150 | 10tダンプ | |
| 平成25年8月30日 | 89,950 | 179,100 | 10tダンプ | |
| 平成25年8月31日 | 24,850 | 203,950 | 10tダンプ | |
| 平成25年9月4日 | 33,500 | 237,450 | 10tダンプ | |
| | | | | |
| 合　計 | | 237,450 | | |

提出資料6

物納の条件付許可に係る条件履行要求事項完了届出書

平成　年　月　日

××国税局長　殿

物納者

(住所)　××××××××××
(氏名)　××　××　　㊞

　平成25年7月12日付××局納第××××号「物納の条件付許可に係る条件履行要求通知書」により、実施を求められていた履行要求事項（地下埋設物の除去等）については、履行を完了しましたので連絡します。
　なお、除去未済の残存物が出土した場合には、私の責任において処理することを申し添えます。

記

1　物納財産の所在地等
　(1)　所在地　××××××××××
　(2)　区分・数量　土地（田）・1137.45㎡

2　実施した履行要求された事項
　上記1の地下で判明した地下埋設物等の除去及び処分並びに埋戻し

3　添付書類
　撤去工事前、工事中、工事後の分かる全景写真
　工事種目ごとの工程写真
　産業廃棄物等処理関係資料（マニフェストA票・E票の各写し）

# 2 共有かつ傾斜地にある畑の事例

## 事例の概要

○相続発生 ： 平成22年11月30日　申告期限 ： 平成23年9月30日
○相 続 人 ： 2名
　　長　男 ： 相続税額　20,317,000円　物納申請額　13,430,045円
　　長　女 ： 相続税額　19,865,400円　物納申請額　13,430,045円
○物納申請財産 ： 畑　653.26㎡（仮求積面積）現状も畑として耕作中
　　　　　　　　＊物納申請財産の特性
　　　　　　　　　① 長男と長女で2分の1ずつ相続し、共有状態にした。
　　　　　　　　　② 傾斜地（傾斜角度約18度～28度＝後日測量値）の畑である。
　　用途地域 ： 第一種低層住居専用地域
　　建ぺい率 ： 50％
　　容 積 率 ： 80％
　　　　＊接道は北側の市道で幅員約6ｍ（建築基準法42条1項1号道路）

## 案件の経緯

① 当初は土地売却による納税を予定していたが、事前に開発業者に買取り価格の査定を依頼したところ、相続税評価額（2,686万円）を大きく下回り、2,000万円でも売却が難しいことが判明し、売却資金では納税に不足することが明らかとなった。

② 傾斜角度が大きく開発が難しい土地であり、傾斜地における開発基準が厳しい地域であることから、自ら開発して売却すると工事費用がさらに高くなるとの専門家の指摘もあり、物納申請の適否について相談が寄せられた。

③ 傾斜地の畑ではあるが、第一種低層住居専用地域に所在しており建築基準法上の市道（＝公道）に接道していることから、建築は可能である。
　　しかし、面積が600㎡を超えているため開発行為が必要となるので、開発申請の可否と工事費用の両面から調査を行った。

④ 周辺状況の調査により、近隣地域において同様の傾斜地が開発・分譲されている事例を確認したため、開発の経緯を詳しく調査したところ、物納は可能と判断した。

⑤ 一方、自ら工事を行って開発しても、その開発後の土地売却によって工事費用を回収することは困難と判断された。

⑥　上記の調査結果に基づき税理士・納税者と打合せを行い、物納が可能と判断し、かつ長男・長女とも金銭納付を困難とする状況にあったため、共有による物納申請を行った。

⑦　平成23年9月30日　相続税申告書及び物納申請書提出
　□提出資料1：相続税物納申請書（199頁参照。長男の申請書のみ掲載（長女は省略））

⑧　物納申請にあたっては「物納財産目録」の備考欄に、「生産緑地法第10条による買取り申出年月日」又は「生産緑地の指定解除日」を記載するよう指示があるが、まだ買取申出がなされていなかったため、提出猶予の「上申書」を提出して対応した。

　その後、役所に対して「生産緑地の買取申出書」の提出、及び農地であることから「農地法」に基づく「農地転用」の申請を行った。

　□提出資料2：生産緑地買取申出書（200頁参照）
　□交付資料1：土地の買取りについて（通知）（203頁参照）
　□提出資料3：農地法第5条第1項第6号の規定による農地転用届出書（204頁参照）
　□交付資料2：受理通知書（205頁参照）

⑨　傾斜角度が大きいため、再建築が可能かどうかの報告書を財務局から求められたため、建築基準法上の道路（市道約6m）に間口が約18m接面していること、宅地開発地に近接していること、竹木の伐採制限についても規制がない旨を報告した。

⑩　NTTサービス総合工事担当会社へ対し、NTT柱（地域で設置した外灯あり）の移転の申出を行う。通例、こうした移転には数か月を要するため、事前に問い合わせを行ったところ申請から移転まで2か月かかる旨の回答があった（自己所有地内でなければ、費用は自己負担となるが、本件は自己所有地内のため費用負担なし）。

⑪　物納収納基準として、軽微な越境については、移転を要しない旨記載があるが、「軽微な」基準が不明、また実際にどれほど越境があるのか、現地状況から判断が難しいため事前に移転申請を行ったもの。

⑫　境界確定測量を開始したところ、西側の隣接土地所有者より、境界確認に協力する代わりに一部土地を売却してほしいとの条件が出された。隣接地所有者としては、その土地を購入して車庫を築造したいとのこと。

　当事者間の調整を行って、「間口3m、奥行約18m、面積33.47㎡」の三角地形状分を売却することで合意し、近隣の公的地価指標や実勢取引価格、当該土地の特性等を加味し、合意した価格1,800,000円で売買を行う。

　なお、この売買契約時に「境界確認書」を受領するとともに、農地法5条による申請手続の完了を受けて、残金清算時に分筆後の境界について境界確認書、樹木・竹に関する「工作物等の越境の是正に関する確約書」を受領した。

　なお、この間に測量工事が完了しなかったことから、測量及び境界確定に関する書類（地積測量図、境界線に関する確認書等）が提出期限に間に合わなかったため、「物納手続関係書類提出期限延長届出書」を提出した。提出にあたっては、測量工事の進捗状況を土地家屋調査士と綿密に打ち合わせたうえで、利子税の負担を少しでも軽減するため、「15日間」の

期限を定めて届出書を提出した。
  □提出資料4：物納手続関係書類提出期限延長届出書（206頁参照）
  □提出資料5：建物等の撤去及び使用料の負担等を求めない旨の確約書（207頁参照）
  □提出資料6：工作物等の越境の是正に関する確約書（その1）（208頁参照）
⑬ 国税局担当官立会いによる現地調査の結果、措置事項として下記の指示を受け、対応を開始した。
  (1) 一部の境界標（コンクリート杭）が土に埋もれているため、塩化ビニール管等のよる保護、明示の指示
  (2) 道路及び隣接地に越境している竹、樹木の伐採、枝払いの指示
  (3) 地すべりが発生した事実はないか、管理費用は発生していないか確認
⑭ 土地の一部を分筆して売却した代金により、相続税の一部を金銭にて納付し当該物納申請の対象外としたうえで、現地調査にて指示された措置事項の整備をすべて完了し物納許可となった。

## 本事例の着目点とポイント

① 共有地、かつ傾斜地の畑という条件の悪い土地でも物納は可能であるという一例である。
② 上記のように売却しようとしても、相続税評価額をはるかに下回る価格にしかならないため、物納分岐点を上回ることができない土地である。
③ したがって、納税のためには物納する方がはるかに有利であり、綿密な調査を行った結果、物納が可能と判断されたため、本来であれば管理処分不適格財産に該当する共有状況とし、共有者全員が全持分を物納申請することで収納された。
④ ただし、更地での売却では価格が低いため、自分で開発して利用しようと考えたとしても、傾斜地であることから多額の工事費用を要する。また、その後の有効活用、売却でも工事代金の回収が困難な土地である。そのような問題を抱えた土地を物納することで、「相続税評価額」で国に収納された。
⑤ このように、売却・開発を断念したうえで物納をすることとなったが、本件では物納するために必要な条件整備について、「境界確定測量」と「越境物の撤去」等で済んだため費用もあまりかからず、また時間的にも短期間で整備できたため利子税の負担も小さかった。
⑥ 境界立会の過程で隣接所有者から土地の一部購入希望があったため、その売却代金で相続税の一部を金銭納付することができたとともに、諸経費の支払費用にも充当することができた。
⑦ この経過をみてくると、亡くなった先代（＝被相続人）及び相続人（＝納税者）が隣接所有者と良好な関係であったからこそ、このように円滑に手続を進めることが可能となったことが分かる。近隣との良好な人間関係の構築も相続対策においては重要な意義があることを意味している。

提出資料1

# 相続税物納申請書

（税務署収受印）

×× 税務署長殿
平成　年　月　日

（〒　　－　　）
住所　××××××××××
フリガナ
氏名　××　××　　㊞
職業　　　　　　電話

下記のとおり相続税の物納を申請します。

記

## 1　物納申請税額

| ① 相続税額 | | 20,317,000円 |
|---|---|---|
| 同上のうち | ②現金で納付する税額 | 4,235,955円 |
| | ③延納を求めようとする税額 | 0円 |
| | ④納税猶予を受ける税額 | 2,651,000円 |
| | ⑤物納を求めようとする税額（①－（②＋③＋④）） | 13,430,045円 |

## 2　延納によっても金銭で納付することを困難とする理由

（物納ができるのは、延納によっても金銭で納付することが困難な範囲に限ります。）

別紙「金銭納付を困難とする理由書」のとおり。

（作成税理士　事務所所在地（電話番号）　署名押印）

## 3　物納に充てようとする財産

別紙目録のとおり。

## 4　物納財産の順位によらない場合等の事由

~~別紙「物納劣後財産等を物納に充てる理由書」のとおり。~~

※　該当がない場合は、二重線で消してください。

## 5　その他参考事項

| 右の欄の該当の箇所を○で囲み住所氏名及び年月日を記入してください。 | 被相続人、遺贈者 | （住所）××××××××<br>（氏名）　××　×× | |
|---|---|---|---|
| | 相続開始、遺贈年月日 | 平成 22 年 11 月 30 日 | |
| | 申告（期限内、期限後、修正）、更正、決定年月日 | 平成　年　月　日 | |
| | 納　期　限 | 平成 23 年 9 月 30 日 | |
| | 納税地の指定を受けた場合のその指定された納税地 | | |
| | 物納申請の却下に係る再申請である場合は、当該却下に係る「相続税物納却下通知書」の日付及び番号 | 第　　　号<br>平成　年　月　日 | |

㊞

| 税務署整理欄 | 郵送等年月日 | 担当者印 |
|---|---|---|
| | 平成　年　月　日 | |

提出資料2

生 産 緑 地 買 取 申 出 書

平成 23 年 10 月 14 日

（あて先）　××市長

| 申出をする者 | 住所　×××××××××× |
|---|---|
| | 氏名　××　××　　　　　　印 |

生産緑地法第10条の規定に基づき、下記により、生産緑地の買取りを申し出ます。

記

1　買取り申出の理由

　　　主たる従事者が高齢であるため

2　生産緑地に関する事項

| 所在及び地番 | 地目 | 地積 | 当該生産緑地に存する所有権以外の権利 | | |
|---|---|---|---|---|---|
| | | | 種類 | 内容 | 当該権利を有する者の氏名及び住所 |
| ×××××××× | 畑 | 809 ㎡ | | | |

3　参考事項

（1）当該生産緑地に存する建築物その他の工作物に関する事項

| 所在及び地番 | 用途 | 構造の概要 | 延べ面積 | 当該工作物の所有者の氏名及び住所 | 当該工作物に存する所有権以外の権利 | | |
|---|---|---|---|---|---|---|---|
| | | | | | 種類 | 内容 | 当該権利を有する者の氏名及び住所 |
| | | | ㎡ | | | | |

（2）買取り希望価格　　　250,000,000　　　　円

（3）その他参考となるべき事項

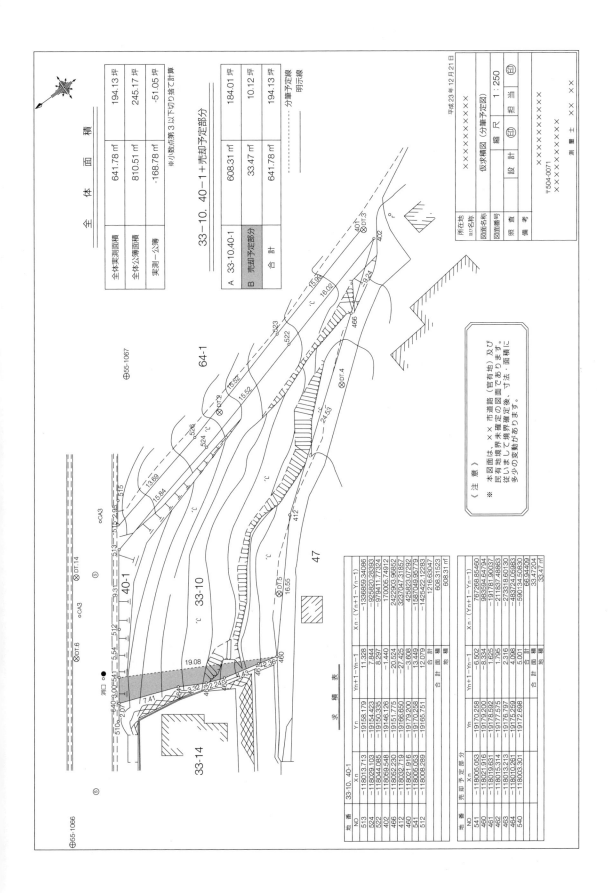

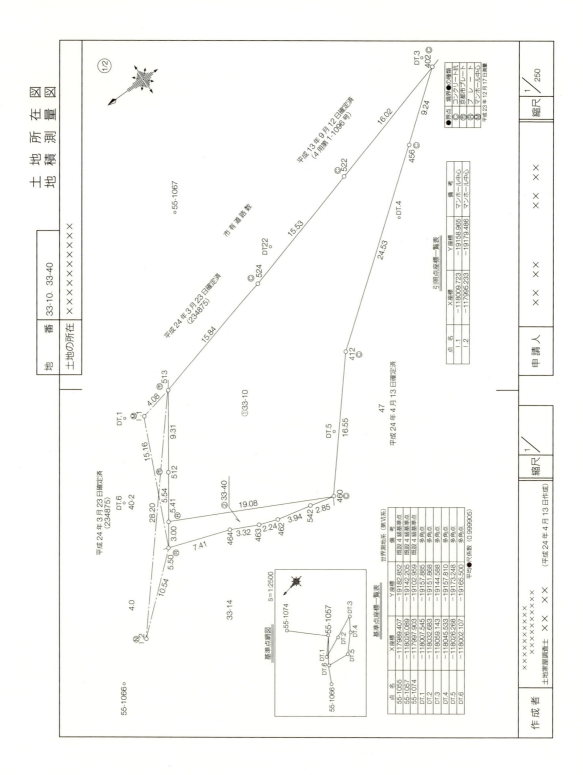

交付資料1

第　　　号
平成23年11月9日

××××　外1名　様

××市長　××　××

## 土地の買取りについて（通知）

　平成23年10月21日付けで収受した生産緑地買取申出の土地については、買取りを希望する公共団体等がありませんので、生産緑地法等12条第1項の規定により買い取らない旨を通知します。
　なお，上記収受の日から起算して3月以内に所有権の移転が行われなかったときは当該生産緑地の行為の制限は解除されます。

記

申出のあった土地の所在，地目及び地積

| 生産緑地の所在 | 地目 | 地積(㎡) |
|---|---|---|
| ××××××××× 33-10 | 畑 | 809 |
| ××××××××× 40-1 | 畑 | 1.51 |

提出資料3

# 農地法第5条第1項第6号の規定による農地転用届出書

平成24 年　　月　　日

××市農業委員会会長　様

　　　　　　　　　　　　　譲受人　氏名　　×× ××　　　　　　　　　印

　　　　　　　　　　　　　譲渡人　氏名　　×× ××　　　　　　　　　印

下記によって転用のため農地（採草放牧地）の権利を設定（移転）したいので、農地法第5条第1項第6号の規定によって届け出ます。

| 1 当事者の氏名等 | 当事者の別 | 氏　名 | 住　所 | 職　業 |
|---|---|---|---|---|
| | 譲受人 | ×× ×× | ×××××××× | |
| | 譲渡人 | ×× ×× | ×××××××× | |

| 2 土地の所在等 | 土地の所在 | 地番 | 地目（登記簿／現況） | 面積 m² | 土地所有者（氏名／住所） | 耕作者（氏名／住所） |
|---|---|---|---|---|---|---|
| | ×××××××× | ×× | 畑／畑 | 33 | ×× ××／×××××× | ×× ××／×××××× |
| 計　　33m²（田　　　m²、畑　　33m²） | | | | | | |

| 3 権利を設定、移転しようとする契約の内容 | 権利の種類 | 権利の設定・移転の別 | 権利の設定・移転の時期 | 権利の存続期間 | その他 |
|---|---|---|---|---|---|
| | 所有地 | 移転 | 受理通知書受領後ただちに | 永久 | |

| 4 転用計画 | 転用の目的 | 車庫 | 開発許可を要しない転用行為にあっては、都市計画法第29条の該当号 | |
|---|---|---|---|---|
| | 転用の時期 | 工事着工時期　平成24年7月31日 | 工事完了時期　平成24年9月30日 | |
| | 転用の目的に係る事業又は施設の概要 | 駐車台数1台 | | |

| 5 転用することによって生ずる附近の農地、作物等の被害の防除施設の概要 | ○土砂の流出防止対策：<br>　　コンクリート擁壁の設置<br>○雨水排水対策：<br>　　前面道路側溝に排水 |
|---|---|

（記載要領）
1　氏名（法人にあってはその代表者の氏名）を自署する場合においては、押印を省略することができます。
2　法人である場合は、「氏名」欄にその名称及び代表者の氏名を「住所」欄にその主たる事務所の所在地を、「職業」欄にその事務の内容をそれぞれ記載してください。
3　譲渡人が2人以上である場合には、届出書の差出人は「譲受人何某」、及び「譲渡人何某外何名」とし、届出書の1及び2の欄には「別紙記載のとおり」と記載して申請できるものとします。この場合の別紙の様式は、次の別紙1及び2のとおりとします。
4　「転用の目的に係る事業又は施設の概要」欄には、事業又は施設の種類、数量及び面積、その事業又は施設に係る取水又は配水施設等について具体的に記入してください。

交付資料2

受 理 通 知 書

届出者名
　譲受人　××　××　様
　　　　　××　××　様
　譲渡人　××　××　様
　　　　　××　××　様

第　　　　号

平成24年4月25日
××市農業委員会
会長　××　××

　平成24年4月19日付けで届出書の提出があった農地法第5条第1項第6号の規定による届出についてはこれを受理し、平成24年4月19日にその効力が生じたので、農地法施行令第17条第2項の規定により通知します。

| 1 当事者の氏名等 | 当事者の別 | 氏　名 | 住　所 |
|---|---|---|---|
| | 譲受人<br>（借人） | ××　××（持分1/2） | ×××××××××× |
| | | ××　××（持分1/2） | ×××××××××× |
| | 譲渡人<br>（貸人） | ××　××（持分1/2） | ×××××××××× |
| | | ××　××（持分1/2） | ×××××××××× |

| 2 土地の所在等 | 所 在 ・ 地 番 | 地目 登記簿 | 地目 現況 | 面積 ㎡ |
|---|---|---|---|---|
| | ×××××××××× | 畑 | 畑 | 33 |
| | 以下余白 | | | |
| | 権利の種類及び設定又は移転の別　　所有権移転 | | | |

| 3 届出書が到達した日 | 平成24年4月19日 |
|---|---|
| 4 届出に係る転用の目的 | 露天駐車場 |

2　共有かつ傾斜地にある畑の事例● 205

提出資料4

# 物納手続関係書類提出期限延長届出書

税務署
収受印

平成24年 5月 3日

× × 税務署長（国税局長） 殿

（〒　　－　　　）

（住所）××××××××××

フリガナ
（氏名）×× ××　　　　　㊞

　平成22年11月30日相続開始に係る物納申請に関して、物納申請書に添付して（延長した提出期限までに）物納手続関係書類を提出することができないため、下記のとおり提出期限を（再）延長します。

記

1　延長する期限

| 物納申請期限　又は前回の延長した提出期限 | → | 延長する期限 |
|---|---|---|
| 平成24年　5月10日 | | 平成24年　5月25日 |

（注）1　延長する期限には、物納申請期限（又は前回延長した期限）の翌日から起算して3か月以内の日を記載してください。
　　　2　再延長の届出は何回でも提出できますが、延長できる期間は、物納申請期限の翌日から起算して1年を超えることはできません。
　　　3　物納申請期限の翌日から延長した期限までの期間については、利子税がかかります。

2　提出期限を延長する必要のある書類

| 物納財産の種類、所在場所、銘柄、記号及び番号等 | 提出期限を延長する物納手続関係書類の名称 | 参考事項 |
|---|---|---|
| ×××××××××× | 地積測量図、境界線の関する確認書 | 確定実測中のため |
| ×××××××××× | 工作物等（樹木等）の越境に関する確認書 | 確定実測中のため |
| ×××××××××× | 越境の状況を示した図面 | |
| ×××××××××× | 建物等（樹木等）の撤去及び使用料の負担等を求めない旨の確約書 | 確定実測中のため |
| ×××××××××× | 越境の状況を示した図面 | |

| 税務署整理欄 | 郵送等年月日 | 担当者印 |
|---|---|---|
| | 平成　年　月　日 | |

提出資料5

## 建物等の撤去及び使用料の負担等を求めない旨の確約書

　下記の物納申請土地（又は物納申請建物に付随する借地権が設定されている土地）から隣地（所在地：　××××××××　）に境界を越えて、又は物納申請土地（又は物納申請建物に付随する借地権が設定されている土地）と当該隣地との境界線上に設置されている物納申請者所有の建物等（建物等の種類：　樹木・竹　）については、国に収納後においても、私（隣地所有者又は賃借権者等）は撤去及び使用料その他の負担を求めないことを確約します。

　なお、上記の確約については、権利承継時においても引き継ぎます。

記

| 物納申請土地（又は物納申請建物に付随する借地権が設定されている土地） ||||
|---|---|---|---|
| 所　　在 | 地　番 | 地　目 | 地　積 |
| ×××××××× | ３３番１０ | 畑 | 608.31㎡ |

平成　　年　　月　　日

　　　　　　　　　　　　　　　　　　隣地所有者（又は賃借権者）
　　　　　　　　　　　　　　　　　　（〒　　　－　　　　）
　　　　　　　　　　　　　　　　　　（住所）
　　　　　　　　　　　　　　　　　　　　×××××××
　　　　　　　　　　　　　　　　　　（氏名）
　　　　　　　　　　　　　　　　　　　　××　××　　㊞
　　　　　　　　　　　　　　　　　　（電話番号　　　　　　　）

提出資料6

# 工作物等の越境の是正に関する確約書(その1)

　下記の物納申請土地に隣地(所在地:××××××××)から境界を越えて、又は物納申請土地と当該隣地との境界線上に設置されている工作物等(工作物等の種類: 樹木・竹 )は、私(隣地所有者又は賃借権者等)が所有しているものです。

　当該工作物等については、将来、私が改築等を実施する際には、物納申請地上又は物納申請地との境界線上から撤去(移動)することを確約します。

　なお、越境の是正に関して問題が生じた場合には、工作物所有者において解決することを確約します。

　また、上記の確約については、権利承継時においても引き継ぎます。

記

| 物　納　申　請　土　地 ||||
|---|---|---|---|
| 所　　在 | 地　番 | 地　目 | 地　積 |
| ×××××××× | 33番10 | 畑 | 608.31㎡ |

平成24年 5月 22日

　　　　　　　　　　　　　　　工作物所有者
　　　　　　　　　　　　　　　　(〒　　－　　　)
　　　　　　　　　　　　　　　　(住所)

　　　　　　　　　　　　　　　　　×××××××
　　　　　　　　　　　　　　　　　フリガナ
　　　　　　　　　　　　　　　　(氏名)
　　　　　　　　　　　　　　　　　××　××　　　㊞
　　　　　　　　　　　　　　　　(電話番号　　　　　　)

# 3 市街化調整区域内にある土地の事例

## 事例の概要

○相続発生 ： 平成25年2月8日　申告期限 ： 平成25年12月8日
○相 続 人 ： 1名
　　長女　　相続税額　19,608,600円　　物納申請額　3,544,200円
○物納申請財産 ： 貸宅地（底地）　2筆 196.90㎡
　　＊物納申請財産の特性 ： 私鉄の最寄り駅より北西へ約2.2kmに位置し、バス停から徒歩8分。
　　用途地域等 ：　市街化調整区域
　　建 ぺ い 率 ：　50％
　　容 積 率 ：　100％
　　＊接道は西側の市道で幅員約5m（建築基準法42条1項1号道路）

## 案件の経緯

① 相続財産に占める不動産の比率が高く現金・預貯金が少ないこと、また不動産についても低収益のものが多く、不動産からの収入も少ないため、相続税の納税資金が不足していた。そこで、土地の売却もしくは物納による納税の可能性を探ることとなった。
　「金銭納付を困難とする理由」について調査分析を行ったところ、物納申請が可能と判断されたため、土地の売却と物納の両面から対策を開始した。

② 私鉄沿線に土地を多数所有していたが、その中で「市街化区域」と「市街化調整区域」の土地が混在していた。市街化調整区域の土地は原則として建物を建築できないが、本件の相続土地はすべて貸宅地として借地権で賃貸しており、借地人が建物を建てて居住していた。

③ このため、本来であれば建物を建築できない市街化調整区域の土地を優先的に相続税の納税に充てたいとの意向あり。

④ そこで、市街化調整区域に所在する貸宅地3件の借地人と面談し、意向調査を行った。

⑤ 借地人意向調査により、3件のうち2件は底地購入の希望があり、1件は購入できないが物納には協力するとの意向が判明した。

⑥ この調査結果に基づき、対象地の境界確定測量を開始し、併せて借地人の境界立会を求めて借地範囲の確定を実施し、「賃借地の境界に関する確認書」の取り交わしも行った。

⑦ 上記の境界確定測量及び賃借地の境界確認にもとづき賃貸借契約面積を確定し、そのうえ

で購入希望の借地人2件に対して底地を売却した。

⑧　残る1件の貸宅地については、「金銭納付を困難とする理由書」「物納手続関係書類」等を整備して申告時に物納申請を提出した。

　□提出資料1：相続税物納申請書（212頁参照）
　□提出資料2：金銭納付を困難とする理由書
　□提出資料3：各種確約書（213頁参照）
　□提出資料4：物納財産目録（214頁参照）
　□提出資料5：物納手続関係書類提出期限延長届出書（215頁参照）
　　　　　　（別紙）提出期限を延長する物納手続関係書類（216頁参照）
　□提出資料6：提出書類一覧表（217頁参照）

⑨　前面道路（公道）と対象地の間に、「無地番地（地番が付されていない空白の土地）」が所在したため、接道義務に懸念があった。調査したところ測量図上に「ケイハン」と記されており、「畦畔」であると推定された。さらに詳細調査を行ったところ、この無地番地は国から市に譲与された「道路畦畔」であることが判明した。この結果、接道義務には問題ないことが明らかとなった。

⑩　市街化調整区域に所在する件について、市役所の開発審査課に調査したところ、市の開発基準に定める立地基準・技術基準の点から再建築可能であることを確認した。

⑪　賃貸借契約書の整備について、借地人のうち1名が亡くなっていたが、借地人の相続人間で遺産分割も相続登記も行われていなかった。このままでは物納できないため、当該貸宅地に居住している長男を相続人代表として新しい契約書を締結した。

　□提出資料7：相続人代表借地権者確約書（218頁参照）
　□提出資料8：賃借地の境界に関する確認書（219頁参照）
　□提出資料9：土地賃貸借契約書（220頁参照）
　□提出資料10：敷金等に関する確認書（その2）（221頁参照）

⑫　税務署担当官及び財務局担当官の現地調査時に、財務局担当官より隣接地への通路を塞ぐように指示があったため、即日工事業者の手配を行い、柵を設置して確認資料として写真を提出した。このことにより、「措置通知」は出されなかった。

　「措置通知」が出されると、その条件整備の期間について利子税が発生するため、これを回避できたことにより、迅速な対応により負担を軽減することができた。

⑬　上記の対応により、平成26年6月24日物納許可、平成26年7月4日に収納済証書が発行された。

　□交付資料1：相続税物納許可通知書（222頁参照）

## 本事例の着目点とポイント

①　市街化調整区域の土地は物納劣後財産と考えがちであるが、相続税法施行規則において「宅地として造成することができるものを除く。」と定められている。

本件では、相続財産に市街化区域の土地と市街化調整区域の土地が混在していたが、市街化調整区域の土地はいずれも貸宅地で借地人が建物を建てて居住していたこと、市役所の開発審査課での調査でも市の開発基準に適合していることから問題なく物納することができた。

② 相続人（物納申請者）の希望として、可能な限り市街化区域の土地を残して市街化調整区域の土地を納税に充てたいとの意向があり貸宅地の借地人と折衝したところ、3件中の2件が底地を購入したいということから、その売却代金を測量経費やその他の物納財産の条件整備の費用に充当することができた。

③ 借地人に相続が発生していたが、遺産分割や相続手続が何もされていなかった。貸宅地には、このような事例は数多い。原則としては、借地人の法定相続人に遺産分割協議を行ってもらい借地権の相続人を確定したうえで、貸宅地上の建物の相続登記を求めることとなる。

　しかし、実務上はその手続に至るまでに多大な手間と時間がかかると見込まれる場合には、本事例のように「相続人代表」を決めてもらい、その代表者に関する書面提出及び代表者による自署押印の物納手続関係書類の提出により物納を行うことがある。

④ 税務署及び財務局の現地立会調査時に、隣接地との間を塞ぐように指示があったところ、即座に対応して即日柵を設置して確認資料を提出したことにより、「措置通知」が出されなかったことは、利子税負担の軽減とともに収納許可の早期化という点で実務対応上重要なことであった。

⑤ 措置通知と同様に、補完通知を出されると自動的に20日間の利子税が発生してしまうことから、実務上では税務署の物納担当者と協議して、「1週間で書類を提出するので補完通知は出さないでほしい」等の交渉を行うことも必要である。

提出資料1

# 相続税物納申請書

(税務署受印)

××税務署長殿
平成　年　月　日

(〒　－　)
住　所　××××××××××

フリガナ
氏　名　××　××　　　　　㊞

職　業　不動産賃貸　　電話

下記のとおり相続税の物納を申請します。

記

## 1　物納申請税額

| | | |
|---|---|---|
| ① 相　続　税　額 | | 19,608,600円 |
| 同上のうち | ②現金で納付する税額 | 16,064,400円 |
| | ③延納を求めようとする税額 | |
| | ④納税猶予を受ける税額 | |
| | ⑤物納を求めようとする税額 （①－（②＋③＋④）） | 3,544,200円 |

## 2　延納によっても金銭で納付することを困難とする理由

（物納ができるのは、延納によっても金銭で納付することが困難な範囲に限ります。）

別紙「金銭納付を困難とする理由書」のとおり。

（作成税理士事務所所在地・電話番号・署名押印）

## 3　物納に充てようとする財産

別紙目録のとおり。

## 4　物納財産の順位によらない場合等の事由

別紙「物納劣後財産等を物納に充てる理由書」のとおり。

※　該当がない場合は、二重線で消してください。

## 5　その他参考事項

| 右の欄の該当の箇所を○で囲み住所氏名及び年月日を記入してください。 | 被相続人、遺贈者 | (住所)　××××××× |  |
| | | (氏名)　××　×× | |
| | 相　続　開　始　遺　贈　年　月　日 | | 平成25年　2月　8日 |
| | 申告（期限内、期限後、修正）、更正、決定年月日 | | 平成25年12月　9日 |
| | 納　　　期　　　限 | | 平成25年12月　9日 |
| | 納税地の指定を受けた場合のその指定された納税地 | | |
| | 物納申請の却下に係る再申請である場合は、当該却下に係る「相続税物納却下通知書」の日付及び番号 | | 第　　　号 平成　年　月　日 |

(㊞)

| 税務署 | 郵送等年月日 | 担当者印 |
|---|---|---|
| 整理欄 | 平成　年　月　日 | |

提出資料3

氏　名　××　××

# 各　種　確　約　書

　物納申請財産の種類に応じ、以下の事項に関する確約等が必要となりますので、該当する事項を確認した上、該当欄文頭の□にチェックしてください。
　なお、物納申請財産の種類が複数の場合、該当するすべての事項にチェックしてください。

【土地、建物（共通）】
【物納財産収納手続書類提出等確約書】
☑　私の物納申請に関して、税務署長から次の書類の提出を求められた場合には、速やかに提出することを約します。
　1　所有権移転登記承諾書
　2　印鑑証明書

【土地、建物（賃借人がいる場合）】
【賃借料の領収書等の提出に関する確約書】
□　私の物納申請に関して、相続税法第42条第2項に規定する物納申請書の提出期限（相続税法第45条の物納申請の却下に係る再申請の場合は再申請の日及び相続税法第48条の2の特定物納の申請の場合は当該申請書の提出の日）の翌日から1年以内に物納の許可がされない場合に、税務署長から賃借料の領収書等の提出を求められたときには、その求められた日前3か月間の賃貸料の支払状況が確認できる書類を速やかに提出することを約します。なお、当該3か月間に賃貸料の支払期限がない場合には、直前の支払期限に係る支払状況が確認できる書類を提出することを約します。

【立木】
【物納財産収納手続書類提出等確約書】
□　私の物納申請に関して、税務署長から次の書類の提出を求められた場合には、速やかに提出することを約します。
　1　所有権移転登記承諾書
　2　印鑑証明書

【船舶】
【物納財産収納手続書類提出等確約書】
□　私の物納申請に関して、税務署長から次の書類の提出を求められた場合には、速やかに提出することを約します。
　1　所有権移転登記承諾書
　2　印鑑証明書
　3　小型船舶の登録等に関する法律第19条第1項（譲渡証明書）に規定する譲渡証明書
　4　その他物納財産の収納手続に必要な書類

【動産】
【物納財産収納手続書類提出等確約書】
□　私の物納申請に関して、税務署長から物納財産の収納に必要な手続をとることを求められた場合には、速やかにこれを行うことを約します。

提出資料4

## 物 納 財 産 目 録
### （ 土 地 ・ 家 屋 用 ）

| 所　在 | 土 地 ・ 家 屋 の 表 示 | | | 地積又は床面積 | 価　額 | 備　考 |
|---|---|---|---|---|---|---|
| | 地番又は家屋番号 | 地目又は種類 | 構　造 | | | |
| ××××××× | ×－× | 宅地 | | 95.80 ㎡ | 1,724,400 円 | |
| △△△△△△△ | ×－× | 宅地 | | 101.10 | 1,819,800 | |
| | | | | | | |
| | | | | | | |
| | | | | | | |
| | | | | | | |

※ 物納申請財産が土地（借地権等の設定された土地を除く。）の場合で、当該土地上に堀、柵等の工作物や樹木がある場合は、次の事項を確認して□にチェックしてください。

☑ 物納により国に当該土地の所有権が移転した後において、土地の定着物である工作物及び樹木については、その所有権を主張することはありません。

※ 相続開始時に生産緑地の指定を受けていた土地であった場合は、当該土地に係る生産緑地法第10条に規定する市町村長に対する買取申出年月日又は生産緑地の指定解除年月日を備考欄に記載してください。

※ 地目が田又は畑（農地）の場合で他の用途に使用している場合は、次の事項を確認して□にチェックしてください。

□ 農地法第4条及び第5条の許可を受けています。

提出資料5

# 物納手続関係書類提出期限延長届出書

（税務署収受印）

平成　年　月　日

××　税務署長（国税局長）　殿

（〒　　－　　　）

（住所）××××××××××

フリガナ
（氏名）　××　××　　　　㊞

　平成　年　月　日相続開始に係る物納申請に関して、物納申請書に添付して（延長した提出期限までに）物納手続関係書類を提出することができないため、下記のとおり提出期限を（再）延長します。

記

1　延長する期限

| 物納申請期限　又は<br>前回の延長した提出期限 | | 延長する期限 |
|---|---|---|
| 平成25年12月　9日 |  | 平成26年　2月　9日 |

　（注）　1　延長する期限には、物納申請期限（又は前回延長した期限）の翌日から起算して3か月以内の日を記載してください。
　　　　　2　再延長の届出は何回でも提出できますが、延長できる期間は、物納申請期限の翌日から起算して1年を超えることはできません。
　　　　　3　物納申請期限の翌日から延長した期限までの期間については、利子税がかかります。

2　提出期限を延長する必要のある書類

| 物納財産の種類、所在場所、銘柄、記号及び番号等 | 提出期限を延長する物納手続関係書類の名称 | 参考事項 |
|---|---|---|
| ××××××××××－1 | 貸宅地の境界に関する確認書 | その他別紙参照 |
| ××××××××××－2 | 貸宅地の境界に関する確認書 | その他別紙参照 |
|  |  |  |
|  |  |  |
|  |  |  |

| 税務署整理欄 | 郵送等年月日 | 担当者印 |
|---|---|---|
| | 平成　年　月　日 | |

別紙

---

### 提出期限を延長する物納手続関係書類

○地積測量図

○境界線に関する確認書

○土地貸借契約書の写し

○賃借地の境界に関する確認書

○賃借人ごとの賃借地の面積及び境界を確認できる実測図等

○物納申請前3か月間の賃借料（地代）の領収書の写し

○賃借料の領収書等の提出に関する確約書

○敷金等の関する確認書

○建物登記事項証明書

以上

提出資料6

## 提出書類一覧表

【××××××××××：賃借人　被相続人××　××　相続人代表××　××】

| | | | | |
|---|---|---|---|---|
| 1 | 住宅地図等の写し | ××××××××× | − | 提出済み |
| 2 | 公図の写し | ××××××××× | ××法務局××支局管轄 | 提出済み |
| 3 | 土地賃貸借契約書写し | ××××××××× | 賃借人　被相続人××××<br>相続人代表×××× | 提出済み |
| 4 | 登記事項証明書（土地） | ××××××××× | ××法務局××支局管轄 | 提出済み |
| 5 | 敷金等に関する確認書 | ××××××××× | | 提出済み |
| 6 | 地積測量図（求積図） | ××××××××× | Y測量設計株式会社 | 4/21提出 |
| 7 | 面積計算比較表 | ××××××××× | Y測量設計株式会社 | 4/21提出 |
| 8 | 境界天網図 | ××××××××× | Y測量設計株式会社 | 4/21提出 |
| 9 | 境界確定図 | ××××××××× | Y測量設計株式会社 | 4/21提出 |
| 10 | 境界標写真 | ××××××××× | Y測量設計株式会社 | 4/21提出 |
| 11 | 市道境界確定図 | ××××××××× | H市役所 | 4/21提出 |
| 12 | 賃借地の境界に関する確認書 | ××××××××× | 貸借人　被相続人××××<br>相続人代表×××× | 4/21提出 |
| 13 | 相続人代表借地権者確約書 | ××××××××× | 貸借人　被相続人××××<br>相続人代表×××× | 4/21提出 |
| 14 | 添付書類①　借地人住民票 | | H市役所 | 4/21提出 |
| 15 | 添付書類②　借地人戸籍謄本 | | H市役所 | 4/21提出 |
| 16 | 添付書類③　借地人改正原戸籍 | | H市役所 | 4/21提出 |
| 17 | 地代入金状況　確認書 | | | 4/21提出 |
| 18 | 登記事項証明書（建物） | ××××××××× | ××法務局××支局管轄 | 4/21提出 |

提出資料7

# 相続人代表借地権者確約書

　下記財産については、土地所有者　××××様と借地人　××××との間で賃貸借契約を締結していましたが、平成16年　8月13日借地人死亡に伴う遺産分割協議が未確定であるため、相続人代表者の地位で土地所有者と賃貸借契約を締結しています。

　なお、下記財産が物納により、国有財産になった場合、被相続人×× ××の相続人代表者として賃貸借契約を締結いたします。

　また、遺産分割協議が整い権利者が確定した場合には、名義変更契約に応じるとともに、貸付料の清算等、相続人代表契約中の貸付にかかる一切の件について、国に迷惑をかけず、当事者間で処理することを確約します。

記

| 所　　在 | 地　番 | 地　目 | 地　積 |
|---|---|---|---|
| ×××××× | 1124番1 | 宅　地 | 95.80㎡<br>(95.88㎡) |
| ×××××× | 1124番2 | 宅　地 | 101.10㎡<br>(101.14㎡) |

平成26年　4月17日

借地権相続人代表者
　（〒　　－　　　）
　（住所）
　　　××××××
　_____
　（フリガナ）
　（氏名）
　　　　××　××　　㊞
　_____
　（電話番号　　　　　）

提出資料8

# 賃借地の境界に関する確認書

　私が敷地所有者（物納申請者）（住所）××××××××××（氏名）××　××様から賃借している下記土地は、現地において表示された境界標等の範囲であることを確認します。

記

| 賃　　借　　地 | | | |
|---|---|---|---|
| 所　　　　在 | 地　番 | 地　目 | 地　積<br>（一部の場合にはその面積） |
| ×××××× | 1124番1 | 宅　地 | 95.80㎡<br>（95.88㎡） |
| ×××××× | 1124番2 | 宅　地 | 101.10㎡<br>（101.14㎡） |

平成26年　4月11日

　　　　　　　　　　賃借人
　　　　　　　　　　（〒　　　－　　　　）
　　　　　　　　　　（住所）
　　　　　　　　　　　　××××××× 
　　　　　　　　　　（氏名）
　　　　　　　　　　　　××　××　　　　　㊞
　　　　　　　　　　（電話番号　　　　　　　　）

## 提出資料9

## 土地賃貸借契約書

賃貸人 ×× ××（以下甲という）と賃借人 被相続人 ×× ×× 相続人代表 ×× ××（以下乙という）とは後記表示物件（以下本物件という）につき、次のとおり土地賃貸借契約（以下本契約という）を締結した。

（目的）
第1条 甲は本物件を非堅固な建物の所有を目的として乙に賃貸し、乙はこれを賃借して賃料を支払うものとする。

（賃料）
第2条 乙は本物件を賃料1か月金6,834円にて借受け、乙は毎月末日までに翌月分を、甲の住所に持参又は送金して支払うものとする。

（賃貸借期間）
第3条 賃貸借期間は、平成19年1月1日から 平成38年12月31日までの20年間とする。

（譲渡等の制限）
第4条 乙は、次の場合には、事前に甲の書面による承諾を得なければならない。
① 乙が本物件の賃借権を譲渡または転貸をするとき。
② 乙が本物件上の建物を売買または譲渡をするとき。
③ 乙が本物件の形状の変更、または本物件上の建物の増築、改築あるいは新築をするとき。

（解除約款）
第5条 乙が次の場合の一つに該当したときは、甲は、催告をしないで直ちに本契約を解除することができるものとする。
① 賃料の支払いを3か月分以上怠ったとき。
② 乙が前①の債務以外のため強制執行、執行保全処分をうけ、または乙に対し破産、競売の申立があったとき。
③ 本契約の各条項の一つに違反したとき。

（期間の満了）
第6条 乙は賃貸借契約期間の満了に際し契約の更新を請求しないとき、または前条により本契約終了のときは、地上の建築物及附従物件を収去して土地を返還するものとする。もし乙が上記工作物を収去しないときは、甲がこれをなし、その費用を乙に請求できるものとする。
　また、期間満了に際しその期間を更新するときは、乙は甲に対して更新料を支払うものとする。

（賃料の増額）
第7条 本契約の賃料が物価の変動、公租公課の増額あるいは近隣の賃料に比較して、不相当になったときは、甲は賃料の増額の請求をすることができるものとする。

（強制収用等）
第8条 本件土地の全部または一部が公共事業のため買い上げ、収用または使用され、残地につき賃借の目的が遂せられない場合には、本契約は当然消滅するものとする。

（原状の回復）
第9条 乙は、本契約が終了したとき、または第5条により本契約を解除されたときは、本件土地を乙の費用負担により原状回復のうえ、甲に返還しなければならない。

（合意管轄裁判所）
第10条 甲及び乙は本契約に基づく紛争については、××裁判所を第一審の管轄裁判所とすることに合意した。

（その他）
第11条 本契約書に定めのない事項については、当事者は、関係法規ならびに慣習に従い、誠意をもって協議のうえ善処するものとする。
　本契約の成立を証するため、本書2通を作成し、各当事者各々記名押印のうえ、各自その1通を保有する。

賃貸借物件の表示
　所　在　××××××××××
　地　番　1124番1
　地　目　宅　地
　地　積　公簿面積95.80㎡　（実測面積95.88㎡）
　所　在　××××××××××
　地　番　1124番2
　地　目　宅　地
　地　積　公簿面積101.10㎡　（実測面積101.14㎡）

平成26年　月　日

　（甲）賃貸人　住　所　××××××××××
　　　　　　　　氏　名　××　××　　　印
　（乙）賃貸人　住　所　××××××××××
　　　　　　　　氏　名　××　××
　　　　　　　　被相続人　××　××
　　　　　　　　相続人代表　××　××　　印

提出資料10

## 敷金等に関する確認書（その２）

　下記の物納申請財産に係る賃借人に対する敷金、保証金等の債務は一切ありません。

記

| 物　納　申　請　財　産 | | | |
|---|---|---|---|
| 所　　　在 | 地番<br>（種類） | 地目<br>（構造） | 地積<br>（数量） |
| ×××××× | 1124番1 | 宅　地 | 95.80㎡<br>（95.88㎡） |
| ×××××× | 1124番2 | 宅　地 | 101.10㎡<br>（101.14㎡） |
|  |  |  |  |

平成　年　月　日

　　　　　　　　賃貸人（物納申請者）
　　　　　　　　（〒　　－　　　）
　　　　　　　　（住所）
　　　　　　　　　××××××
　　　　　　　　（フリガナ）
　　　　　　　　（氏名）
　　　　　　　　　××　××　　　　　　㊞

交付資料1

〒
××××××××××

×管特第　×××　号

××　××様

平成26年　6月23日

××税務署長　××　××

# 相 続 税 物 納 許 可 通 知 書

　平成25年12月9日付で申請のあった相続税の物納は、相続税法第42条第2項の規定に基づき、下記のとおり許可しましたから通知します。

1　物納許可額

| 物納申請額 | 物納許可額 | 物納却下額 | 差引一時に納付を要する税額 |
|---|---|---|---|
| 円<br>3,544,200 | ※　　　　円<br>3,544,200 | 円<br>― | 円<br>― |

2　許可する物納財産

| 許可・却下の区分 | 物納財産の明細 | 価　　格 | 備　　考 |
|---|---|---|---|
| 許　可 | ×××××××××× | 1,724,400 円 | |
| 許　可 | ×××××××××× | 1,819,800 円 | |
| | 以下余白 | | |
| | | | |
| | 合計 | 3,544,200 円 | |

3　許可条件

4　申請どおり許可しない理由

理由

※　物納許可額に対して、その納付があったものとみなされる日までの期間について利子税がかかる場合は、別途連絡します。

◎　この処分に関する不服申立て等に関する事項については裏面をご覧下さい。

# 4 「特定物納」による事例

## 事例の概要

○相続発生 ： 平成 24 年 7 月 14 日　　申告期限 ： 平成 25 年 5 月 14 日
○相 続 人 ： 1 名
　　長男（物納申請者）　　相続税額　38,200,000 円　　物納申請額　13,416,100 円
○物納申請財産 ： 　自用地　3,000㎡のうち 230㎡
　　用途地域 ： 　第一種低層住居専用地域
　　建ぺい率 ： 　40％
　　容 積 率 ： 　80％
　　　＊接道は東側の市道で幅員約 4 m（建築基準法 42 条 1 項 1 号道路）

## 案件の経緯

① 　相続人は長男 1 名。相続人は農業経営で年収が少なく、金銭一括納付が困難である状況にあった。そこで納税資金について検討したが、当初は「延納」を申請した。

② 　その延納申請が受理されて相続税の申告を行ったが、やはり年収が少ないために毎年の延納支払が困難になる可能性が高いため、土地売却による資金作りの準備をするため境界確定測量を開始した。

③ 　測量工事と並行して土地の売却について不動産業者と交渉を行ったが、当初期待したよりも業者の提示価格が低かったことから、売却と物納とのどちらが有利かを比較検討するために「物納分岐点」の算出をしたところ、物納の方が有利であることが明らかとなった。

④ 　そこで、延納期間中に物納申請に切り替えることが認められる、「特定物納」の申請（ただし、当初申告の期限から 10 年以内に限る。）を検討し、管轄税務署と打合せを行った。

⑤ 　担当官との協議において、収入及び支出の状況から延納が困難となることが認められ、平成 26 年 5 月に「相続税特定物納申請書」を提出した。
　　□提出資料 1 ：相続税特定物納申請書（225 頁参照）
　　□提出資料 2 ：金銭納付を困難とする理由書（226、227 頁参照）
　　□提出資料 3 ：物納財産目録（228 頁参照）
　　□提出資料 4 ：物納予定地の面積算出資料（229 頁参照）
　　□提出資料 5 ：測量図（230 頁参照）

⑥ 　物納申請地の問題点として、申請地と道路（市が道路管理する公道）に 1 m の高低差があ

るため、申請地の擁壁が5cmほど道路側に越境していた。このため、「擁壁の撤去を求めない旨の確認書」を市役所から取得するよう求められた。

　しかし、市役所との協議において、道路管理者としてはそのような書類は提出できないとの回答があり、再度税務署と協議を行ったところ、その市役所道路管理担当との交渉記録を提出することで対応可能との回答を得た。

⑦　上記の交渉記録を提出して物納手続関係書類の提出を完了し、審査のうえで平成26年10月30日に物納許可となった。

□交付資料1：相続税特定物納許可通知書（231頁参照）

## 本事例の着目点とポイント

①　本件では、相続人が農業経営で年収が300万円未満と少ないことから、当初から「金銭一括納付」は困難であることが明らかであった。

②　そのため、物納による納税を検討したが、測量その他の生前対策を実施しておらず、相続税申告時までに「物納手続関係書類」をすべて揃えることは難しい状況であったため、申告期限には延納申請により納税を行った。

③　そのような相続税申告及び延納申請と並行して、物納申請予定地の境界確定測量を開始した。

④　しかしながら、測量工事の費用、その他相続手続や物納申請に必要な諸手続を行うための資金が不足していた。そこで、相続した不動産のうちに貸宅地が2件あったことから借地人との交渉を行い、2件とも底地を借地人に売却した。

⑤　その資金で測量代金その他の諸経費を賄い、物納条件整備を実施したところ、平成26年10月30日に物納許可となった。

提出資料1

# 相続税特定物納申請書

×× 税務署長 殿

(住所) ××××××××××

(氏名) ×× ××

(職業) 農業 (電話)

平成××年××月××日付第××号で許可された相続税の延納について、下記のとおり特定物納を申請します。

記

1 特定物納対象税額等

| ① 特定物納対象税額 | ② 特定物納申請税額<br>(特定物納の許可を求めようとする税額) | ③ 特定物納申請後の分納税額<br>(①－②) |
|---|---|---|
| 13,416,100 円 | 13,416,100 円 | 0 円 |

2 特定物納対象税額等の内訳

| 分納期間 | ① 特定物納対象税額 | | | ② 特定物納申請税額 | | | ③ 特定物納申請後の分納税額 | | |
|---|---|---|---|---|---|---|---|---|---|
| | 不動産等に係る延納相続税額 | 動産等に係る延納相続税額 | 計 | 不動産等に係る延納相続税額 | 動産等に係る延納相続税額 | 計 | 不動産等に係る延納相続税額 | 動産等に係る延納相続税額 | 計 |
| 第1回 | 686,100 円 | | 686,100 円 | 686,100 円 | | 686,100 円 | | | 0 円 |
| 第2回 | 670,000 | | 670,000 | 670,000 | | 670,000 | | | |
| 第3回 | 670,000 | | 670,000 | 670,000 | | 670,000 | | | |
| 第4回 | 670,000 | | 670,000 | 670,000 | | 670,000 | | | |
| 第5回 | 670,000 | | 670,000 | 670,000 | | 670,000 | | | |
| 第6回 | 670,000 | | 670,000 | 670,000 | | 670,000 | | | |
| 第7回 | 670,000 | | 670,000 | 670,000 | | 670,000 | | | |
| 第8回 | 670,000 | | 670,000 | 670,000 | | 670,000 | | | |
| 第9回 | 670,000 | | 670,000 | 670,000 | | 670,000 | | | |
| 第10回 | 670,000 | | 670,000 | 670,000 | | 670,000 | | | |
| 第11回 | 670,000 | | 670,000 | 670,000 | | 670,000 | | | |
| 第12回 | 670,000 | | 670,000 | 670,000 | | 670,000 | | | |
| 第13回 | 670,000 | | 670,000 | 670,000 | | 670,000 | | | |
| 第14回 | 670,000 | | 670,000 | 670,000 | | 670,000 | | | |
| 第15回 | 670,000 | | 670,000 | 670,000 | | 670,000 | | | |
| 第16回 | 670,000 | | 670,000 | 670,000 | | 670,000 | | | |
| 第17回 | 670,000 | | 670,000 | 670,000 | | 670,000 | | | |
| 第18回 | 670,000 | | 670,000 | 670,000 | | 670,000 | | | |
| 第19回 | 670,000 | | 670,000 | 670,000 | | 670,000 | | | |
| 第20回 | 670,000 | | 670,000 | 670,000 | | 670,000 | | | |
| 計 | 13,416,100 | | 13,416,100 | 13,416,100 | | 13,416,100 | | | |
| | (①の金額) | | | (①②の金額) | | | (①③の金額) | | |

3 変更された条件による延納によっても金銭で納付することを困難とする事由
別紙「金銭納付を困難とする理由書」のとおり

4 特定物納申請財産
別紙「物納財産目録」のとおり

5 その他参考事項

| 右の欄の該当の箇所を○で囲み、住所、氏名、年月日等を記載してください | (住所) ×××××××× |
|---|---|
| | (氏名) ×× ×× |
| | 申告(期限内 期限後 修正)、更正、決定 |

| 相続開始(遺贈)年月日 | 平成24年7月14日 |
|---|---|
| 申告書関係 | 平成25年5月14日 |
| | 平成25年5月14日 |

※ 記載要領は、裏面を御覧ください。

| 分納期限 | 分納期間 |
|---|---|
| 平成 年 月 日 | 第1回 |
| 平成 年 月 日 | 第2回 |
| 平成 年 月 日 | 第3回 |
| 平成 年 月 日 | 第4回 |
| 平成 年 月 日 | 第5回 |
| 平成 年 月 日 | 第6回 |
| 平成 年 月 日 | 第7回 |
| 平成 年 月 日 | 第8回 |
| 平成 年 月 日 | 第9回 |
| 平成 年 月 日 | 第10回 |
| 平成 年 月 日 | 第11回 |
| 平成 年 月 日 | 第12回 |
| 平成 年 月 日 | 第13回 |
| 平成 年 月 日 | 第14回 |
| 平成 年 月 日 | 第15回 |
| 平成 年 月 日 | 第16回 |
| 平成 年 月 日 | 第17回 |
| 平成 年 月 日 | 第18回 |
| 平成 年 月 日 | 第19回 |
| 平成 年 月 日 | 第20回 |

税理士署名押印 事務所所在地 事務所名

提出資料2

## 金銭納付を困難とする理由書
（相続税延納・物納申請用）

平成26年 5月12日

×× 税務署長　殿

住　所　××××××××××

氏　名　××　××　　　　㊞

平成25年 5月14日付相続（被相続人　××　××　）に係る相続税の納付については、納期限までに一時に納付することが困難であり、延納によっても金銭で納付することが困難であり、その納付困難な金額は次の表の計算のとおりであることを申し出ます。

| 1 | 納付すべき相続税額（相続税申告書第1表㉗の金額） | | A | 13,416,100 円 |
|---|---|---|---|---|
| 2 | 納期限（又は納付すべき日）までに納付することができる金額 | | B | 0 円 |
| 3 | 延納許可限度額 | 【A－B】 | C | 13,416,100 円 |
| 4 | 延納によって納付することができる金額 | | D | 0 円 |
| 5 | 物納許可限度額 | 【C－D】 | E | 13,416,100 円 |

| 2 納期限（又は納付すべき日）までに納付することができる金額の計算 | (1) 相続した現金・預貯金等 | （イ＋ロ－ハ） | 【 △2,187,236 円】 | |
|---|---|---|---|---|
| | イ　現金・預貯金（相続税申告書第15表㉑の金額） | （　　　　円） | | |
| | ロ　換価の容易な財産（相続税申告書第11表・第15表該当の金額） | （　　　　円） | | |
| | ハ　支払費用等 | （　　　　円） | | |
| | 　　内訳　相続債務（相続税申告書第15表㉝の金額） | ［　2,187,236 円］ | | |
| | 　　　　　葬式費用（相続税申告書第15表㉞の金額） | ［　　　　円］ | | |
| | 　　　　　その他（支払内容：　　　） | ［　　　　円］ | | |
| | 　　　　　　　　　（支払内容：　　　） | ［　　　　円］ | | |
| | (2) 納税者固有の現金・預貯金等 | （イ＋ロ＋ハ） | 【 3,400,063 円】 | |
| | イ　現金 | （　　　　円） | | ←裏面①の金額 |
| | ロ　預貯金 | （　3,400,063 円） | | ←裏面②の金額 |
| | ハ　換価の容易な財産 | （　　　　円） | | ←裏面③の金額 |
| | (3) 生活費及び事業経費 | （イ＋ロ） | 【 3,072,336 円】 | |
| | イ　当面の生活費（3月分） うち申請者が負担する額 | （　1,618,981 円） | | ←裏面⑪の金額×3/12 |
| | ロ　当面の事業経費 | （　1,453,355 円） | | ←裏面⑭の金額×1/12 |
| | Bへ記載する | 【(1)＋(2)－(3)】 | B 【 △1,859,509 円】 | |

| 4 延納によって納付することができる金額の計算 | (1) 経常収支による納税資金 （イ×延納年数（最長20年））＋ロ | 【　　　　円】 | |
|---|---|---|---|
| | イ　裏面④－（裏面⑪＋裏面⑭） | （　　　　円） | |
| | ロ　上記2(3)の金額 | （　　　　円） | |
| | (2) 臨時的収入 | 【　　　　円】 | ←裏面⑮の金額 |
| | (3) 臨時的支出 | 【 7,914,279 円】 | ←裏面⑯の金額 |
| | Dへ記載する | 【(1)＋(2)－(3)】 | D △7,914,279 円 |

添付資料
☑　前年の確定申告書（写）・収支内訳書（写）
☐　前年の源泉徴収票（写）
☑　その他（　　　　　　　　　　　　　　　　　　　　　　　　　　　）

(裏面)

## 1 納税者固有の現金・預貯金その他換価の容易な財産

| 手持ちの現金の額 | | | ① | 円 |
|---|---|---|---|---|
| 預貯金の額 | ××銀行/××支店(1,754,758円) | / （　　円） | ② | 3,400,063 円 |
| | ××銀行/××支店(1,645,305円) | / （　　円） | | |
| 換価の容易な財産 | （　　円） | （　　円） | ③ | 円 |
| | （　　円） | （　　円） | | |

## 2 生活費の計算

| 給与所得者等：前年の給与の支給額 | ④ | 20,600,882 円 |
|---|---|---|
| 事業所得者等：前年の収入金額 | | |
| 申請者　　　　　100,000 円 × 12 | ⑤ | 1,200,000 円 |
| 配偶者その他の親族 （ 6 人）× 45,000 円 × 12 | ⑥ | 3,240,000 円 |
| 給与所得者：源泉所得税、地方税、社会保険料（前年の支払額） | ⑦ | 1,698,980 円 |
| 事業所得者：前年の所得税、地方税、社会保険料の金額 | | |
| 生活費の検討に当たって加味すべき金額<br>加味した内容の説明・計算等<br>銀行借入金残高　1,280,000　　元本返済分　1,280,000 | ⑧ | 1,280,000 円 |
| 生活費（1年分）の額　（⑤+⑥+⑦+⑧） | ⑨ | 7,418,980 円 |

＊平成25年にあった所得のうち平成26年以降は不動産収入について215,000円が減少。
　また、給与については○○組合長を退任したため15,144,400円が減少する。

## 3 配偶者その他の親族の収入

| 氏名　×× ×× （続柄 妻） | 前年の収入（　1,200,000 円） | ⑩ | 3,000,000 円 |
|---|---|---|---|
| 氏名　×× ×× （続柄 子） | 前年の収入（　1,800,000 円） | | |
| 申請者が負担する生活費の額　⑨×（④/（④+⑩）） | | ⑪ | 6,475,925 円 |

## 4 事業経費の計算

| 前年の事業経費（収支内訳書等より）の金額 | ⑫ | 14,440,261 円 |
|---|---|---|
| 経済情勢等を踏まえた変動等の調整金額<br>調整した内容の説明・計算等<br>農業経営のため、気候に大きく影響を受けることから、売上の減少もある。 | ⑬ | 3,000,000 円 |
| 事業経費（1年分）の額　（⑫+⑬） | ⑭ | 17,440,261 円 |

## 5 概ね1年以内に見込まれる臨時的な収入・支出の額

| 臨時的収入 | | 年　月頃（　　　円） | ⑮ | 円 |
|---|---|---|---|---|
| | | 年　月頃（　　　円） | | |
| 臨時的支出 | ××××× | ××年×月頃（ 7,914,279 円） | ⑯ | 7,914,279 円 |
| | | 年　月頃（　　　円） | | |

提出資料3

# 物 納 財 産 目 録
## （土地・家屋用）

### 土地・家屋の表示

| 所　在 | 地番又は家屋番号 | 地目又は種類 | 構　造 | 地積又は床面積 | 価　額 | 備　考 |
|---|---|---|---|---|---|---|
| ×××××× | ×－× | 畑 |  | ㎡<br>230 | 円<br>15,161,600 |  |
|  |  |  |  |  |  |  |
|  |  |  |  |  |  |  |
|  |  |  |  |  |  |  |
|  |  |  |  |  |  |  |
|  |  |  |  |  |  |  |
|  |  |  |  |  |  |  |

※ 物納申請財産が土地（借地権等の設定された土地を除く。）の場合で、当該土地上に塀、柵等の工作物や樹木がある場合は、次の事項を確認して □ にチェックしてください。

☑ 物納により国に当該土地の所有権が移転した後において、土地の定着物である工作物及び樹木については、その所有権を主張することはありません。

※ 相続開始時に生産緑地の指定を受けていた土地であった場合は、当該土地に係る生産緑地法第10条に規定する市町村長に対する買取申出年月日又は生産緑地の指定解除年月日を備考欄に記載してください。

※ 地目が田又は畑（農地）の場合で他の用途に使用している場合は、次の事項を確認して □ にチェックしてください。

□ 農地法第4条及び第5条の許可を受けています。

提出資料4

## 物納予定地の面積算出資料

相　続　人　　××　××

物納予定地　　××××××××

物納予定地の相続税評価額　￥57,045,786　生産緑地

　　　　　　　　現況　生産緑地解除　￥60,048,196

納　税　額　￥13,416,100

相続税納税地面積　1924.56㎡

物納額の算出

　　　　　　物納地を230㎡とする。

　　　　　　　評価額　￥15,161,600（別紙参照（略））

　　　　　　広大地評価面積　1924.56㎡　－　230㎡　＝　1694.56㎡

　　　　　　　評価額　￥54,119,162（別紙参照（略））

　　　　　　上記より

　　　　　　　　15,161,600　÷　（15,161,600　＋　54,119,162）

　　　　　　＝　0.2188

　　　　　　　　0.2188　×　60,048,196　＝　13,138,545

　　∴　物納地評価額：13,138,545円

提出資料5

交付資料1

××局納第　　　号

平成26年10月30日

(住所) 〒
　　　××××××××

××国税局長

(氏名)
　　××　　××　　　　　　　　　　　　　　××　××　　㊞

様

## 相続税特定物納許可通知書

　平成26年5月12日付で申請のあった相続税の物納は、相続税法第48条の2第3項の規定に基づき、下記のとおり許可しましたから通知します。

記

1　物納許可額

| 物納申請額 | 物納許可額 | 物納却下額 | 差引一時に納付を要する額 |
|---|---|---|---|
| 円<br>13,416,100 | ※1　　円<br>13,416,100 | 円<br>0 | ※2　　円<br>0 |

2　許可する物納財産

| 許可・却下の区分 | 物納財産の明細 | 価　額 | 備　考 |
|---|---|---|---|
| 許　可 | 田 1137㎡ | 14,449,004 円 | 過誤納金<br>1,032,904 円 |
|  |  |  |  |
| (合　計) | | 14,449,004 円 | |

3　許可条件

　別紙のとおり

4　申請どおり許可しない理由

| 理由 | |
|---|---|

※1　物納許可額に対して、その納付があったものとみなされる日までの期間について利子税がかかる場合は、別途連絡します。
※2　「差引一時に納付を要する額」は、同封の納付書で至急納付してください。
　　なお、この税額に対しては、完納する日までの延滞税（納期限又は納付すべき日の翌日から却下の日までは利子税）がかかります。

◎この処分に関する不服申立て等に関する事項については裏面をご覧ください。

××国税局　納税管理官付
担当者
電話　000-000-0000　内線

# 5 貸宅地の事例

## 事例の概要

○相 続 発 生 ： 平成25年7月6日　　申告期限 ： 平成26年5月6日
○相 続 人 ： 2名
　　長女　　　　　： 相続税額　77,864,000円　　物納申請額　45,800,000円
　　長女の夫（養子）： 相続税額　28,887,000円　　物納申請額　なし
○物納申請財産 ： 貸宅地（底地）　8件　面積合計654.35㎡
　　　　　　　　＊物納申請財産の特性
　　　　　　　　JR最寄り駅より北東400mに位置する一団の貸宅地（8件）。南側は商店
　　　　　　　　街の一角を占めており、北側は主として住宅地で連棟式の建物も多く見受
　　　　　　　　けられる地域。相続財産としてはこの一角に合計で18件の貸宅地があり、
　　　　　　　　そのうち8件を物納した。
　　用途地域　　： 近隣商業地域
　　建ぺい率　　： 80%
　　容 積 率　　： 300%
　　　　　　　　＊接道状況として、南側は県道（公道）で幅員約4m（建築基準法42条1項1号道路）だが、
　　　　　　　　北側は私道で幅員約2.2m、建築基準法上は43条ただし書道路となっている。

## 案件の経緯

① 　土地売却による納税を検討して地元精通者等からの聴き取りなどの調査を行ったところ、実勢価格は路線価を上回るものと推定されたが、「物納分岐点価格」を超えて物納より有利に売却できるかどうかは微妙であった。

② 　相続人より「貸宅地（底地）の売却」「貸宅地（底地）の物納」の両面からの対策依頼を受け業務委任契約書を締結し、土地家屋調査士を手配して境界確定測量を開始した。

③ 　ほぼ同時期に、借地人挨拶回り及び意向調査を実施した。相続税の納付対策としての取組みであること、物納制度の概要、地代水準の基本的な考え方等を1件ずつ詳細に説明した。

④ 　一団の貸宅地に隣接して、市民公園として市に貸与している公園土地があり、こちらも物納希望であったため、被相続人（亡父）と、市との間で締結していた土地使用契約の解除について事前協議を開始した。

⑤ 　貸宅地については、隣接地所有者との境界確認に基づき、借地人の立会いを求めて借地範

囲の確認を実施した。また、賃借地の境界確認を行い、それぞれの借地範囲ごとの分筆を行った。

⑥ 賃借地の境界確認書の取り交わしと並行して相続税納税対策への協力について個別交渉を行ったところ、貸宅地18件のうち底地購入希望が6件あり、相続人との価格協議、調整のうえ、「物納分岐点」を超える価格で、この6件について売買契約を締結した。

⑦ 底地の物納に協力するとの意向が8件の借地人より示されたことで、相続税申告時に貸宅地（底地）8件と市民公園として使用契約している土地の物納申請を提出した。

⑧ 物納申請から約1か月後、国税局担当官及び財務局担当官による現地立会調査が実施され、その調査結果に基づいて「補完通知書」が発行された。

□交付資料1：物納申請及び物納手続関係書類に関する補完通知書（235頁参照）

　　＜補完事項＞

　　1）市への貸し公園について

　　　・看板撤去及び草刈りを実施して写真を提出

　　　・水道管、公園通路のアスファルト舗装の取扱いに関する指示

　　2）貸宅地（底地）について

　　　・物納申請地内に所在する電柱について、設置に関する使用承諾書の写しの提出

　　　・電力会社からの電柱の使用料を受領するにあたり、国がその地位を引き継ぐために借地権者から賃料の減額請求をしない旨の確認書の提出

　　　・隣接地からの「越境物」に関して、「工作物等の越境の是正に関する確約書」の提出等

⑨ 以上の補完通知を受けて、市民公園については市の公園緑地課との協議を行い、看板の撤去、草刈り等の実施及びアスファルト舗装等の取扱いに関する協議結果の書面の取り交わしを行った。

□交付資料2：確認書（貸し公園に関する使用貸借契約の解除）（239頁参照）

　　・通行及び通路の利用に関する確認書（240頁参照）

　　・境界に関する同意書（241頁参照）

　　・工作物に関する確認書（242頁参照）

　　・賃借料の減額に関する確約書（243頁参照）

⑩ 以上のほか所要の書類提出及び補完事項の条件整備をすべて補完通知書の発行から1か月以内に実施して提出したところ、平成26年8月10日に物納許可となった。

## 本事例の着目点とポイント

① 一団の貸宅地18件について、境界確定測量を実施したうえで、すべての借地人に立会いを求めて借地範囲の確認、賃借地の境界確認書の取り交わしを行ったことで、借地契約面積が不明確であったもの、あるいは借地契約面積と実測面積に差異が生じたもの等について、すべて明確化したうえで賃貸借契約書の整備、地代の見直しを行うことができた。

②　この過程において相続税納税対策について詳しく説明を行い、協力を求めたところ、6件の借地人から底地を購入したいとの申出を受けたため、相続人と価額・条件等の協議を行い、「物納分岐点」を超える価格で底地を売却した。その売却代金の一部は相続税の納税資金に充当するとともに、物納条件整備のための諸費用を賄うことに役立った。

③　市民公園への土地使用契約については地代等の授受は行われておらず、固定資産税を免除する内容となっていた。市民公園として公共性の高い目的への利用であったが、相続税納税資金が不足しており、金銭納付が困難な状況のなかで物納したいとの意向により公園緑地課と折衝したところ、無事に契約解除となった。

交付資料1

×局徴納　第×××号
平成 26 年 7 月 4 日

(住所) ××××××××××

(氏名) ××　　××　　殿

　　　　　　　　　　　　　　　××国税局長　××××　　㊞

## 物納申請書及び物納手続関係書類に関する補完通知書

　平成 26 年 5 月 7 日付で提出のあった物納申請書及び物納手続関係書類については、別紙のとおり記載の不備又は提出されていない書類がありますので、相続税法第 42 条第 8 項の規定に基づき、当該書類を訂正又は作成の上、<u>当該通知書を受領した日の翌日から起算して 20 日以内に提出すること</u>を求めます。

　なお、当該通知書を受領した日の翌日から起算して 20 日以内に書類の提出がない場合には、相続税法第 42 条第 10 項の規定により、当該期間を経過した日において物納の申請は取り下げたものとみなされますので、御注意ください。

　また、上記の期間内に訂正又は作成を求められた物納手続関係書類の提出ができない場合は、当該期間を経過する日までに「物納手続関係書類補完期限延長届出書」を~~税務署又は~~国税局に提出することにより、1 回につき 3 か月を限度として、最長でこの通知を受けた日の翌日から起算して 1 年を経過する日まで提出期限を延長することができます。

（注）当該通知書を発した日の翌日から補完期限（延長された補完期限を含みます。）までの期間については、利子税の計算対象期間となります。

◎　この処分に関する不服申立て等に関する事項については裏面をご覧ください。

別紙

【××××××276番の一部（C）　宅地　65.18㎡】

| 訂正又は提出を求める書類 | 訂正又は提出を求める理由 |
|---|---|
| 分筆後の登記事項証明書 | 相続税法第42条第1項（相続税法施行規則第22条第2項第一号イ）の規定による物納申請書に添付して提出すべき物納手続関係書類であるため。<br>　申請物件の面積及び所有権の及ぶ範囲を確定する必要があることから、分筆を行い、分筆登記後の登記事項証明書を提出してください。 |
| 分筆後の公図 | 相続税法第42条第1項（相続税法施行規則第22条第2項第一号ロ）の規定による物納申請書に添付して提出すべき物納手続関係書類であるため。<br>　分筆後の物件の状況を確認する必要があることから、分筆後の公図を提出してください。 |
| 分筆後の地積測量図 | 相続税法第42条第1項（相続税法施行規則第22条第2項第一号ハ）の規定による物納申請書に添付して提出すべき物納手続関係書類であるため。<br>　分筆後の物件の状況及び面積を確認する必要があることから、分筆後の地積測量図を提出してください。 |
| 更地部分と貸地部分との自己筆界確認書 | 相続税法第42条第1項（相続税法施行規則第22条第2項第一号ニ）の規定による物納申請書に添付して提出すべき物納手続関係書類であるため。<br>　更地部分と貸地部分の境界を明らかにする必要があるため、自己筆界確認書を提出してください。 |

別紙

【××××××× 408番101　　宅地　67.65㎡】

| 訂正又は提出を求める書類 | 訂正又は提出を求める理由 |
|---|---|
| 電柱に係る土地使用料について借地人が土地所有者に対して借地料の減免等（電柱の撤去及び移設を含む）を求めない旨を承諾する書類 | 　電柱の契約関係について、現状で引き継ぐと、国が土地の賃貸料と借地範囲にある電柱の土地使用料を受け取ることとなります。<br>　この場合において、今後、借地人から土地使用料部分について、減免を求められる等、契約関係に争いが生じる可能性があるため、当該事項を借地人が承諾する書類を提出してください。 |

別紙

【××××××× 408番109　　宅地　104.43㎡】

| 訂正又は提出を求める書類 | 訂正又は提出を求める理由 |
|---|---|
| 隣接地（×××××××× 408番31）との境界確認書に係る他の共有者（相続人）の同意書 | 　相続税法第42条第1項（相続税法施行規則第22条第2項第一号ニ）の規定による物納申請書に添付して提出すべき物納手続関係書類であるため。<br>　　隣接地（×××××××× 408番31）の共有者のうち一人に相続が発生していますが、登記上の所有者が変更されておりません。<br>　　そのため、もう一方の共有者が相続したことがわかる書類か、他の相続人の同意書を提出してください。 |

別紙

【××××××× 408番110　　宅地　51.52㎡】

| 訂正又は提出を求める書類 | 訂正又は提出を求める理由 |
|---|---|
| 隣接地（×××××××× 408番31）との境界確認書に係る他の共有者（相続人）の同意書 | 　相続税法第42条第1項（相続税法施行規則第22条第2項第一号ニ）の規定による物納申請書に添付して提出すべき物納手続関係書類であるため。<br>　　隣接地（×××××××× 408番31）の共有者のうち一人に相続が発生していますが、登記上の所有者が変更されておりません。<br>　　そのため、もう一方の共有者が相続したことがわかる書類か、他の相続人の同意書を提出してください。 |
| 工作物等の越境の是正に関する確約書 | 　相続税法第42条第1項（相続税法施行規則第22条第3項第三号イ）の規定による物納申請書に添付して提出すべき物納手続関係書類であるため。<br>　　隣接地（×××××××× 408番31）の共有者のうち一人に相続が発生していますが、登記上の所有者が変更されておりません。<br>　　そのため、もう一方の共有者が相続したことがわかる書類か、他の相続人に係る工作物等の越境の是正に関する確約書を提出してください。 |

平成 26 年 7 月 19 日

××国税局　御中

大阪市中央区谷町二丁目 1 番 22 号
フェアステージ大手前ビル 7 階
株式会社国土工営　大阪事務所
担当　××　××
事務所 06 － 6920 － 5551

末尾記載の物納申請財産について下記の通りご報告致します。

記

ご質問のございました物納申請財産南側部分のコンクリート舗装について、その工事が何人によって行われたのか、次の関係者に問い合わせを行いました。

物納申請者××　×××様××家として工事をしたことはない。
元広場運営者　××市公園緑地課　広場の開設時期が古く、事実関係が分からないが、
　　　　　　　市が所有権を主張することはない。
南側隣接地 408 番 27 土地所有者××××様　工事は行っていない。
南側隣接地 408 番 96 借地権者（建物所有者）××××様　工事は行っていない。東隣り
　　　　　　　の××××様ではないか。
南東側隣接地　408 番 97 借地権者（建物所有者）××××様　工事は行っていない。
東側隣接地　408 番 34 土地所有者××××工事は行っていない。

摘要
南側隣接地　408 番 96 の土地は物納申請者の所有地であり、また、南東側隣接地 408 番 97 の土地及び西側公衆用道路 408 番 94 の土地は物納申請者の親族の所有地であり、コンクリート舗装工事は行っていないことは確認済みです。

聞取り調査の結果、関係者においては、コンクリート舗装は行っていないことが判明しました。

物納申請地
　　　所在　××××××××
　　　地番　408 番 95
　　　地目　宅地
　　　地積　124.78 ㎡

交付資料2

# 確　認　書

××市（以下「甲」という。）と××××（以下「乙」という。）とは、平成25年5月30日締結の土地使用貸借契約について、下記のとおり確認する。

1．甲は、乙の平成26年2月5日付け契約解除申入れを認め、使用貸借契約は、平成26年4月30日をもって終了するものとする。

2．甲及び乙は、この確認書をもって、使用貸借契約の解除に同意したものとし、双方とも一切の補償等を請求しないこととする。

　以上のことを確認した証として、この確認書を2通作成し、甲・乙記名押印のうえ、各々1通を保有するものとする。


　平成26年　4月　30日


　　　　　　　　　　　　　甲　　　××××××××××
　　　　　　　　　　　　　　　　　××市
　　　　　　　　　　　　　　　　　代表者
　　　　　　　　　　　　　　　　　××市長　××　××



　　　　　　　　　　　　　乙　　　××××××××××
　　　　　　　　　　　　　　　　　×××相続人代表
　　　　　　　　　　　　　　　　　　××　××

平成 26 年 5 月 6 日

××財務局長　殿

　　　　　　　　　所有者　　住　所　　××××××××××
　　　　　　　　　　　　　　氏　名　　××　××

## 通行及び通路の利用に関する確認書

　下記1の物納申請財産が国に収納された後、国又は国から当該財産を取得した者が、下記2の私所有の通路部分を通行及び当該土地に建物建築のため必要な道路利用（開発同意、上下水道管・ガス管等の掘削、埋設等）を行うことについては将来にわたり何ら異議なく承諾することを確約します。
　なお、当該通路部分を第三者に譲渡する場合は、今回承諾した事項についても承継します。

記

1．物納申請財産
　①所　在　地　　××××××××××
　　地目・地積　　宅地・52.73㎡（公簿面積）
　②所　在　地　　××××××××××
　　地目・地積　　宅地・124.78㎡（公簿面積）
　③所　在　地　　××××××××××
　　地目・地積　　宅地・136.37㎡（公簿面積）
　④所　在　地　　××××××××××
　　地目・地積　　宅地・69.63㎡（公簿面積）
　⑤所　在　地　　××××××××××
　　地目・地積　　宅地・55.04㎡（公簿面積）
　⑥所　在　地　　××××××××××
　　地目・地積　　宅地・60.16㎡（公簿面積）
　⑦所　在　地　　××××××××××
　　地目・地積　　宅地・104.43㎡（公簿面積）
　⑧所　在　地　　××××××××××
　　地目・地積　　宅地・51.52㎡（公簿面積）

2．私所有地
　①所　在　地　　××××××××××
　　地目・地積　　公衆用道路・328.84㎡（実測面積）
　②所　在　地　　××××××××××
　　地目・地積　　公衆用道路・60.29㎡（実測面積）
　③所　在　地　　××××××××××
　　地目・地積　　公衆用道路・61.22㎡（実測面積）

　（注）　実測図等を添付の上、利用承諾範囲を図示すること。

## 境界に関する同意書

　私は××××の相続人として××××が××××の共有者兼相続人代表として平成26年2月4日付で相続人××××との間で取り交わした××××××××408番31の土地と同所408番1の土地に係る「筆界確認書」について、異議なくこれを承認します。

　平成26年 7月 16日

　　　　　　　　　　　　　　　　　　（〒　　－　　　）
　　　　　　　　　　　　　　　　　　（住　所）
　　　　　　　　　　　　　　　　　　　　××××××××××
　　　　　　　　　　　　　　　　　　（氏　名）
　　　　　　　　　　　　　　　　　　　　××　××
　　　　　　　　　　　　　　　　　　（電話番号　　　　　　　　　）

平成 26 年 4 月 30 日

××財務局長　殿

　　　　　　　　　　　　　物納申請者　住　所　××××××××××
　　　　　　　　　　　　　　　　　　　氏　名　××　××㊞

## 工作物に関する確認書

　私が、下記物納申請土地の地上に有する工作物（ブロック塀・フェンス　　　　）については、土地の定着物として所有権を放棄し、後日所有権を主張しないことを確認します。

記

所　在　地　：　××××××××××

地　　　目　：　宅地

地　　　積　：　124.78㎡

# 賃借料の減額に関する確約書

　下記の物納申請土地に係る賃借人として、同物納申請地内にある電柱の使用料を土地所有者が受領することについて、土地賃借料の減額等を求めたりいたしません。
　また、上記の確約については、権利承継時においても引き継ぎます。

記

| 物　納　申　請　土　地 ||||
|---|---|---|---|
| 所　　在 | 地　番 | 地　目 | 地　積 |
| ×××××××× | 408番101 | 宅　地 | 67.65㎡ |

平成26年　7月　16日

　　　　　　　　　　　土地賃借人
　　　　　　　　　　　(〒　　－　　)
　　　　　　　　　　　(住　所)
　　　　　　　　　　　　　××××××××××
　　　　　　　　　　　(氏　名)
　　　　　　　　　　　　　××　××
　　　　　　　　　　　(電話番号　　　　　　　　　)

## ××電力株式会社との電柱用地使用及びそれに伴う使用料の支払いに関する契約書の提出について

　物納申請者である××××様に確認しましたところ、契約書は保管されていないとの回答を受けて、平成26年6月16日、××電力株式会社様に××××との「オオガタ9」に係る電柱用地使用に関する契約書の送付を依頼しておりましたところ、6月30日、××電力株式会社××営業所所長室××××様より、電話連絡があり、昭和52年の契約であり、倉庫を探したが、書類が確認できなかった。倉庫内には必ずあるはずだが、これ以上探しようがないとの回答がありました。

　さらに確認しましたところ、当時の書面は現在の書面とほとんど変わっておらず、また、新たな名義変更等においても、現在の書式を採用して、書面を取り交わすとの説明がありましたので、FAXにてその書面を取り寄せました(別紙のとおり(省略))。

　よって、旧の書面の写しの提出は困難な状況となりましたのでご報告させて頂きます。

平成26年6月30日
　　株式会社国土工営　大阪事務所
　　　××　××

# 6 物納を想定した生前対策事例

生前における一団の貸宅地の売却・資産の組換えによる物納条件の整備

## 保有資産の状況

相 談 者 ： 東京都内S区に居住の土地資産家甲さん

所有資産の概要 ：

| | 物件数 | 面積（計） | 評価額（計） |
|---|---|---|---|
| 自宅 | 1 | 185㎡ | 66,200,000 円 |
| 更地（駐車場） | 2 | 342㎡ | 114,800,000 円 |
| 貸宅地（底地）＊ | 6 | 768㎡ | 107,223,000 円 |
| 貸家建付地（アパート） | 1 | 154㎡ | 36,242,000 円 |
| 土地等　計 | 10 | 1,449㎡ | 324,465,000 円 |
| 建物等 | | | 36,894,000 円 |
| 金融資産 | | | 25,700,000 円 |
| 資産　計 | | | 387,059,000 円 |

上記資産概要に基づく相続税試算額
（推定相続人：配偶者と子1人）　　　　　53,200,000 円

＊貸宅地の状況

① 一団の貸宅地に 6 名の借地人がいる。

② 南側の公道は幅員が 0.9 mで建築確認が取得できない道路であり、D 借地人は現状のままでは将来再建築ができない。

③ 地代はいずれも低廉で、かつ賃貸借契約書が結ばれていない。

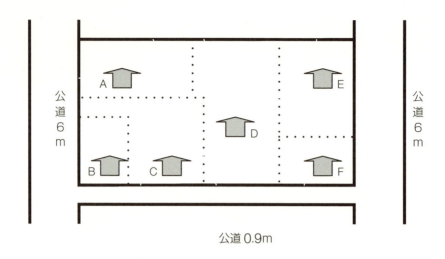

──── ：筆界　・・・・・・・・・・：借地の利用状況

### 甲さんの要望事項

① 相続税の円滑な納税対策を立てておきたい。
② 更地はなるべく残して、収益性の低い貸宅地、アパートを納税に充てたい。
③ 現時点で収益性が低いので、売却して資産の組換えも検討したい。
④ 将来の物納に備えた条件整備も行っておきたい。

### 対策の提案

以上の要望に基づき、次のような対策提案を行った。
① 貸宅地6件について、隣接地との境界確定測量を行いつつ、借地人ごとの借地範囲の確認を行い、「賃借地の境界」もこの機会に確定させて物納に備える。
② 賃借地の境界確定と併せて、借地人と面談し意向調査を実施する。
③ 意向調査の結果、底地買取や売却、底地と更地の交換、一括売却等の資産の組換えを行う。
④ 資産の組換えの対象とならなかった貸宅地については、賃貸借契約書の内容の点検・整備等、物納に必要となる条件整備を行う。

以上の提案に基づき対策を実施した。

## 対策の実施

① 道路と所有地の境界確定（官民査定）から開始して、隣接所有者との境界立会を行うなど境界確定測量を実施する。

② 境界確定測量に基づいて地積の確定を行い、そのうえで借地人立会いを求めて借地範囲の確認を行い、賃借地の境界に関する確認書の取り交わしを行った。

③ 借地範囲の確認を行う時点ですべての借地人と個別に面談を行い、底地の購入、借地権の売却、底地と借地権の一括売却等、賃貸借関係の清算をしたい意向があるかどうかについての聴取り調査を実施した。

④ 上記の測量及び聴取り調査の結果に基づいて、以下のような対策を行った。

### ❶資産組換えの実施

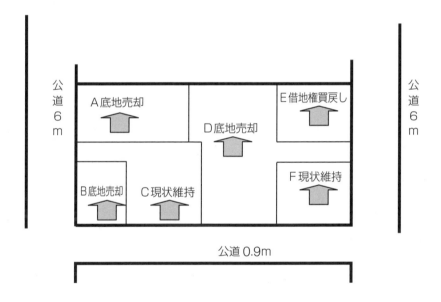

＊底地売却……………A・B・D
＊借地権の買戻し……E
＊現状維持……………C・F

○ Dの底地売却にあたって、Eの借地権を買い戻した自用地の一部をDに売却し、東側公道6mに接道条件を満たすようにした。

○ また、測量は借地人全員の立会い・了解を得て、賃借地の境界をすべて確定し、いったん土地全体を合筆した後、確定した利用区分に従って分筆した。

### ❷物納条件整備の実施

① 賃借地の境界に関する確認書の作成・借地人ごとの確定図面の作成
② 確定した賃貸借面積による賃貸借契約書の作成
③ 低廉であった地代の改訂
④ Dに一部売却したE土地の残地は、当面駐車場として利用することとして、物納できるように整備した。

### ❸対策実施の効果と課題

① 貸宅地の底地売却により、低収益資産であった貸宅地を現金化した。
② 底地を現金に資産組み換えしたことにより、相続税の担税力がアップした。
③ 物納を視野に入れた境界確定測量と賃借地の境界の確認を行ったこと、併せて賃貸借契約書の整備等を行ったことにより、残った貸宅地についても物納に適した条件整備ができた。
④ 借地範囲の確認と併せて地代の見直しを行ったことで収益性が改善された。
⑤ それらの対策により、将来の相続税納税資金として次の2つが可能となり、また更地を確保できる見通しがたった。
　⑴ 貸宅地を売却して資金化した現金・預貯金
　⑵ 物納により貸宅地を納税に充当する。
⑥ ただし、課題も生じてきており、現金・預貯金が増えたことで、物納申請する場合には遺産分割により、物納申請者が金銭納付を困難とする理由が成立するような対応が必要となる。

# エピローグ
## ～今後の物納制度のあり方

　相続人は、相続開始の時から、被相続人の財産に属した一切の権利義務を包括的に承継する（包括承継の原則。民法896）。相続人が承継する財産を「相続財産」といい、現金・預貯金、土地、建物、動産、株式、債権債務など、あらゆるものが含まれる。

　もっとも、被相続人の一身に専属する権利は、相続人に承継させるべきではないため、例外的に、相続財産には含まれないとされている（民法896ただし書）。その例としては、扶養請求権や生活保護受給権などが挙げられる。

　この包括承継の原則を受けて、相続税法は、無制限納税義務者を次のように規定している。

　「相続又は遺贈（贈与をした者の死亡により効力を生ずる贈与を含む。以下同じ。）により財産を取得した個人で当該財産を取得した時においてこの法律の施行地に住所を有するもの」（相法1の3一）

　さらに、相続税の課税価格は、当該取得財産の価額の合計額をもって課税価格としている（相法11の2①）。

　そして、当該取得財産の価額は取得の時における時価によるものとされている（相法22）。

　すなわち、相続税は取得財産の評価課税であるから納期限に金銭で一時に納付することが困難であるため所得課税に係る納付制度にない延納制度（相法38）及び物納制度（相法41）を設けている。

　そして　物納制度は、当該相続税額を延納によっても金銭で納付することを困難とする事由があるときにその納付困難な限度において税務署長は、物納を許可することができるとしている。

　このような現行の物納制度について、物納制度のあり方として適正であるか否かを検討する。

## 1　取得財産と金銭納付との関係

　相続税の課税価格は、取得財産の評価額であるので、金銭納付又は物納は、納税義務者の選択によるべきだという考え方もある。しかし、収納された租税は、国家の公共的支出の財源であり、その支出に即時に役立つ金銭納付を国家が優先して規定することは合理的だと判断する考え方もある。

## 2　取得財産の評価と物納との関係

　物納の要件のうちに下記に掲げる管理処分不適格財産と物納劣後財産は、通常の物納財産とその取扱いを異にしている。

　すなわち、下記の物納劣後財産については、財産評価額で物納される可能性を残している。

しかし、管理処分不適格財産については、財産評価は他の財産と同様に時価（課税時期において財産の現況に応じ、不特定多数の当事者間で自由な取引が行われる場合に通常成立すると認められる価額）で評価し、物納としては収納しないとする財産をいう。

このことは、取引実現価額の時価で評価し国の管理処分の都合（例：抵当権付不動産、境界が特定できない財産）で物納を拒否するものである。したがって、財産評価は、公平評価の観点から支持するとしても課税価格の箇所において国の都合の点を考慮して担税力の緩和策としての当該財産評価額の10％ないし5％程度を割り引いて課税価格に算入するように再計算すべきであると考える。

---

**管理処分不適格財産（物納できない財産）の例（相法42②、相令18、相規21）**

国が完全な所有権を取得できない財産
= 抵当権付の不動産、所有権の帰属が係争中の財産など境界が特定できない財産、借地契約の効力が及ぶ範囲が特定できない財産等
= 境界線が明確でない土地（ただし山林は原則として測量不要）、借地権の及ぶ範囲が不明確な貸地など

通常、他の財産と一体で管理処分される財産で、単独で処分することが不適当なもの
= 共有財産、稼動工場の一部など

物納財産に債務が付随することにより負担が国に移転することとなる財産
= 敷金等の債務を国が負担しなければならなくなる貸地、貸家等争訟事件となる可能性が高い財産
= 越境している建物、契約内容が貸主に著しく不利な貸地など法令等により譲渡に当たり特定の手続が求められる財産で、その手続が行われないもの
= 証券取引法上の所要の手続がとられていない株式、定款に譲渡制限がある株式（ただし、譲渡制限を解除すれば物納は可能となる。）など

---

**物納劣後財産（他に物納適格財産がない場合に限り物納が認められる財産）の例（相法41④⑤、相令19）**

・法令の規定に違反して建築した建物及び敷地
・地上権、永小作権その他用益権の設定されている土地
・接道条件を充足していない土地（いわゆる無道路地）
・都市計画法に基づく開発許可が得られない道路条件の土地
・法令、条例の規定により、物納申請地の大部分に建築制限が課される土地
・維持又は管理に特殊技能を要する劇場、工場、浴場その他大建築物及びその敷地
・土地区画整理事業の施行地内にある土地で、仮換地が指定されていないもの
・生産緑地の指定を受けている農地及び農業振興地域内の農地
・市街化調整区域内の土地等、市街化区域外の山林及び入会慣習のある土地
・相続人が居住又は事業の用に供している家屋及び土地、忌み地
・休眠会社の株式

## 3 物納と「金銭で納付することを困難とする事由」との関係

　物納の許可限度額の計算は、延納の許可限度額を基に計算式として組み立てられている。

　それによれば、相続財産に含まれている金銭納付可能財産（現金・預貯金の額、換価容易な財産）のみではなく、当該相続財産を取得した相続人固有の金銭納付可能財産も含めて「金銭納付可能財産」として当該金額を控除して「金銭で納付することが困難な額」を算出している。

　そして、その算出額を基に延納許可限度額及び物納許可限度額が算定されている。

　つまり、相続人固有の金銭納付可能財産も含めて相続税額の支払いに当てなければ相続税額の物納はできない仕組みとなっている。

　このことは、明らかに二重負担の強制であり、修正するべきものである。

　すなわち、この場合の担税力は、相続した相続財産の中に見出すものであり、すでに担税力を行使した後の剰余金に再び担税力を課し、物納許可限度額及び延納許可限度額を縮小することは二重負担及び財産権の侵害（憲法29）に抵触するおそれがある。また、相続税納税のために生活設計が破綻をきたす可能性（例えば、相続人の固有資金による自宅のバリアフリー化の断念など）もある。そこで当該規定を見直し、物納許可限度額及び延納許可限度額の正常化を図るべきである。

〈見直すべき規定〉

① 　相続税法施行令12条1項2号
② 　相続税法基本通達38－2
③ 　相続税法施行令17条
④ 　相続税法基本通達41－1

　これらについて、見直しの方向を示すと次のとおりとなる（下線部分の見直し点）。

| 対象規定 | 現行規定 | 見直し案 |
|---|---|---|
| ①　相続税法施行令12条1項2号<br>（延納の許可限度額） | 二　納税義務者が前号の相続税額に係る納期限又は納付すべき日において有する現金、預貯金、その他換価の容易な財産… | 二　納税義務者が前号の相続税額に係る納期限又は納付すべき日において<u>相続財産のなかに存する</u>現金、預貯金、その他換価の容易な財産… |
| ②　相続税法基本通達38-2<br>（延納の許可限度額の計算） | （注）…<br>　Bは、納税義務者がAに係る納期限又は納付すべき日において有する現金の額。…<br>　Cは、納税義務者がAに係る納期限又は納付すべき日において有する預貯金の額。<br>… | （注）…<br>　Bは、納税義務者がAに係る納期限又は納付すべき日において有する<u>相続財産から合理的に計算された現</u>金の額。…<br>　Cは、納税義務者がAに係る納期限又は納付すべき日において有する<u>相続財産から合理的に計算された</u>預貯金の額。… |

| | | | |
|---|---|---|---|
| | | Dは、納税義務者がAに係る納期限又は納付すべき日において有する換価の容易な財産の価額。… | Dは、納税義務者がAに係る納期限又は納付すべき日において有する**相続財産から合理的に計算された換価の容易な財産の価額**。… |
| ③ 相続税法施行令17条（物納の許可限度額） | | 法第41条第1項に規定する政令で定める額は、第12条第1項第1号に掲げる額から同項第2号に掲げる額及び次の各号に掲げる額を基に算出した延納によつて納付することができる額を控除した残額とする。 | 法第41条第1項に規定する政令で定める額は、第12条第項第1号に掲げる**相続財産から合理的に計算された現金の**額から同項第2号に掲げる額及び次の各号に掲げる額を基に算出した延納によつて納付することができる額を控除した残額とする。 |
| ④ 相続税法基本通達41-1（物納の許可限度額の計算） | | （注） 算式中の符号は次のとおりである。<br>　Aは、38－2により計算した額… | （注） 算式中の符号は次のとおりである。<br>　Aは、38－2により**相続財産から合理的に計算した額**… |

## 4　相続税の納付と相続税予納制度との関係

　所得税及び法人税は、歴年課税であるにもかかわらず予納制度としての予定納税制度を採用している。これに対して、相続税は被相続人の一生の財産の集積であるにもかかわらず予納制度がなく、財産課税として特に設けられた物納及び延納制度にしても相続開始後の措置である。そのために相続人らは、相続税の納付に困難をきたしている状況である。

　相続問題において、相続税の納付がその中心問題であってはならず、中心問題は相続人の事業承継及び生計の安定がその本旨でなければならない。

　そのために、被相続人が存命中から相続税の予納制度を利用して相続人に相続税の納付に対する困難を解消し、その本旨に従って相続開始することが被相続人の愛情ではないかと考える。

　こうしたことから、政府は相続税の納付について物納制度のみならず予納制度を早急に創設すべきだと考える。

## 5　物納における「その他措置」のあり方

　物納制度については、管理処分不適格財産に係る課税価格の問題、金銭納付可能財産に係る二重負担の問題及び相続税予納制度の問題を提起したが、その他のことについては、前述の「❶物納制度の変遷のポイント」に述べたように制度も進化しており指摘事項はない。

〔右山　昌一郎〕

【執筆者紹介】

右山 昌一郎（みぎやま　しょういちろう）
　税理士、税理士法人右山事務所社員・相談役、法学博士
　昭和5年 熊本県生まれ
　昭和31年 明治大学商学部卒
　東京国税局、国税庁、大蔵省を経て昭和42年右山税務会計事務所を設立。
　平成14年に税理士法人を設立し、所長就任。平成19年に相談役就任。
　政府等の諮問機関である中小企業財産承継問題研究会のメンバー、税制審議会専門委員長、日本税務研究センター租税法事例研究会研究委員、通産省事業承継税制研究会委員、日本税務会計学会学会長、日本税理士会連合会「日税研究賞」選考委員を歴任。
　現在、税務会計研究学会理事、日本税法学会理事兼研究委員、日本税務会計学会顧問、明治大学士業会会長
　［主な著書］
　『新税理士実務質疑応答集（法人税務編）・（個人税務編）』（監修・ぎょうせい）
　『和解をめぐる法務と税務の接点』（監修・大蔵財務協会）　他多数

小俣　博之（おまた　ひろゆき）
　税理士
　昭和53年　神奈川県生まれ
　平成17年　大原簿記学校税理士講座相続税法科専任講師
　平成22年　税理士法人右山事務所入所
　現在　小俣博之税理士事務所所長
　［主な著書］
　『新税理士実務質疑応答集（個人税務編）』（共著・ぎょうせい）

株式会社 国土工営（かぶしきがいしゃ　こくどこうえい）
　［主な業務］
　1　相続対策コンサルティング（相続税の納税対策・物納支援・優良な資産への組み換え及び承継・資産の担税力の向上）
　2　事業承継コンサルティング（後継者への事業の円滑な承継・M&Aアドバイザー業務）
　3　財務省所管普通財産業務委託取扱（国有財産の管理・処分）
　4　不動産の鑑定評価、広大地意見書の作成
　5　企業再生コンサルティング（事業の再構築・財務体質の改善）
　6　不動産の売買又は交換の媒介及び代理、賃貸管理に関する業務
　［お問合せ・連絡先］
　■本　　　社　　〒162-0814
　　　　　　　　　東京都新宿区新小川町6番36号　　S&Sビル2階
　　　　　　　　　TEL：03-5227-3601（代）　　FAX：03-5227-3604
　　　　　　　　　http://www.kokudokouei.co.jp/
　■横浜支店　　〒231-0005
　　　　　　　　　神奈川県横浜市中区本町3丁目30番地7　横浜平和ビル6階
　　　　　　　　　TEL：045-651-2841　　FAX：045-222-3171
　■名古屋支店　〒450-0002
　　　　　　　　　愛知県名古屋市中村区名駅3丁目11番22号　IT名駅ビル3階
　　　　　　　　　TEL：052-588-2322　　FAX：052-588-2323

■関西支店　〒604-8141
　　　　　　京都府京都市中京区蛸薬師通東洞院東入ル泉正寺町328番地　西川ビル3階
　　　　　　TEL：075-212-2801　　　FAX：075-212-2802
■大阪事務所　〒540-0012
　　　　　　大阪府大阪市中央区谷町2丁目1番22号　フェアステージ大手前ビル7階
　　　　　　TEL：06-6920-5551　　　FAX：06-6920-5552

［業務提携］
●東京地方税理士協同組合
●千葉県税理士協同組合
●埼玉県税理士協同組合
●名古屋税理士協同組合
●東海税理士協同組合
●京都税理士協同組合
●滋賀県税理士協同組合
●神戸税理士協同組合
●阪神三税協（伊丹税理士協同組合・尼崎税理士協同組合・西宮税理士協同組合）
●大阪・奈良税理士協同組合

成功する物納　正しい知識で成功に導く相続増税後の納税戦略

2015年3月30日　発行

| 著　者 | 右山昌一郎／小俣　博之／株式会社国土工営 Ⓒ |
|---|---|
| 発行者 | 小泉　定裕 |
| 発行所 | 株式会社 清文社　東京都千代田区内神田1-6-6（MIFビル）<br>〒101-0047　電話03(6273)7946　FAX03(3518)0299<br>大阪市北区天神橋2丁目北2-6（大和南森町ビル）<br>〒530-0041　電話06(6135)4050　FAX06(6135)4059<br>URL http://www.skattsei.co.jp/ |

印刷：奥村印刷㈱

■著作権法により無断複写複製は禁止されています。落丁本・乱丁本はお取り替えします。
■本書の内容に関するお問い合わせは編集部までFAX（03-3518-8864）でお願いします。

ISBN978-4-433-52734-1